KB140883

일상에서 먹는 음식 속
숨겨진 이야기

음식의
숨겨진
역사

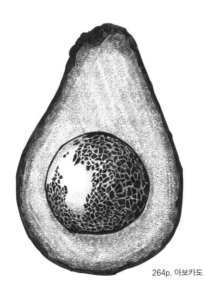

264p. 아보카도

음식의
숨겨진
역사

| 만든 사람들 |
기획 인문·예술기획부 **| 진행** 장우성 **| 집필** pood **| 일러스트** 장우성
표지디자인 원은영 · D.J.I books design studio **편집디자인** 이선주

| 책 내용 문의 |
도서 내용에 대해 궁금한 사항이 있으시면
저자의 홈페이지나 J&jj 홈페이지의 게시판을 통해서 해결하실 수 있습니다.
제이앤제이제이 홈페이지 www.jnjj.co.kr
디지털북스 페이스북 www.facebook.com/ithinkbook
디지털북스 인스타그램 instagram.com/digitalbooks1999
디지털북스 유튜브 유튜브에서 [디지털북스] 검색
디지털북스 이메일 djibooks@naver.com

| 각종 문의 |
영업관련 dji_digitalbooks@naver.com
기획관련 djibooks@naver.com
전화번호 (02) 447-3157~8

일상에서 먹는 음식 속
숨겨진 이야기

음식의
숨겨진
역사

35p. 초콜릿

차례

01
프라이드 치킨 : 흑인 노예들의 애환이 담긴 음식

콜럼버스와 함께 미국으로 들어온 닭

1493년, 이탈리아 출신 탐험가 크리스토퍼 콜럼버스가 신대륙, 즉 아메리카 대륙을 향한 2차 원정을 떠났을 당시, 그의 선박에는 작은 무리의 닭들이 함께 타고 있었다.

이 닭 무리들은 중요한 임무를 맡고 콜럼버스의 항해에 참가하였는데, 바로 신선한 달걀을 낳아 선원들에게 공급함으로써, '딱딱한 비스킷'과 '소금에 절인 고기' 등으로 구성된 평소의 단조로운 식단에 생기를 불어넣는 것이었다.

신선한 달걀을 낳고, 직접 잡아 그 고기를 먹을 수도 있으며, 정해진 시각에 꼬박꼬박 울어 알람 시계 역할까지 수행할 수 있는 닭은 오래전부터 사람이 쉽게 들고 다닐 수 있는 유용한 동물이었으며, 19세기의 한 학자는 "개와 더불어 닭은 인간이 낯선 땅으로 이주할 때 늘 곁에 두었던 동물이다"라고 저술하기도 했다.

아무튼, 콜럼버스의 선박에 실려 있던 이 닭들이 선원들과 함께 신대륙의 땅을 밟게 되었고, 이것이 아메리카 대륙에 닭이라는 동물이 유입된 첫 사건으로 알려져 있다.

식민지인들에게 천대받던 가축

이후 닭은 북아메리카에도 들어와 빠르게 번성하기 시작하는데, 영국인들이 최초로 건설한 식민지 '제임스 타운'에서는 "닭들이 굉장히 많은데, 그 수가 500마리에 달할 정도이다."라는 1609년의 기록과 더불어, 이후 이보다 북쪽에 영국 청교도들이 이주하여 세운 '플리머스 식민지'에서도 많은 닭들이 존재한다는 초기 기록들이 나타난다.

그러나, 북아메리카에서 번성하던 이 닭들은 천대받기 시작하고, 심지어 '불결한 새'라는 타이틀이 붙기까지 하는데, 여기에는 여러 가지 요인들이 있었다.

우선 영국인들이 도착한 이 새로운 천연의 땅에는 굳이 닭고기에 집착하지 않더라도 주변에 먹을거리들이 풍부하게 널려 있었다. 바구니를 물에 담근 뒤 뜨기만 해도 잡힐 정도의 수많은 물고기들과 더불어, 팔뚝만한 크기의 조개, 비둘기들이 하늘을 거의 뒤덮다시피 날아다니던 곳이 이들이 정착한 식민지의 주변 환경이었으며, 이 외에도 입맛을 충족시켜 줄 다양한 동물들이 즐비한 곳이었다.

또한 식민지의 생활이 어느 정도 안정된 이후, 정착민들은 구대륙으로부터 소와 돼지, 양과 같은 그들이 이미 오래전부터 맛있게 먹어오던 동물들을 신대륙으로 들여오는데, 이 동물들 역시 천혜의 아메리카 땅에서 빠르게 번식하여 식민지인들에게 익숙하고 맛있는 고기를 풍부히 제공해주었다.

한편, 이러한 식민지 상황 속에서 그나마 닭이 음식으로서 가진 유용함은 병에 걸린 환자들에게 제공하는 '수프'로서의 가치였다. 유럽에서 닭고기는 오래전부터 병을 치료하는 약으로 쓰이던 음식이었다.

고대 로마 학자들은 '닭고기 수프가 전염병을 치료할 수 있다'라거나, '암탉의 뇌를 먹으면 코피를 치료할 수 있다' 등의 기록과 더불어 '종기 치료에는 닭의 똥이 효과적이다'라는 충격적인 기록을 남기기도 했다.

영국인들 역시 이러한 약으로서의 닭고기, 특히 닭고기 국물이 지닌 치유 효과를 오랫동안 믿어왔으며, 닭고기 수프를 병자들에게 먹이는 문화가 있었다. 한편, 이러한 이미지 때문에 닭고기는 병에 걸린 사람들, 혹은 허약한 사람들이나 먹는 음식이지, 신체 건강한 사람이 먹기에는 적합하지 않은 음식이라는 인식이 깊게 박혀 있기도 했다.

물론 그렇다고 초기 식민지의 영국인들이 닭을 입에 대지도 않았던 것은 아니고, 닭에게 우유에 적신 빵이나 맥주 등을 먹여 맛 있는 살코기를 찌우도록 한 뒤 조리하는 나름의 레시피도 있었다.

그러나 다른 고기들에 비해 닭고기는 일상적으로 식탁에 오 르지 않는, 상대적으로 마이너한 음식이었으며, 이런 닭을 사육 하는 데에 식민지인들은 딱히 어떤 노력을 기울이지 않았다. 닭 들은 자유분방하게 마당을 돌아다니며 땅 속의 벌레나 다른 동물 들의 배설물을 쪼아 먹고 자랐기에 '더러운 새'로 불렸고, 재산으 로서의 가치도 없는 하찮은 가축으로 길러지고 있었다.

이러한 북아메리카의 닭이 이후 이 땅으로 들어온 다른 무리 의 사람들에게는 아주 중요한 삶의 원천으로 자리 잡게 되는데, 바로 흑인 노예들과의 만남이었다.

노예들의 고된 노동과 그들의 배고픔

대서양 노예무역을 통해 약 120만 명에 달하는 아프리카 인들이 아메리카 대륙으로 들어오게 되었으며, 북아메리카에서 는 1619년 제임스타운에 들어온 흑인 노예들에 대한 최초의 기 록을 시작으로 이후 200여 년이 넘는 세월 동안 흑인 노예들은 미국의 도시 혹은 시골 농장에서 백인 주인들을 위해 일을 하게 된다.

특히 미국 남부 지역 대농장에서 일하던 흑인 노예들의 노동 은 아주 혹독했는데, 한 농장주가 짠 일정표에는 다음과 같이 기 록되어 있다.

"겨울일 경우, 노예들은 아침을 먹고 일출에 맞춰 출근해야 한다. 그리고 정오까지 일을 한 뒤 1시간 동안 식사 시간을 가지고, 이후 밤까지 일을 한다."

"봄, 여름일 경우, 동이 트자마자 일을 시작하고, 오전 8시쯤 아침을 먹고 다시 정오까지 일을 해라. 이후 2시간 동안 식사 시간을 가지고 해가 지기 전까지 일을 한다."

한 마디로 '네가 눈으로 사물을 분간할 수 있는 시간 동안에는 계속 일을 하라'는 뜻이었다. 혹독한 노동 시간과 더불어 시간 내 일을 마치지 못할 경우 주인으로부터 날아오는 채찍은 덤이었다.

가혹한 환경 속에서 흑인 노예들에게 제공되는 음식조차 빈곤하였는데, 이들이 정오까지 일을 한 뒤 가질 수 있는 식사 시간에 제공되었던 것은 여물통에 담긴 '야채, 우유, 빵 등의 걸쭉한 혼합물'이었으며, 또한 무기로 사용될 것을 우려하여 노예들에게는 스푼이나 나이프와 같은 식기가 제공되지 않았기에, 이 걸쭉한 혼합물을 손이나, 조개 껍질 같은 것으로 떠먹어야 했다.

이 외에도 소량의 음식들이 배급되기는 했으나, 그 양이 너무나 부족했고, 따라서 흑인 노예들은 주어진 환경 속에서 능력껏 식량을 확보해야 했는데, 농장의 곡물들을 몰래 숨겨오거나, 백인 주인의 식탁에 남은 잔반들을 빼 오거나, 근처 동물들을 사냥하는 등 치열한 생존 전략들이 사용되었다.

흑인 노예들이 식량을 만드는 방법 중에는 자신이 먹을 것을 직접 기르는 방법도 있었는데, 이때 흑인 노예들이 가장 쉽게 길렀던 것이 바로 닭이었다.

　만성적인 굶주림 상태에 놓인 흑인 노예들로부터 백인들의 가축들을 지키고자 미국 남부에서는 노예들이 돼지나 소, 말과 같은 가축들을 소유하는 것을 법적으로 금지하였는데, 여기서 예외였던 가축이 바로 재산으로서의 가치가 거의 없던 닭이었다.

　아메리카 대륙으로 들어오기 이전 아프리카에서 이미 닭이라는 동물을 접해본 경험이 풍부했던 흑인 노예들은 기가 막히게 닭들을 잘 길러 냈고, 수많은 암탉들이 꾸준히 낳는 달걀들을 통해 굶주림을 채울 수 있었다. 뿐만 아니라 백인 주인의 허락 하에 남는 닭과 달걀들을 근처 마을 시장에서 팔아 돈을 벌 수도 있었는데, 이렇게 벌어들인 돈으로 백인 주인으로부터 '자유'를 사는 노예들도 간혹 있었다.

　또한 닭은 '프라이드 치킨'의 형태로서 남부 농장 흑인 노예들의 휴일을 한껏 풍성하게 해주는 축제의 음식이 되기도 하였다.

　닭을 수월하게 잘 기르는 기술을 가진 흑인 노예들에게도 일상적으로 닭고기를 먹는다는 것은 상당히 망설여지는 일이었는데, 우선 달걀을 꼬박꼬박 낳아주는 암탉의 배를 가른다는 것이 향후 벌어들일 수 있는 수입에 큰 타격을 주는 일일뿐더러, 또한 고된 작업으로 하루를 꽉 채우는 평일의 경우, 닭을 잡아 꼼꼼히 손질하여 이를 요리까지 해 먹는다는 것은 시간적으로나 신체적으로나 상당한 어려움이 따르는 작업이었다.

한편, 이들이 주인의 노동에서 잠시 해방되는 주말, 특히 일요일은 달랐는데, 이 날은 흑인 노예들이 휴식을 취할 수 있고, 따라서 시간과 재료가 많이 드는 여러 가지 요리를 만들 수 있는 날이기도 했다. 우유, 설탕, 밀가루, 옥수수 가루 등의 재료들을 사용하여 흑인 노예들은 요리 실력을 뽐낼 수 있었고, 평일에는 만들기 어려운 케이크나 파이, 그리고 닭을 잘 손질하여 튀긴 '프라이드 치킨'을 즐길 수도 있었다.

일요일은 노예들이 다른 농장들에 있는 자신의 친족들을 방문하여 함께 식사를 할 수 있는 특별한 날이었기에 이 특별한 식사를 위해 흑인 노예들은 자신이 아끼던 닭을 잡아 튀겼고, 소중한 가족들 혹은 친구들과 함께 '프라이드 치킨'을 뜯어먹으며 애환을 달랬다고 한다.

02

팝콘 : 음식이 될 뻔했던 팝콘이 '간식거리'가 된 이유

중남미 원주민들이 튀겨 먹던 '팝콘'

1848년, 미국에서 발행된 한 영단어 사전에 따르면, 팝콘이 '팝콘'이라 불리게 된 이유는 'corn'이 'pop'하고 터져서 'pop-corn'이라 불리게 되었다고 설명한다.

중앙아메리카 지역이 원산지인 옥수수는 아메리카 원주민들에게 매우 중요한 음식이었는데, 마야, 아즈텍 등의 문명과 여러 원주민 부족들에게 옥수수는 '신성한 것'으로 여겨졌으며, 다양한 옥수수 종이 재배되었고, 이를 불에 구워 그대로 뜯어 먹거나, 볶은 뒤 가루를 내어 빵을 만들어 먹거나 죽 같은 형태로 즐기기도 했다.

또한 이들은 옥수수를 터뜨려 먹기도 했는데, 1529년 멕시코에 파견되어 아즈텍의 문화와 역사 연구에 전념했던 선교사 베르나디노 데 사아군Bernardino de Sahagún의 기록에는 다음과 같은 내용이 나타난다. "아즈텍의 어떤 신을 기리는 축제에서는 옥수수를 구워 흩뿌리는데 그 모습이 마치 우박과 같다"

17세기의 스페인 선교사 베르나베 코보Bernabé Cobo는 "페루인들은 어떤 특정한 종의 옥수수를 터질 때까지 굽는데, 이를 간식으로 즐긴다"라고 기록했으며, 이후에도 중남미 여러 지역에서 원주민들이 옥수수를 터뜨려 먹는다는 여러 기록이 전해진다.

북아메리카 원주민들도 튀겨 먹던 옥수수

한편, 중남미 위쪽, 북아메리카 지역의 경우 이곳의 원주민들 역시 옥수수를 터뜨려 먹긴 했는데, 그에 대한 기록들이 매우 적으며, 그 내용들을 살펴보면

"옥수수 낟알들을 잿불, 혹은 달궈진 모래에 넣어 휘저으면, 낟알들이 터지면서 겉과 속이 뒤집히고, 새하얀 꽃을 피우는데, 원주민들은 이를 빻아 가루로 만들어 집에서 혹은 여행이나 전쟁 중에 먹는다" 정도로 요약이 된다.

그러나 현대의 저명한 음식역사가 앤드류 스미스Andrew F. Smith에 의하면 북아메리카의 '터지는 옥수수'란 것은 중남미 지역의 '원조 팝콘 옥수수'와는 다른 품종이었을 것이라 저술한다.

북아메리카 원주민들이 터뜨려 빻아 먹었던 옥수수는 '팝콘

옥수수'처럼 터지는 성질은 가지나, 그 터지는 정도가 약한 북동부 아메리카 지역에서 널리 재배되던 '플린트 콘'이라는 품종이었으며, 또한 중남미 지역의 '팝콘 옥수수'란 것은 19세기 초에 이르러서야 비로소 북아메리카 동부 지역으로 들어오게 되었을 가능성이 매우 높다고 한다.

어떤 품종의 옥수수이건 간에 북미 지역 원주민들이 '터뜨린 옥수수'를 먹는 방식은 '가루로 만드는 것'이었으며, 현대 미국인들이 옥수수를 튀겨 그대로 먹는 지금의 '팝콘'과는 형태가 완전히 다른 음식이었다.

미국에 들어온 제대로 된 '팝콘 옥수수'

북아메리카, 그러니까 미국에서 '원조 팝콘 옥수수'에 대한 명확한 기록은 1820년대에 이르러서야 나타나며, 팝콘 옥수수로 만든 팝콘은 19세기 동안 폭발적으로 퍼져 금세 미국의 문화로 자리 잡게 된다.

빵빵 터지는 팝콘은 등장하자마자 재미있는 음식으로 자리잡는데, 미국인들이 팝콘을 접하기 시작하며 "팝콘이 터지는 것을 보는 것은 즐거운 정도가 아니라 미치도록 신이 나는 일이다"라며 팝콘을 찬미하는 글과 더불어 "7월보다 뜨거운 열기 속에서 빠르게 피어나는 하얀 꽃"과 같은 시적인 표현이 등장하기에 이른다.

재미있는 음식일 뿐 아니라 팝콘은 여러 장점들을 지닌 새로운 음식이었는데, 일단 값이 싸고 또한 불만 있다면 어디서든 쉽게 만들 수 있으며, 무엇보다 갓 튀겨낸 팝콘은 다른 간식거리들을 압도하는 맛있는 냄새를 풍기는 음식이었다.

이러한 팝콘에 빠르게 사로잡힌 것은 바로 아이들이었는데, 값이 저렴한 팝콘은 모든 아이들이 사 먹을 수 있는 간식이었으며, 또한 많은 아이들은 정원의 작은 한 켠에서 직접 팝콘 옥수수를 기르기도 했는데, 이렇게 기른 옥수수를 따서 팝콘을 만들어 먹고, 남는 옥수수는 근처에 팔아 짭짤한 용돈을 벌기도 하면서 일찍이 경제 관념을 배워가기도 했다.

아이들의 환상을 자극시킨 팝콘은 핼러윈, 추수감사절 등 여러 기념일들과 연관되기 시작하며 특히 크리스마스 때는 팝콘이 아주 중요한 역할을 하게 된다.

실로 이어진 하얀 팝콘들은 새하얀 눈처럼 크리스마스 트리를 아름답게 꾸밀 수 있는 장식물이었으며, 아이들은 크리스마스 트리 근처에 다 같이 모여 이 팝콘을 맛있게 먹을 수도 있었기에, 팝콘은 경제적 계층에 상관없이 모든 가족들이 화목한 크리스마스를 보낼 수 있게 해주는 최고의 장식품이자 음식이었다.

아무튼, 팝콘은 1850년대부터 빠르게 인기를 얻기 시작하고, 미국 곳곳에서 열리는 축제나 서커스, 그리고 길거리 시장 등에서는 팝콘이 튀겨지는 모습을 쉽게 볼 수 있었다. 이후 19세기 후반 동안 팝콘이란 음식의 인기는 비약적으로 상승하는데, 바로 '팝콘 전문 기계들'의 등장 때문이었다.

기계 등장 이전, 팝콘을 튀기던 초기 방식들은, 뜨거운 잿불에 팝콘 옥수수 낟알들을 뿌려 막대기로 휘젓거나, 철망 위에 낟알들을 깔고 직화로 굽거나, 혹은 기름을 가득 채운 무거운 프라이팬을 불 위에서 끊임없이 흔들어 주는 등의 모습이었다.

직화로 옥수수를 굽는 이러한 초기 방식은 낟알들을 태워 먹거나, 팝콘에서 연기 맛이 듬뿍 나거나, 손가락에 화상 입기 딱 좋은 아주 조악한 방식이었으며, 이리저리 바닥으로 튀는 팝콘을 허리를 굽혀 하나하나 손으로 줍기까지 해야 하는 고된 작업이었다.

이를 개선하고자 팝콘이 튀는 것을 막아주는 철망 상자, 뜨거운 열기로부터 손을 보호하는 손잡이, 낟알들을 쉽게 뒤섞을 수 있는 장치 등 여러 '팝콘 조리 기계'들이 발명되었으며, 특히 1890년대, '찰스 크레이터스'라는 인물이 선보인 '팝콘 마차'란 것이 가히 혁명적이었다.

스팀 엔진을 달아 증기의 힘으로 팝콘이 자동으로 쉽게 조리되며, 바퀴가 달려 있어 작은 소년이나 조랑말이 충분히 끌 수 있었던 이 '팝콘 마차'는 피크닉 장소, 박람회 등 사람들이 모여 있는 장소라면 어디로든 쉽게 이동할 수 있었기에 많은 상인들이

이 '마차'를 구매해 팝콘을 만들어 팔았고, 또한 많은 사람들은 어느 곳에서나 쉽게 팝콘을 먹을 수 있었다.

이런 기술 발전의 흐름 속에서 각 가정에서도 팝콘을 만드는 작업이 보다 수월해지며, 미국에서 팝콘은 '간식거리'를 넘어, 아예 음식으로, 그 활동 영역이 넓혀지는데, 가령, 사람들의 건강 증진에 누구보다 힘쓰던 '존 하비 켈로그'는

"소화도 잘 되고 건강에도 무지무지 좋은 팝콘은 웬만한 음식들보다 뛰어난 아침 식사가 될 수 있다."라며 팝콘을 극찬했고, 실제로 19세기의 많은 미국인들은 팝콘을 우유에 말아 아침 식사로 즐기곤 했다.

20세기 초에 들어서는 버터에 갓 튀긴 팝콘을 스프나 샐러드 위에 뿌려 먹기도 했고, 오믈렛이나 칠면조의 속을 채우는 재료로도 쓰이며, 설탕이랑 크림과 함께라면 훌륭한 디저트로도 내놓을 수 있는 것이 바로 팝콘이었다.

간식거리로서 훌륭한 평판을 이어가고, 나아가 여러 음식으로 탄생할 수 있는 가능성을 보여주던 팝콘은, 1940년대 후반이 되면 다시 그 이미지가 오직 '간식거리'로 굳어져버리는데, 이는 영화와 팝콘의 만남이 큰 원인이었다.

영화관에서 판매를 거부당한 팝콘

19세기 말, 미국 보드빌 극장에서 노래, 춤, 곡예 등과 함께 하나의 '신기한 볼거리' 정도로 상영되던 '영화'는 이후 영화 상영만을 위한 극장들의 설립, 할리우드 시스템의 등장, 무성에서 유성 영화로의 전환 등의 과정들을 거치며, 주말 저녁 가족들이 함께 즐길 수 있는 최고의 오락거리이자, 미국인들의 문화가 되었고, 1930년에 이르러선 한 주 동안 약 8000만 명의 미국인들이 영화관을 찾을 정도였다.

이런 무시무시한 숫자의 관객들에게 팝콘을 먹인다면 엄청난 이윤이 날 것이 분명했지만, 초기 영화관 주인들은 팝콘 파는 것을 극도로 꺼려했다. 애초에 이 영화관, 즉 영화만을 '전문적'으로 상영하는 극장들이 생겨날 무렵 이들이 주요 고객으로 생각했던 것은 가난한 사람들이 아닌 돈과 시간이 어느 정도 있는 중산층이었다.

중산층을 끌어들이기 위해 영화관 내부는 고급지게 장식되었고 로비에는 값비싼 카펫들이 깔렸는데, 팝콘을 팔게 되면 분명히 사람들은 카펫 위에 팝콘을 흘릴것이고, 그렇게 되면 화가 아주 많이 날 것이라 판단한 영화관 주인들이 팝콘 판매를 거부했던 것이다.

　더욱이 당시 팝콘을 판매하던 상인들은 허름한 옷차림에 위생 관념도 뚜렷하지 않았기에, 이런 팝콘 상인들을 영화관 내부에 들이는 것도 문제가 있었다.

영화관 주인들을 매혹시킨 팝콘

　그러나, 영화관 주인들의 이런 숭고한 태도는 오래가지 못했는데, 1929년 대공황이 터지며 팝콘이 벌어다 줄 수 있는 엄청난 액수의 돈이 보이기 시작한 것이다.

　한 봉지에 현재 기준으로 1000원 정도였던 팝콘은 '대공황'이라는 경제적 위기 속에서 모든 미국인들이 누릴 수 있는 최소한의 사치였으며, 또한 팝콘은 '무게'로 사서 '부피'로 팔 수 있는 특이한 음식이었는데, 가령 팝콘 옥수수 10만 원어치를 구매하여, 튀기면, 1000원 짜리 팝콘 봉지를 1000개 가량 만들어낼 수 있었다.

　실제로 한 팝콘 상인이 영화관 입구 옆 작은 공간을 25달러의 월세를 내고 빌려 한 주 만에 530달러의 수익을 올리는 경우가 있었고, 또한 팝콘 한 봉지씩을 꼭 들고 들어오는 관람객들을 본 영화관 주인들은 이제 자신들이 직접 팝콘 기계를 들여 영화관에서 팝콘을 팔기 시작한다.

　"커다란 영화관 체인을 운영하는 어떤 사업가가 1년 동안 팝콘으로만 200,000달러를 벌어들이고, 이후 50센트였던 영화 티

켓 값을 15센트로 깎아 더욱 많은 사람들이 영화관을 찾아 팝콘을 사도록 만들었다"라는 전설적인 에피소드가 등장하거나

"미국 동부 지역의 영화관 사업자들이 팝콘 기계를 들여 그 판매를 부인들에게 대충 맡겨뒀는데, 그 부인들이 한 해 동안 벌어들인 돈이 50만 달러가 넘었다"라는 식의 이야기들이 퍼져 나가며, 팝콘을 골칫거리로 생각하던 많은 영화관 사업자들이 팝콘이라는 음식에 매혹되어 갔다.

더욱이 제2차 세계 대전이 발발하고, 설탕의 부족과 더불어 미국에서 캔디, 초콜릿과 같은 군것질거리들이 점점 귀해지던 와중, 팝콘 옥수수의 공급은 이런 전쟁의 영향을 크게 받지 않았기에 팝콘은 전시 상황에서도 쉽게 구할 수 있는 간식거리였으며, 영화관들은 그야말로 전투적으로 팝콘 판매를 확장시켜 나갔다.

1945년에 이르러 미국에서 생산되는 팝콘의 거의 절반 가량이 영화관에서 씹어졌으며, 미국의 한 코미디언은 "만일 팝콘이 영화관 밖에서 판매된다면, 절반 가량의 관객들이 애초에 영화관에 들어가지도 않을 것이다"라고 평했고, "영화관 사업이란건 사실 팝콘을 편하게 먹을 수 있는 자리를 파는 사업이다."라는 논평이 등장할 정도였다.

이렇게 '영화관 팝콘 시대'를 지나며, 이제 미국인들에게 '집에서 직접 팝콘을 튀긴다'는 것은 상상하기 어려운 혹은 굉장히 불편한 작업으로 여겨졌으며, 이렇게 팝콘은 '영화관에서 파는 것' 혹은 '쉽게 사 먹을 수 있는 스낵'으로 이미지가 굳어지게 된다.

이후 TV의 시대가 열리며, 영화관을 찾는 사람들이 줄어들고, 팝콘 산업에도 위기가 찾아오는 듯했으나, 프라이팬과 불만

있으면 집에서도 완벽한 맛의 팝콘을 만들 수 있는 상품, 나아가 프라이팬도 필요 없고 불만 있으면 맛있는 팝콘을 만들 수 있는 상품들이 개발되기 시작한다.

이렇게 팝콘은 TV 문화에도 잘 녹아들어 영화의 위기 시대에 오히려 팝콘 산업은 전성기를 맞이하게 되고, 이후 전자레인지의 보급과도 맞물리며, 현재 팝콘은 집에서 쉽게 바로 튀겨 먹을 수 있는 특이한 간식거리가 되었다.

03
콘플레이크 : 천재적인 두 형제의 비극이
담긴 음식

스트레스 지수가 빠르게 상승하는 눈뜬 아침. 우유를 붓기만
하면 든든한 한 끼를 제공해 주는 것이 바로 시리얼이다. 유치원
생도 직접 아침을 차릴 수 있는 극도의 간편성과 더불어 초코맛,
파맛, 꿀맛뿐 아니라 여러 가지 모양에 색깔마저 다채로운 것이
시리얼이지만, 역시 시리얼의 대표라고 할 수 있는 것은 바로 '콘
푸로스트'이다.

납작한 모양의 옥수수 플레이크는 '시리얼 아침 식사 시대'
를 연 진정한 주역이며, 또한 '켈로그'라는 성을 가졌던 존 하비
켈로그John Harvey Kellogg와 윌 키스 켈로그William Keith Kellogg 두 형제의
비극을 불러 일으킨 음식이었다.

우선 배경을 좀 아서야 되는데, 형이었던 '존 켈로그'는 전형적인 천재의 이미지에 도전 정신이 강한 인물이었다.

존이 네 살이 되었을 무렵 어느 날 일을 나가는 형과 아버지를 따라가고 싶어 졸라댔고 일을 빨리 끝내고 싶었던 아버지는 "네가 우리 발걸음에 맞춰 따라올 수 있다는 전제 하에 허락한다."라고 말했다.

형과 아버지의 큰 보폭을 따라 뒤에서 아장아장 걷던 존은 발을 헛디뎌 진흙탕 속으로 곤두박질쳤는데, 이에 고개를 돌린 형과 아버지를 향해 존은 여유롭게 몸을 닦고 활짝 웃으며 "일부러 그랬어!"라고 외쳤다는 일화가 전해진다.

존은 10살 때 이미 동급생들 수준을 훌쩍 넘어 수학, 역사, 화학, 식물학, 천문학 등 다양한 분야의 지식을 섭렵하였고, 깊이 탐구하는 자세를 지니고 있었다.

성경을 배우는 학교 수업에서 선생님이 "하나님은 우주와 그 안의 모든 것을 창조하셨으며, 또한 모든 것을 좋게 만드셨다."라고 멘트를 던지자 이에 존은 곰곰이 생각하다가 "그렇다면 사탄도 하나님의 창조물인가요?"라고 물었고, 선생님이 "그렇다."라고 답했다.

이에 존은 "하나님이 모든 것을 좋게 만드셨다는데, 그럼 사탄은 왜 선하지 않은가요?"라고 되물으니 선생님이 수업을 빨리 끝내고 학생들을 해산시켰다는 일화도 전해진다.

존은 사람들에게 자신을 뽐내는 것을 좋아했으며, 무엇보다도 세상을 더 좋게 변화시키겠다는 야심찬 꿈을 어릴적부터 가지고 있었다.

바보였던 동생, '윌 켈로그'

이러한 '존 켈로그'보다 8살 어린 남동생 '윌 켈로그'는 전형적인 부진아의 모습을 보였다. 늘 남들보다 배우는 속도가 뒤처졌기에 그의 아버지는 아내에게 "윌에게 공부를 가르치는 것은 시간 낭비이다."라고 말할 정도였고, 학교에서는 비범했던 형 '존'과 비교당하며 학창 시절 내내 멍청한 아이로 알려지게 되었다.

배움이 더뎠던 이유는 윌이 지독한 근시였기 때문이었는데, 어렸을 당시 이런 근시의 개념을 몰랐던 윌은 자신이 멍청한 것을 스스로의 천성이라 생각하여 타인에게 쉽게 다가가지 못하는 소극적인 성격으로 자라게 된다.

윌은 어린 시절 사랑을 거의 받지 못하고 자라는데, 사랑은 둘째 치고 부모의 기대를 한 몸에 받던 존에게 꾸준히 멸시를 당하며 자라게 된다. 거의 매일 형으로부터 놀림받고 때로 얻어 맞기도 했던 윌은 추후에

"어린 시절 형과 침대를 같이 쓸 때는 형이 발을 따뜻하게 하기 위해 두 발을 자신의 등 위에 올려놓는 바람에 편하게 잘 수가 없었다"라고 회고하기까지 했다.

아무튼 의학을 공부하게 된 '존 켈로그'는 천재답게 20대부터 배틀 크리크 요양원Battle Creek Sanitarium이라는 병원의 운영을 담당하여 '닥터 켈로그'라 불리며 자신의 이상을 펼쳐 나가기 시작한다. 그는 자신의 요양원을 단순히 병을 치료하는 곳이 아니라, 건강에 대한 강의를 제공하고, 운동을 시키고, 책을 출판하고, 심지어 식생활까지 바꿔주는 거의 '건강 대학교'와 같은 곳으로 확장시켜 나갔는데, 이 과정에서 존은 1880년 동생 '윌 켈로그'를 자신의 조수로 불러들인다.

윌은 거의 혹사당하다시피 온갖 업무를 맡게 되는데, 모든 직원들의 급여를 관리하고 모든 손님들의 컴플레인을 처리하며 숨을 거둔 환자의 장례식을 치르는 업무를 담당하기까지 했다.

윌은 형의 조수로서 늘 곁에 붙어있어야 했는데, 형의 구두를 닦고 매일 아침 수염도 다듬어주어야 하는 등 온갖 심부름을 떠맡아야 했다. 더욱이 건물 밖에서 윌은 뛰어다니면서 형이 주는 업무들을 받아 적어야 했는데, 이동 시간을 아끼기 위해 늘 자전거를 타고 다니던 형의 속도에 맞춰야 했기 때문이다.

이런 와중에 윌이 받았던 봉급은 매우 적었는데 일을 시작했던 첫 해 주급으로 현재 기준 30만 원이 채 못 되는 돈을 받았으며, 힘들어하는 윌이 일을 그만두려 할 때마다 존은 봉급을 조금씩 올려주는 방법으로 동생을 구슬렸고, 자존감이 낮았던 윌은 형 밑에서 계속 일을 하게 된다.

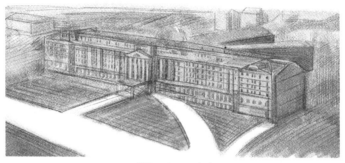

배틀크리크 요양원

두 형제가 만들어낸 시리얼

형인 '존 켈로그'가 가장 중요시했던 것은 바로 음식이었다. 그는 거의 모든 질병의 원인이 잘못된 식단 때문이라고 주장했는데, 특히 육식을 극도로 혐오하였으며, 달콤하거나 짭짜름한 자극적인 맛들도 피해야 하는 것으로 여겼다.

결과적으로 '배틀 크리크 요양원'의 식단은 너무나 맛이 없었고, '존 캘로그'로부터 처방받은 단단한 건강식 빵을 먹다가 틀니에 금이 갔다고 항의하는 환자가 발생하는 경우도 있었다.

두 켈로그 형제는 곡물이나 채소와 같은 제한된 식재료를 가지고 어떻게든 맛있는 음식을 만들어 내기 위한 연구를 시작하여 마침내 밀가루 반죽을 이용해 맛과 식감 모두 뛰어난 '밀 플레이크'라는 것을 개발해낸다.

1895년 이 밀 플레이크를 '배틀 크리크 요양원'의 식단으로 선보이자마자 모든 구성원들이 열광했고, 수많은 사람들이 구매하여 출시 첫해에만 50톤이 넘는 '밀 플레이크'가 생산되었다.

한편, 1달러어치 밀가루를 약 20달러짜리 '밀 플레이크'로 빚어내는 켈로그 형제의 '밀가루 노다지' 소식을 들은 미국의 수많은 사람들이 몰려와 '배틀 크리크' 지역에는 약 100개의 시리얼 회사들이 생겨났으며 개중에는 켈로그 형제의 레시피를 훔치거나 혹은 자극적인 단맛을 더한 시리얼을 팔아 엄청난 돈을 버는 사람들도 나타나기 시작했다.

이런 상황을 지켜본 윌은 형에게 시리얼 사업을 확장해야 할 필요성을 여러 번 호소했지만 돈을 추구한다는 이미지가 자신의 평판을 훼손시킬 것을 우려한 존은 윌의 모든 제안을 거절해 버린다.

'윌 켈로그'가 만들어낸 '콘플레이크'

하지만 윌은 혼자서라도 꾸준히 레시피를 개량해 마침내 소금과 설탕을 첨가하여 완벽한 맛을 내는 옥수수 버전의 플레이크, 즉 '콘 플레이크 시리얼'을 개발해내는데, 여기에 대한 형의 반응은 당연히 'NO'였고, 지칠 대로 지친 동생 윌은 자신의 레시피를 가지고 나와 독립된 작은 공장을 차리게 되는데, 이것이 지금의 거대한 켈로그 기업의 전신이었다.

아이러니하게도 형 밑에서 온갖 업무를 떠맡으며 생고생을 했던 20여 년의 세월이 '윌 켈로그'로 하여금 회사 경영 전반에 대한 지식을 쌓게 해 주었고, 의외로 마케팅 쪽에는 천부적인 재능을 지니고 있었던 윌은 '뛰어난 광고 전략'과 '탁월한 조직 관리 능력', 그리고 자신의 완벽한 '콘 플레이

크 시리얼' 삼위일체를 통해 순식간에 '켈로그'라는 이름을 널리 알리게 된다.

윌이 40대에 들어서야 처음으로 자신의 정체성을 찾아가고 있었을 무렵 권위적인 형의 태클이 한번 더 들어오는데, 갑자기 '존' 역시 '켈로그'라는 이름을 달고 자신의 시리얼을 판매하기 시작한 것이다.

동생 윌이 '켈로그' 브랜드를 성장시키기 위해 지출해왔던 막대한 광고비는 둘째 치고서라도 무엇보다 형의 시리얼은 너무 맛이 별로였기 때문에 이것이 '켈로그 시리얼'이란 브랜드에 끼칠 잠재적 위협이 어마어마했다.

1910년 윌은 형을 상대로 소송을 걸었고, 이 두 켈로그 형제의 법정공방은 10년 동안 지속되었다. 여기에서 '존'은 자신의 화려한 경력을 뽐내며 '켈로그'란 이름의 원조는 바로 자신이고, '윌'은 잡무들만 처리했던, 소위 하찮은 심부름꾼에 불과했다고 주장하여 다시 한번 윌의 마음을 후벼 팠다.

결과는 동생 '윌'의 승리로 끝났고, 이 일로 두 형제는 완전히 갈라섰으며 서로 각자의 길을 걸어가게 된다.

'켈로그 형제'에게 일어난 비극

이제 형에게서 완전히 벗어난 윌이 시리얼 제국을 세워 나가며 꽃길을 걷던 것과 달리 존의 말년은 상당히 비참했다.

분명 형으로서는 결코 좋지 못한 사람이었지만 그 누구보다도 사람들의 건강을 증진시키기 위해 노력해왔던 존은 명망이 높은 인물이었으며, 그가 모든 것을 바쳐 꾸려온 '배틀 크리크 요양원'은 그의 실력, 신념, 철학 모든 것이 담긴 '존 하비 켈로그'란 인물 그 자체였다.

동생과의 소송 전쟁이 거의 끝나갈 무렵 존의 건강은 급속도로 악화되었고, 결국 마지못해 요양원의 전반적인 경영 활동에서 손을 떼게 된다. 환자와 건강에 대한 완고한 신념을 지녔던 고집불통 리더가 사라지자 '배틀 크리크 요양원'은 수익만을 추구하는 시설로 순식간에 변질되어 방만한 운영이 이어지게 된다.

존은 계속해서 강력한 반대 의사를 보였지만, 그의 모든 의견은 무시되었고 결국 '배틀 크리크 요양원'은 파산하여, 이리저리 매각되었으며, 존이 평생을 바쳐 확립한 요양원의 정체성은 파괴되어갔다.

그의 일생 마지막 10년 존은 이상한 행동들을 보이는데, 매일 과식을 일삼아 비만에 걸리거나, 친구들과 식사를 하다 갑자기 자신의 변을 들고 와 얼마나 깨끗한 냄새가 나는지 맡아보라고 하거나, 얇은 천으로 중요 부위만 가린 채 밖을 뛰어다니기도 했다. 더욱 이상했던 것은 처음으로 '윌'에게 자신의 마음을 담은 편지를 쓴 것이었다.

7페이지짜리 편지에는 다음과 같이 적혀 있었다.

"너와 내가 다른 길을 걷게 만든 상황이 발생한 것은 일어날 수 있는 불행 중 가장 커다란 것이다."

...

"나는 네가 늘 옳았다는 것을 알게 되었고 네가 지닌 훌륭한 판단력이 내가 이제까지 벌인 모든 잘못들로부터 너를 지켜 냈으며 또한 후대 사람들에게도 존경받을만한 너의 성공을 이룩한 원동력이었다."

...

"이 편지가 네게 조금이라도 위로가 되길 바라며, 또한 네가 이 시대를 빛내는 이름을 부여한 기업을 더욱 성장시킬 수 있는 시간을 오래도록 가지길 바라며"

하지만 존이 답장을 받는 일은 없었는데, 편지의 내용이 알려지게 되면 '위대한 존 켈로그'의 명성에 누가 될 것이라 판단한 그의 비서가 편지를 보내지 않고 캐비넷에 숨겨 버렸기 때문이다. 이후 존은 1943년 12월 91세의 나이로 생을 마감하게 된다.

편지는 존의 사후에 발견되어 1948년 윌에게 전해지게 되었다. 당시 오랜 지병으로 시력을 잃은 상태였던 윌은 간병인의 목소리를 통해 형의 마지막 진심을 전해 듣게 되었고, 이후 1951년 형과 같은 91세의 나이로 세상을 떠나게 된다.

04
초콜릿 : 상류층만이 즐길 수 있던 신의 음료

초콜릿의 원료, '카카오'

1753년 생물 분류학의 아버지라 불리는 스웨덴 식물학자 '칼 폰 린네'가 '신의 음식'을 뜻하는 그리스어 'theobroma'라는 단어를 붙여 명명한 한 식물이 있었으니, 바로 초콜릿의 원료인 카카오 열매를 생산하는 '카카오 나무'였다.

신의 음식으로 여겨질 만큼 귀중한 열매를 맺는 '카카오 나무'는 아메리카 열대 지역이 원산지이며, 한편 굉장히 까다로운 식물인데, 적도에서 북위 20도, 남위 20도를 벗어난 지역에서는 열매를 맺지 않으며, 기온은 21℃~32℃ 사이를 유지해야 하고,

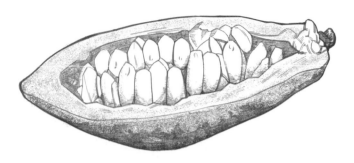

카카오 열매

또한 연간 강수량이 1,200mm 이상에 달할 정도의 엄청난 비가
내리는 지역이어야 생존할 수 있다.

이렇게 까다로운 조건의 환경에서 어찌저찌 자란 카카오 나
무는 길이 30cm 정도의 '미식축구 공'처럼 생긴 길쭉한 열매를
맺는다. 이 열매 속에는 두꺼운 흰색 과육으로 덮인 아몬드 크기
의 보라색 씨앗들이 수십 개가 자리 잡고 있는데 이 씨앗들은 소
위 '카카오 빈'이라 불리며, 이것이 바로 우리가 먹는 초콜릿의 원
료가 된다.

유럽인과 '카카오'의 첫 만남

이런 '카카오'란 것이 아메리카 외부로 처음 알려지게 된 것
은 1502년 콜럼버스의 마지막 4차 항해를 통해서였다. 항해에 같
이 따라간 콜럼버스의 둘째 아들 '페르디난드 콜럼버스'의 기록
에 따르면 온두라스 연안의 '구아나야섬'에 도착한 콜럼버스 탐

험대는 어느 날 원주민들이 타고 있는 거대한 크기의 카누가 다가오는 것을 보고 이를 통째로 나포해버린다.

이 배에는 고급 면직물을 비롯하여 전쟁용 몽둥이, 작은 도끼 등 여러 물품들을 비롯하여 '히스파니올라섬에서 먹는 뿌리식물과 곡물', '영국 맥주와 비슷한 옥수수로 만든 술 같은 것' 또한 '돈으로 사용되는 아몬드 같은 것'이 엄청나게 실려 있었다.

그리고 이 '돈으로 사용되는 아몬드 같은 것'에 대해서는 다음과 같이 기록되어 있다.

"원주민들은 이것을 굉장히 귀하게 여기는 듯했는데, 이 아몬드 중 하나가 땅에 떨어지자마자 원주민들은 마치 자신의 눈알이 땅에 떨어진 것처럼 모두 몸을 굽혀 줍더라"

화폐로서 사용되던 '카카오 빈'

초콜릿의 원료가 되는 '카카오 빈'은 메소아메리카 지역 전반에 걸쳐 화폐로서 통용되었는데, 가령 한 원주민 짐꾼을 부리기 위한 일당은 '카카오 빈 100개'에 해당했으며, 또한 상품들의 가격 역시 '카카오 빈'으로 매겨졌는데, 1545년 '틀락스칼라'라는 도시의 물가에 대한 기록을 보면

'암컷 칠면조는 카카오빈 100개, 수컷 칠면조는 200개, 칠면조 알 한 개는 3개, 커다란 도롱뇽은 카카오 빈 4개, 작은 도롱뇽은 2~3개의 카카오 빈'과 같은 식이었다.

아즈텍 제국의 황제는 그의 곳간에 대략 960,000,000개의

카카오 빈을 보유하고 있었다는 스페인 선교사의 기록이 있으며, 특정한 곡물의 반죽이나 밀랍을 사용하여, 혹은 아보카도의 씨앗을 깨뜨려 카카오 빈과 똑같은 모양으로 만든 뒤 이를 카카오 열매 껍질에 담아 감쪽같이 속이는, 즉 화폐를 위조하는 격의 악덕 행위를 벌이던 상인들에 대한 기록들도 남아있다.

아메리카의 '신의 음료', 초콜릿

아무튼, 화폐로서 통용되던 '카카오 빈'이었지만, 당연히 이것이 지닌 주된 가치는 바로 '초콜릿'이라는 음식으로 만들어 먹는 것이었다. 다만, 원래 '카카오 빈'으로 만들어진 '초콜릿'이란 것은 지금 우리가 일반적으로 접하는 딱딱한 판 형태의 고체 초콜릿이 아닌, 걸쭉한 갈색 음료와 같은 것이었으며, 맛 또한 달콤함과는 거리가 상당히 먼 음식이었다.

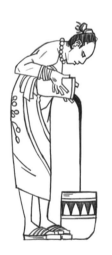

고대 마야 문명의 한 통치자의 무덤에는 초콜릿을 담고 있던 사슴 모양의 도자기 그릇이 발견되었으며, 8세기 무렵 제작된 마야의 한 도자기에는 어떤 여성이 서서 작은 원통형 항아리에 담긴 검은색 액체를 바닥에 놓인 또다른 항아리에 조심스럽게 붓는 장면이 묘사되어 있는데, 이는 '초콜

릿'이라는 음료가 만들어지는 과정을 묘사한 최초의 그림으로 알려져 있다.

참고로 이렇게 한 항아리에서 다른 항아리로 따르는 과정은 초콜릿 음료 표면에 거품이 일도록 하기 위함이었으며, 이 거품은 마야 문명과 이후 아즈텍 문명에서도 원주민들이 초콜릿을 가장 바람직하게 즐기는 방법이었다고 한다.

마야 문명에서 초콜릿 음료는 의식과 연회에 사용되는 중요한 음식이었으며, 또한 마야인들은 카카오를 신들이 주신 선물로 여겼다.

이러한 카카오의 위상은 이후 아즈텍 제국에서도 유지되는데, 아즈텍의 전설에 따르면 어떤 신이 지상으로 내려와 왕으로서 인간들을 다스렸는데, 그는 금과 은으로 물건을 만드는 법에 대한 지식을 전수했으며, 또한 특별한 씨앗을 전파함으로써 신들의 나무였던 '카카오 나무'를 인간들이 심을 수 있게 하였고, 신들만이 먹던 음료인 '초콜릿'을 인간들이 마실 수 있도록 해주었다고 한다.

신의 음료 '초콜릿'을 만드는 방법

스페인인들이 메소아메리카 지역으로 들어오며, 카카오와 초콜릿에 대한 상세한 기록들이 나타나게 된다.

스페인 프란치스코회 주교 디에고 데 란다Diego de Landa, 1524~1579는

"원주민들은 갈은 옥수수와 카카오를 이용해 어떤 거품이 이는 음료를 만드는데, 이는 아주 풍미가 있으며, 그들은 축제에서 이를 마신다. 그리고 그들은 카카오에서 버터와 같은 기름을 얻어내는데, 이것과 옥수수를 섞어 그들이 아주 좋아하는 또 다른 맛있는 음료를 만들어 낸다."라는 기록을 남겼으며

1556년 한 스페인 정복자의 기록에는 '초콜릿 음료'에 대한 좀 더 자세한 묘사가 다음과 같이 기록되어 있다.

"원주민들은 카카오라 불리는 이 씨앗들을 빻아서 가루로 만들고, 또한 다른 씨앗 가루들을 함께 대야에 담고 그 위에 물을 부어 숟가락으로 섞는다. 이를 아주 잘 섞은 뒤 원주민들은 이 액체를 한 그릇에서 다른 그릇으로 부어 거품이 일어나게 하는데, 원주민들은 거품이 일어난 액체를 입에 머금고 입을 벌린 채로 거품이 조금씩 가라앉는 것을 즐긴다."

…

"이 음료는 세상에서 마실 수 있는 것 중 가장 뛰어나며, 또한 그 성질이 차갑기 때문에 더운 날에 먹기 좋다"

아즈텍 신앙과 문화 및 역사 연구에 몰두했던 선교사 베르나르디노 데 사아군Bernardino de Sahagún, 1499~1590은 최고 품질의 초콜릿을 만드는 원주민들의 방법을 기록하였다.

"카카오를 부수고 쪼개고 분쇄한 뒤, 이것들을 고르고 또 고르고 분리해낸다. 이후 이 조각들을 물에 흠뻑 적시고 불린 뒤 물

을 천천히 부어가며 공기를 주입하고, 여과하고 또 공기를 주입하면서 거품을 일게 한 뒤, 이 거품을 걷어내고 액체를 걸쭉하게 만든 뒤 이를 건조시키고 다시 물을 부어 휘젓는다."

초콜릿이라는 음료를 만드는 것이 매우 복잡한 과정이었음을 알 수 있다.

이렇게 만들어진 초콜릿 음료는 왕실, 귀족을 비롯한 아즈텍의 상류층들이 즐기던 귀한 음료였으며, 평민들의 경우 초콜릿은 병사로서 전투에 참가할 때나 맛볼 수 있는 사치스러운 음식이었다.

신에게 바칠 제물에게 먹이는 '초콜릿'

한편, 평민을 넘어 노예도 이 귀한 초콜릿 음료를 마실 수 있는 기회가 있었는데, 이는 해당 노예가 신의 제물로 바쳐질 경우였다.

1년에 한 번, 아주 건강한 몸을 가진 노예가 아즈텍의 위대한 신 '케찰코아틀'의 제물이 되기 위하여 선택되는데, 그는 40일 동안 신의 의복과 귀한 장신구들을 여럿 달고 마치 신으로서의 대접을 받는다.

제물로 바쳐지기 하루 전날, 사원 장로들이 노예를 찾아와 '내일 의식이 거행될 것이고, 넌 죽을 것이다.'라는 소식을 알려준 뒤 노예에게 춤을 추도록 명령한다.

노예는 운명을 기꺼이 받아들인다는 마음으로 즐겁게 춤을 추어야 하는데, 슬픔에 빠진 노예가 춤을 멈추는 경우가 종종 발생한다.

이렇게 제물로 바쳐질 노예가 자신에게 찾아올 죽음에 근심하는 것은 훗날 재앙을 불러올 수 있는 불길한 징조로 여겨졌기에, 장로들은 희생 의식에 사용되는 칼을 들고 와 칼에 묻은 과거 희생자들의 피를 물에 씻어내고, 이 피가 섞인 물로 초콜릿을 만들어 슬픔에 빠진 노예에게 마시게 한다.

그렇게 한 모금의 초콜릿을 마신 노예는 마치 자신이 내일 죽게될 것이라는 사실을 잊어버린 것처럼 무의식 상태에 빠져 다시 쾌활하게 춤을 췄고, 이는 노예가 초콜릿에 매료되어 큰 기쁨으로 자신의 죽음을 바치게 되었다고 믿어졌다.

스페인인들의 '초콜릿' 적응기

아무튼, 이렇게 귀하고 무시무시한 초콜릿 음료에 대해 부정적인 반응을 보인 초기 스페인인들도 다수 있었다.

밀라노 출신의 상인이자 모험가였던 지롤라모 벤조니Girolamo Benzoni, 1519~1570는 이 탁하고 걸쭉하기까지 한 난해한 음료에 대해 다음과 같이 기록했다.

"이 음료는 사람을 위한 것이라기 보다는 돼지들을 위한 먹이처럼 보였다. 1년이 넘도록 이 나라에 머물렀지만 단 한번도 그것을 맛보고 싶지 않았는데, 한편 마을을 지나갈 때마다 원주민

들은 내게 이것을 마시라고 권했고, 내가 이를 거절할 때마다 그
들은 놀라서 웃으며 지나가곤 했다."

"하지만 이후 술이 부족해지며, 물만 마시고 살긴 싫었기에
결국 초콜릿이란 걸 마셔봤는데, 맛은 좀 쓰지만 포만감을 주고
몸을 상쾌하게 만들어주긴 했다. 물론 이것을 마신다고 취하진
않았으며, 인디언들의 말에 따르면 이 음료는 가장 값비싸고 좋
은 상품이라고 한다"

점차 스페인인들이 현지 동식물과 환경에 적응하며, 또한 원
주민들과의 혼인 등을 통해 그들의 식문화를 흡수하면서 이내 초
콜릿 역시 받아들이게 된다.

스페인 선교사 호세 데 아코스타José de Acosta, 1540~1600가 1590
년에 편찬한 책에는

"이 카카오의 주요 가치는 '초콜릿'이라 불리는 음료를 만드
는 것에 있는데, 이 나라에서는 미친듯한 가치가 있는 음료이다.
위에 영 불쾌한 거품이 부글거리기에 이 음료에 익숙지 않은 사
람들에게는 역겨움을 선사한다."라는 기록에 이어

"원주민들은 이 음료를 굉장히 귀하게 여기며, 또한 스페인
남성들, 그리고 훨씬 더 많은 스페인 여성들은 이 시커먼 초콜릿
음료에 중독되어있다."라며, 이미 많은 스페인인들이 초콜릿을
즐기고 있는 상황을 묘사하였다.

스페인인들은 원주민들의 초콜릿 식문화를 받아들이며 자
신들의 입맛에 맞게 나름대로 변형시켜 나갔는데, 원래 차갑거나
미지근하게 먹던 초콜릿을 뜨겁게 만들어 먹었고, 설탕을 타서
달달하게 만들었으며, 또한 원주민들이 초콜릿에 자주 첨가하던

'고추' 대신 자신들에게 익숙한 시나몬이나 후추와 같은 향료를 첨가하여 마시곤 했다.

고대 마야 시대부터 상류층의 전유물이었던 초콜릿은 이후 이 지역의 모든 계층에 퍼지게 되었는데, 1779년 뉴스페인의 총독은 다음과 같이 기록했다.

"다른 나라에서는 부유한 사람들만이 카카오를 즐길 수 있는 것과는 달리 이곳에서 카카오는 가난한 사람들, 특히 초콜릿을 배급받는 하인들에게는 주요한 식품이다. 독점이나 흉작으로 인해 카카오 가격이 치솟게 되면 이에 탄식하는 수많은 이들의 모습에 가슴이 찢어진다."

유럽으로 들어간 '카카오'와 '초콜릿'

초콜릿과 카카오는 이내 유럽 본토에도 전해지게 된다. 유럽으로 전해진 초콜릿에 대한 최초의 기록은 1544년 한 무리의 마야 귀족들이 대표단으로서 스페인 궁정을 방문했을 때였는데, 그들은 '케찰'이라 불리는 아름다운 새의 깃털 2000개, 점토 그릇을 비롯하여 다양한 종류의 식물 씨앗들을 선물로 들고 왔으며, 여기에는 초콜릿 음료를 담은 토기 항아리도 포함되어 있었다.

이 초콜릿의 공식적인 데뷔 기록과 더불어 16세기는 군인, 민간인, 성직자들이 대서양을 오가며 스페인과 신대륙 사이의 교류가 활발하던 시대였고, 이러한 배경 역시 초콜릿이 구대륙으로 전파되는 데에 중요한 요소였다.

17세기 후반 스페인을 여행했던 한 영국인 여행가는 "스페인인들은 유럽에서 초콜릿을 완벽하게 만든다는 명성을 지닌 유일한 사람들이다"라는 기록과 더불어 스페인인들이 어떻게 '카카오 빈'을 가공해서 '초콜릿'으로 만드는지에 대한 자세한 과정을 묘사해두기도 했다.

초기 스페인 궁정에서만 향유되던 초콜릿은 이후 뛰어난 약효가 있는 신비한 음료로서 이탈리아, 영국, 프랑스 등 유럽 전역에 퍼져 나갔고, 또한 아메리카 열대 지역에서는 카카오 나무 농장이 확대되며 18세기 후반 초콜릿은 유럽의 서민들도 쉽게 구매할 수 있는 음료로 자리 잡게 된다.

현대적인 '코코아 가루'의 탄생

이제 초콜릿은 몇 번의 혁신적인 변화를 거쳐 지금 우리가 알고 있는 고체 형태의 부드럽고 달콤한 새로운 음식으로 변모하게 되는데, 그 첫 번째이자 가장 획기적인 변화는 네덜란드의 초콜릿 제조업자였던 콘라드 판 하우턴Coenraad Van Houten, 1801~1887으로부터 시작된다.

카카오 빈을 음료 형태의 초콜릿으로 만드는 과정에서 가장 까다로운 요소는 '카카오 버터'라고 불리는 지방 부산물이었다. 카카오 콩을 볶은 뒤 이를 빻으면 원두 자체에서 나오는 지방 때문에 '카카오 버터' 53퍼센트에 '카카오 가루' 47퍼센트가 혼합된 덩어리가 만들어지게 된다.

절반이 넘는 비율의 기름 때문에 이 상태로는 물에 잘 섞는 것이 매우 까다로웠고, 따라서 보통은 이 카카오 덩어리를 오랜 시간 끓여가며 위에 둥둥 뜨는 기름을 걷어내는 작업을 통해 '카카오 버터'를 충분히 제거한 뒤 초콜릿을 만드는 작업이 필요했다.

그러나 카카오 덩어리를 끓이면서 일일이 기름을 제거하는 것은 시간이 오래 걸리는 까다로운 작업이었기에, 초콜릿을 파는 일부 상점, 혹은 가정에서 직접 초콜릿을 만들어 먹는 경우 이런 작업을 거치지 않았고, 따라서 상당히 불쾌한 맛의 초콜릿을 마시는 경우가 빈번했다.

아버지 때부터 대를 이어 초콜릿을 제조 및 판매해오던 '판하우턴'은 보다 진한 맛이 나는 초콜릿을 원했고, 그의 생각으로는 카카오 원두에 함유된 기름의 비중을 줄이면 보다 순수한 카카오 덩어리를 만들 수 있을 것이라 생각했다.

그는 2.7t에 달하는 엄청난 압력을 가할 수 있는 기계를 발명해 여기에 카카오 원두를 넣어 압착해 절반의 기름을 빼냄으로써, '카카오 버터'의 비율을 27퍼센트까지 줄일 수 있었다.

이것이 의미하는 바가 무엇이냐 하면, 이렇게 기름기가 적은 새로운 '카카오 덩어리'는 건조시켜 가루로 만들 수도 있었으며, 이 가루는 이전보다 물에 더 잘 녹기 때문에 이제는 '카카오 버터'를 제거하는 까다로운 과정 없이 누구나 쉽게 맛있는 초콜릿을 즐길 수 있다는 것이었다.

나아가 그는 이것저것의 실험을 통해 탈지된 카카오 가루가 물에 거의 완전히 녹도록 만들어 상품으로 내놓았고, 이렇게 만들어진 '카카오 파우더'는 초콜릿 음료를 넘어 커피에 타 먹거나 제빵 혹은 제과에도 사용이 가능할 정도였다.

이렇게 네덜란드의 '판 하우턴'이 발명한 카카오 원두를 압착하여 지방을 분리해내는 작업을 유럽 전역의 초콜릿 제조업자들이 활용했고, 이렇게 편리한 '카카오 파우더'가 대량으로 생산되는 와중, 이 과정에서 생산된 엄청난 양의 '카카오 버터'는 쓸모없는 부산물로 여겨지고 있었다.

고체형 '초콜릿 바'의 탄생

이러한 시기에 영국에서 초콜릿의 다음 혁신이 일어나는데, 조셉 프라이|Joseph Storrs Fry, 1769~1835와 그의 세 아들이 운영하던 'J. S. Fry and Sons'라는 초콜릿 제조업체로부터였다.

아버지인 '조셉 프라이'가 사망한 이후 그의 아들들은 단지 부산물에 지나지 않던 막대한 양의 '카카오 버터'를 활용할 수 있는 방안을 모색하였고, 마침내 분리된 '카카오 버터' 소량분과 '카카오 파우더'를 다시 섞으면 입에서 살살 녹는 독특한 식감의 고체형 초콜릿을 만들 수 있다는 사실을 발견하게 된다.

이러한 발견을 바탕으로 그들은 1847년 쇼콜라 델리시우 아망제|Chocolat Délicieux à Mange, 먹어도 맛있는 초콜릿라는 이름의 제품을 내놓았는데, 이것은 지금 우리가 먹는 판형 초콜릿의 최초의 모습이었으며, '프라이사'의 초콜릿 바는 불티나게 팔렸다고 전해진다.

최초의 근대적인 초콜릿 바의 탄생이긴 했으나, 지금의 초콜릿과는 느낌이 상당히 달랐는데, 우선 그리 많은 설탕이 첨가되지 않았기 때문에 그렇게 달콤하지도 않았고, 맛있게 즐기는 과자거리라기 보다는 건강 식품과 같은 상품으로 마케팅되었으며, 주요 소비 타겟층 역시 아이들보다는 성인을 대상으로 한 음식이었다.

맛있는 간식거리가 되어가는 초콜릿

이후 스위스의 초콜릿 제조업자 다니엘 페터Daniel Peter, 1836~1919가 약 8년간의 연구 끝에 카카오 버터와 카카오 파우더, 설탕, 연유를 정확한 온도에서 특정한 비율로 혼합하는 법을 발견해 부드럽고 크리미한 '밀크 초콜릿'을 발명해 낸다.

이어서 또 다른 스위스의 초콜릿 제조업자 로돌프 린트Rodolphe Lindt, 1855~1909는 연유를 포함한 카카오 혼합물을 오랜 시간 동안 저어주고 갈아주면 카카오 향이 농축되며, 또한 입자가 곱게 갈리면서 이전의 어떤 것과도 다른 새로운 맛의 초콜릿 액체가 만들어진다는 것을 발견하게 된다.

이 과정을 '콘칭'이라고 하며, 이렇게 만들어진 부드러운 액체 밀크 초콜릿은 따뜻한 액체 상태로라면 케이크나 쿠키 위에 뿌릴 수도 있었고, 또한 틀에 넣어 냉각시킴으로써 달콤한 밀크 초콜릿 바를 대량으로 만들어낼 수 있었다.

이렇게 유럽에 들어왔던 '쓰디쓴 원주민의 신비한 음료' 초콜릿은 약 400여 년간의 세월을 거치며 달콤하고 부드러운 고체 형태의 초콜릿으로 거듭나게 되었다.

밀크 초콜릿의 황제, '허쉬'

1893년 미국 시카고에서 열린 '세계 컬럼비아 박람회'에서 이 유럽산의 '달콤한 먹는 초콜릿'이 미국인들에게 선보여졌고, 이 박람회에서 품질 높은 유럽의 밀크 초콜릿에 순식간에 매료되어 평생을 초콜릿에 바친 한 인물이 있었으니 바로 밀턴 허시Milton Snavely Hershey, 1857~1945였다.

이미 캐러멜 사업으로 대부호가 되어 있던 '밀턴 허시'는 박람회에서 밀크 초콜릿을 맛본 뒤 캔디 산업의 미래는 초콜릿에 있다는 확신을 얻고 그가 운영하던 '랭커스터 캐러멜 컴퍼니'를 매각하면서까지 초콜릿 개발에 몰두하게 된다.

미국에서의 그 누구도 '콘칭'과 같은 고급 초콜릿 제조 기술은 차치하고서라도 밀크 초콜릿의 정확한 배합 비율조차 모른다는 큰 문제가 있었지만, '밀턴 허쉬'는 집요하게 연구한 끝에 어찌저찌 1900년에 첫 번째 허쉬 밀크 초콜릿 바를 생산해냈고, 판매 결과는 상당히 성공적이었다.

그러나 그 맛에 만족하지 못한 '밀턴 허쉬'는 첫 번째 제품을 낸 이후 매일 톤 단위의 초콜릿을 실험해가며 레시피를 발전시켜 나갔고, 3년 뒤 마침내 유럽산 밀크 초콜릿에 버금가는 '허쉬'만의 밀크 초콜릿을 개발해내게 된다.

이 레시피를 바탕으로 그는 1907년 '키세스' 제품과 1908년 아몬드가 첨가된 두 번째 '허쉬 초콜릿 바'를 선보이게 되는데, 이 둘은 지금의 '허쉬 초콜릿 회사'를 지탱해온 대표 상품이었으며, 특히 작은 물방울 모양의 초콜릿 '키세스'는 그 이전의 어떤 초콜렛과도 다른 독특한 모양을 지니고 있었기에 미국 전역에서 순식간에 인기를 얻게 된다.

이미 미국에서 유명한 초콜릿으로 거듭난 허쉬 초콜릿은 제1차 세계 대전 당시 수십만 명의 미군에게 정기적으로 공급되었고, 전쟁 이후 허쉬 사는 미국 전체에서 인정받는 초콜릿 제조업체로 자리 잡게 된다.

허쉬 사는 제2차 세계 대전 당시 남태평양의 뜨거운 열기 속에서도 녹지 않고, 영양가는 더욱 높인 군용 초콜릿을 개발하여 미군에 공급했는데, 제2차 세계 대전 중 허쉬 초콜릿 사에서 생산된 초콜릿 중 4분의 3에 달하는 분량이 군대로 공급되었고, 한때 그 생산량은 하루에 300만 개 이상에 달할 정도였다고 한다.

그리고 미군들은 우정을 표하는 방법으로 파견되는 각지의 현지 주민들에게 달콤한 밀크 초콜릿을 나눠주었다.

05
코카 잎 : 마약의 원료가 지닌 음식 역사 이야기

'코카나무'의 잎이 지닌 엄청난 효과

코카인의 '코카'나, 코카콜라의 '코카'는 남아메리카가 원산지인 '코카나무'의 '코카 잎'으로부터 유래한다. 좋은 품질의 잎은 짙은 녹색에 신선한 찻잎 냄새가 나며, 이를 씹으면 톡 쏘는 맛과 함께 따뜻한 기운과 편안한 기분을 느낄 수 있다고 한다.

1년 동안 코카나무 밭 1헥타르 면적의 나뭇잎 분량으로 약 15kg 정도의 코카인 가루를 만들어낼 수 있는데, 이 15kg의 코카인 가루는 때에 따라 수십억 원의 가치가 있으며, 갖은 암흑세계 범죄 조직들과의 인연이 깊은 가루가 되었다.

마약, 범죄라는 이미지 때문에 코카인이란 단어 자체를 입 밖에 내기가 꺼려질 정도이지만, 그 원료가 되는 '코카'라는 나뭇잎은 남미 지역 원주민들에게는 신성시되던 것이었으며, 또한 이 코카 잎을 원료로 만든 한 음료는 과거에 세계적인 열풍을 일으키기까지 했다.

남미 원주민들이 이 코카 잎을 가지고 했던 행위는 별 다른 건 없고 그냥 우물우물 씹는 것이었는데, 이렇게 우물우물 코카 잎을 씹는 것만으로도 놀라운 효과가 있었다.

1539년 스페인 수도사 빈센트 데 발베르데Lima Vicente Valverde 가 국왕 '카를로스 1세'에게 보낸 편지에는 "이 지역 원주민들이 입에서 절대 빼지 않는 것이 '코카'라는 것인데, 그들의 말에 따르면 이 잎이 그들을 지탱하고 또한 생기를 북돋아주어 태양 아래에서도 더위를 느끼지 못한다고 합니다. 또한 이 '코카'라는 것은 무게에 따른 값어치가 금과 맞먹습니다"라고 적혀 있으며,

1553년 스페인 정복자 페드로 시에사 데 레온Pedro Cieza de León 은 "페루 지역의 원주민들은 이 '코카'란 것을 아침에 일어나서부터 밤에 잠들기 전까지 계속 입에 물고 있다. 그들에게 물어보니 이 코카 잎을 씹으면 배고픔을 느끼지 못하고 오히려 힘과 기운이 넘치게 된다"라는 '코카' 문화에 대한 기록을 남겼다.

1553년 스페인 역사가 아구스틴 데 사라테Agustin de Zárate는 "뜨거운 햇볕이 드는 특정한 계곡에는 '코카'라는 식물이 자라는데, 원주민들은 이것을 금은보다 더욱 귀중히 여긴다. 내가 이를 살펴보니, 이 식물의 유용함은 그 잎을 씹는 사람들이 배고픔과 목마름을 절대로 느끼지 않는 것에 있다"라며 새로 발견된 식물

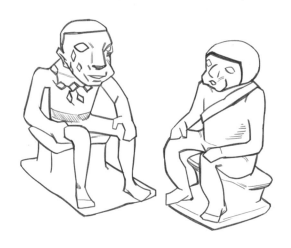

고대 코카 씹는 원주민 조형물

의 놀라운 효과를 기술하였다.

남아메리카에서 코카 잎을 씹는 문화는 지금으로부터 약 8000년 전에도 존재했다. 위에 기술된 것과 같이 코카 잎을 씹으면 졸음이 달아나고 배고픔을 달랠 수 있고 또한 맥박을 높이는 등의 엄청난 효과가 있었기에, 마땅히 먹을거리도 별로 없고, 춥고, 산소가 희박하기까지 한 안데스 고지대에서는 원주민들이 코카 잎을 씹으며 척박한 환경을 극복해왔다.

이후 잉카 제국 시대에 이르러서 코카는 단지 생계를 위한 수단이 아니라 모든 질병에 대한 만병통치약으로 여겨질 정도였으며, 태양신 '인티'를 섬기던 잉카에선 사제들은 종교적 행사에서 코카 잎을 씹음으로서 태양신과 닿을 수 있다고 여겼고, 코카를 모든 자연물 중에서 가장 위대하고 신성한 것으로 여기게 되었다.

이후 '프란시스코 피사로'에 의해 잉카 제국이 정복되고, 이 곳에 스페인인들이 들어오며 코카의 존재가 알려지게 되는데, 이 때 코카 씹는 문화에 대해 혐오하는 유럽인들과 찬성하는 유럽인들이 나뉘게 된다.

우선 반대하는 입장의 경우, 원주민들이 코카를 씹고 힘을 얻는 것은 악마가 만들어낸 환상일 뿐이며, 이는 이교도의 잔재이기에 코카 씹기를 금지해야 한다는 것이었다. 찬성하는 입장의 경우 코카 잎은 원주민들의 건강을 지켜주는 훌륭한 보조 식품이며, 무엇보다도 원주민들이 극한까지 일을 할 수 있게 만드는 효과적인 흥분제라는 것이었다.

특히 1545년에 발견된 해발 약 4000미터에 위치하던 '포토시 은광'이란 곳은 고지대에 익숙했던 원주민들에게도 혹독한 환경이었는데, 이때 코카 잎은 고산병을 앓고 있는 이들에게 절대적인 치료제가 되었고, 또한 코카 잎을 씹게 되면 이틀 동안 아무것도 먹지 않고 일을 할 수 있었기에 광산 소유주는 원주민들에게 들어갈 식량비를 상당 부분 아낄 수 있었다.

코카 잎이 가져다줄 수 있는 이익을 체감한 스페인인들은 주변 원주민 부족들을 쫓아내서라도 코카나무 밭을 늘려갔고, 엄청난 양의 코카 잎을 인디언 노동자들에게 공급했으며, 이렇게 만들어진 막대한 부가 유럽으로 흘러 들어갔다.

아무튼, 코카의 이런 신기한 이야기들과 더불어 코카를 씹으니 치통이 사라졌다는 등 여러 썰들이 전해졌고, 이후 유럽의 많은 과학자들에 의해 코카 잎이 연구되며 더욱 놀라운 효과들이 알려지게 된다.

대표적으로 19세기 중반, 자신이 직접 씹어보며 코카 잎의 효과를 실험했던 이탈리아 학자 '파올로 만테가차Paolo Mantegazza, 1831~1910'는

"코카 잎의 만취 효과로 정신 착란의 극한까지 경험할 수 있었는데, 이는 어떠한 육체적 즐거움보다도 우월한 것이었다.…나는 코카 잎 두 개를 날개 삼아 77,438개의 세계를 날아다녔으며, 코카 없는 1000000...세기보다, 코카 있는 10년을 택하겠다" 라고 기술했으며, 위장병, 정신 질환 등 여러 질병에 코카 잎이 치유제가 될 수 있음을 주장했다.

그리고 이런 '파올로'의 주장에 영향을 받아 전 세계인들에게 코카를 먹인 인물이 있었으니 바로 '안젤로 마리아니Angelo Mariani, 1838~1914'란 프랑스인이었다.

세계적인 '코카' 열풍을 일으킨 음료

약제사였던 아버지 밑에서 자란 '안젤로 마리아니'는 그 자신도 약제사가 되기 위해 여러 약국에서 견습 생활을 이어가던

중이었다.

이때 그가 담당했던 일이 여러 질병에 대한 신약을 개발하는 것이었고, 당시 유럽에서 인기를 얻기 시작하던 신비로운 나뭇잎 '코카'에 매료되어 이에 대한 연구에 몰두하게 된다. 수차례의 실험 끝에 그는 보르도산 레드 와인에 최상급의 코카 잎을 섞어 술이랄지 약이랄지 아무튼 어떤 음료를 만들어냈고 이것이 전 세계에 최초로 '코카 열풍'을 일으킨 '뱅 마리아니'의 탄생이었다.

뱅 마리아니

'뱅 마리아니 전설'의 시작은 20대의 한 오페라 여배우로부터 시작되는데, 그 이야기는 다음과 같다.

"알 수 없는 병으로 목이 쉬어 커리어가 끝날 지경에 처했던 그녀는 온갖 약물을 사용해봤지만 도무지 낫질 않고 있었다.

1869년 4월 16일 'Fauvel'라는 이름의 의사를 찾아가게 되었고, 그녀는 '뱅 마리아니'를 처방받아 마시기 시작했는데 7일이 지나자 목소리 톤이 제자리를 찾아가기 시작하더니 15일째가 되어서는 다시 노래를 부를 수 있게 되었다. '뱅 마리아니'를 마신 지 3개월이 지나자 그녀의 건강은 완전히 회복되었고, 전성기 때의 목소리를 되찾게 되었다"

이런 엄청난 약효를 지닌 '뱅 마리아니'는 급속도로 유행을 타기 시작했고, '안젤로 마리아니'는 사업을 더욱 확장하여 코카 잎으로 만든 차, 코카 캔디, 또는 '뱅 마리아니'보다 3배 강력한 효과를 지닌 물약 등 새로운 제품을 내놓으며 이렇게 '마리아니의 코카'는 유럽 사회 모든 계층의 삶에 침투되었다.

이후 마리아니는 미국으로 진출하기 시작하는데, 이번에는 말기 인후암으로 고통받던 '율리시스 그랜트' 미국 전 대통령이 '뱅 마리아니와 코카 잎 차를 마시며 통증을 완화하고 영양을 공급받음으로써 회고록 작성을 마치고 평안히 세상을 떠날 수 있었다'라는 이야기가 전해지며 '안젤로 마리아니'는 일종의 영웅 같은 인물이 되어버린다.

코카인이 사회적 문제로 대두되기 전까지 그와 '뱅 마리아니'는 수많은 의사들의 찬사와 함께 교황, 군주, 화가, 조각가, 배우, 가수 등 유명 인사들로부터 추천 서신을 받은 음료였고, 심지어 '뱅 마리아니를 마시면 미라도 일어나 걸을 것'이라는 찬사가 돌기까지 했다.

이런 엄청난 뱅 마리아니를 따라 유럽과 미국에서는 수많은 모방품들이 만들어졌는데, 그중 하나가 미국 애틀랜타의 존 펨버튼John Pemberton, 1831~1888이란 약제사가 만든 '프렌치 와인 코카'라는 것이었고, 이후 애틀랜타에서 금주 운동이 지지를 얻자 '프렌치 와인 코카'에서 알코올을 제거하고 탄산수, 설탕 등을 넣어 변형시킨 음료가 바로 코카콜라였다.

06

코카콜라 : 미국을 대표하는 신비로운 탄산음료

콜라는 까만데, 마시면 시원하고 달고 톡 쏘고 상쾌한 그런 음식이다. 콜라가 존재하기 때문에 사람들은 때때로 피자, 치킨, 햄버거 등의 음식을 물과는 함께 먹지 못하게 되었는데, 이는 물이 제공하는 단순한 갈증 해소를 넘어 콜라는 맛과 상쾌함까지 주기 때문이다. 일단 콜라라고 하면 무엇보다도 입술부터 목구멍을 따라 따가움을 느끼게 만드는 탄산이 생각나실 것이다. 그리고 콜라의 역사는 이 탄산으로부터 시작된다.

'온천수'에 대한 오래된 갈망

오랜 옛날부터 사람들은 자연의 광물을 함유한 '광천수', 즉 미네랄 워터에 대한 동경이 있었는데, 이유는 광천수가 의학적 치료 효능을 지닌 신비한 물로 여겨졌기 때문이다. 이 광천수를 마시거나 광천수로 목욕을 하면 여러 질병 치료에 도움이 된다고 믿었는데, 실제로 광천수에는 그런 효과들이 있었다.

때문에 영국의 '바스'와 같은 온천 도시는 로마 시대 때부터 휴양지로 인기가 많았고 많은 사람들이 질병 치료를 목적으로 이곳에 찾아와 목욕을 하기도 했다. 문제는 이런 온천 도시에 목욕하러 갈 수 있는 사람들이 매우 한정적이었다는 것이다. 18세기 말까지도 귀족, 부자들만 이런 곳에 방문하여 광천수를 즐길 수 있는 여유가 있었으며, 대부분의 사람들은 평생 한 번 구경하기도 어려웠다.

이들 입장에서는 온천에 방문하여 광천수로 목욕하는 영광은 바라지도 않고 단지 자기들이 살고 있는 곳에서 광천수를 마실 수만 있어도 만족스러울 정도였다. 하지만 광천수가 나오는 지역은 한정되어 있었고, 때문에 모든 지역의 사람들이 광천수를 마실 수는 없었다.

이때, 일부 광천수는 탄산을 함유하고 있었고 이 '탄산'이라는 것이 '광천수'의 특징으로 부각되어 많은 사람들에게 자연에서 나는 광천수의 대안이 된 것이 바로 인공적으로 만든 탄산수였다.

'인공 탄산수'의 발명

인공 탄산수는 18세기 영국의 화학자 조지프 프리스틀리 Joseph Priestley, 1733~1804에 의해 탄생한다. 맥주 양조장 옆에 살던 그는 어느 날 맥주 발효 통에서 치솟는 탄산 가스를 보고 매료되었고, 이 가스를 유리잔에 담은 뒤 물을 붓고 이 물을 가스가 담긴 또 다른 유리잔에 붓는 것을 반복하는 식으로 농축시킴으로써 인공 탄산수를 탄생시켰다.

1772년 그는 "고정 공기[1]를 물에 스며들게 하는 방법 : '피어 몬트 광천수' 및 유사한 성질의 다른 미네랄 워터의 특징과 장점을 함유시키는 방법"이라는 논문을 냈으며, 이후 탄산수를 만드는 보다 효과적인 장치를 발명했고 그의 발명은 의학적 잠재성을 인정받아 런던 왕립학회가 수여하는 최고의 명예인 '코플리 메달'을 받았다고 한다.

'조지프 프리스틀리'의 실험 직후 영국에서는 인공 탄산수를 병에 담아 판매하는 사업가들이 등장했는데, 이는 고열, 괴혈병, 구토 증세, 심지어 정신병에까지 효과가 있다는 광고 문구들로 판매되었으며, 많은 병자들이 의학적 효능을 기대하며 인공 탄산수를 구입하였다.

1839년 미국 필라델피아에서는 프랑스 이민자인 유진 루셀 Eugene Roussel이란 자가 처음으로 소다수에 맛을 첨가하였으며, 이후 오렌지, 체리, 레몬, 복숭아 맛 등 다양한 맛의 소다수가 발전하게 된다.

---

1) 고정 공기 : 이산화탄소를 뜻함

인공 탄산수는 특히 미국에서 높은 인기를 얻게 되는데 이때 미국만의 독특한 현상이 발생하게 되었으니 바로 탄산음료 매장 Soda Fountain이란 곳의 부상이었다.

미국의 독특한 사교 공간, '탄산음료 매장'

유럽에서 그랬던 것처럼 미국에서도 탄산수는 처음에 병을 치료하기 위한 목적으로 음용되었고, 탄산수는 약국에서 직접 만들어 파는 형태였다. 그런데 미국에서 '약국'이란 곳은 약만 파는 공간이 아니라 생필품을 구할 수 있는 잡화점의 기능을 하고 있었고, 따라서 약국은 다양한 사회적 만남이 이루어지는 공간이었다.

이때 약국 한 켠에는 사람들이 탄산음료를 마시며 쉬었다 가는 '탄산음료 매장'이란 공간이 생겨났다. 다양한 맛의 시럽이 첨가된 탄산수들이 발달하고 또한 고급스러운 실내 장식들이 갖춰져 가며 탄산음료 매장은 5~10센트에 불과한 싼 가격에 우아한 사교활

동이 가능한 장소로 거듭나게 되었는데, 이는 미국만의 독특한 현상이었다.

1891년 뉴욕에서 발간되던 잡지 하퍼스 위클리Harper's Weekly 에서는 다음과 같이 평했다.

"탄산수는 미국의 음료이다. ⋯ 탄산수의 가장 큰 장점이자 이것이 미국의 음료가 될 수 있는 핵심 요소는 바로 '민주주의'이다. 백만장자들이 샴페인을 홀짝거릴 때 가난한 이들은 맥주를 마실 수밖에 없지만, 탄산수의 경우는 부자든 서민이든 똑같이 즐기기 때문이다."

프랑스에 커피를 즐기는 공간인 '카페'가 있었다면 미국에는 탄산음료를 즐기는 '탄산음료 매장'이 있었다.

이러한 미국에서 존 펨버튼John Stith Pemberton, 1831~1888이란 인물에 의해 1886년 인류 역사상 최초의 콜라, '코카-콜라'가 탄생한다. 코카는 코카인의 원료인 코카 잎에서, 콜라는 커피보다 많은 카페인을 함유하고 있는 콜라나무의 열매에서 따온 이름이다.

"왜 하필 이런 무서운 재료들로 콜라가 탄생했어야만 했나?"라는 질문에 대해서는 당시 미국의 상황을 좀 살펴볼 필요가 있다.

콜라가 탄생했던 시기 미국은 특허매약Patent medicine이란 것이 전성기를 맞이했던 시기였다. 특허매약이란 간단히 말하면 '만병통치약'같은 것이었는데, 외국의 진기한 성분이나 아메리카 원주민들의 의약 지식을 활용하여 만든, 모든 병에 잘 듣는 신비로운 약이었다.

물론 당연히 사기였는데, 미국에서는 남북전쟁 이후 신체적, 정신적으로 황폐해진 퇴역 군인들이 이 특허매약이란 것에 크게 의존하였고, 의료 기술이 지금과 같이 발전하지 않았기에 상당한 수의 환자가 의사의 손에 죽어나가던 시대였다. 더욱이 시골 지역에는 의사가 거의 없다시피 했기 때문에 많은 사람들이 이 '특허매약'이란 것에 의존했고 이는 거대한 산업이 되었다. 참고로 대다수의 특허매약에는 마약 성분이 들어있었다.

이러한 사회적 분위기 외에도 '특허매약산업'이 거대하게 성장할 수 있었던 이유는 바로 '광고'였다. 미국의 특허매약 제조업자들은 그들의 매약이 엄청나게 진귀한 성분이나 비밀리에 전수

되는 원주민들의 특별한 의약 지식으로 만들어졌다고 주장했지만 사실 비슷비슷한 원료들로 만든 거기서 거기인 약들이었다.

경쟁이 심해져 가는 상황에서 매약업자들은 우선 자신이 만든 매약의 성분을 대외적인 비밀로 하여 신비주의를 부추겼다. 참고로 지금까지 회자되는 코카콜라의 비밀 성분 '7X' 썰, 또 코카콜라 제조법은 단 두 사람만이 알고 있으며 이 둘은 같은 비행기에 절대 타지 않는다는 썰 등이 전해지는 것도 특허매약의 이러한 신비주의 특징에서 기인한 것이다.

매약업자들은 경쟁에서 살아남기 위해 공격적으로 과장광고를 내보냈는데, 그도 그럴 것이 어차피 원료와 효능은 거기서 거기였기 때문에 어떠한 방식으로든 자신의 매약이 남들 것보다 낫다고 알려야 했다.

매약업자들은 거의 불로장생약 급으로 과대광고, 거짓광고를 남발했으며, 이들은 곧 신문 광고의 최대 고객으로 거듭났는데, 이는 특허매약이란 것의 원료비가 판매가의 10분의 1도 안 되었기에 가능한 일이었다.

1880년 무렵 일부 매약 업자들은 광고비로 연간 백만 달러 이상을 지출하는 경우도 있었으며, 그들은 신문 광고뿐만 아니라 시계, 달력, 성냥갑, 주머니칼, 요리책, 카드 등과 같은 판촉물을 이용해 자신들의 제품을 홍보하기에 이른다.

결과적으로 캐치프레이즈, 로고와 상표 및 광고의 중요성을 처음 인식하게 된 사람들이 바로 매약업자들이기도 했다.

코카콜라의 창시자 '존 펨버튼' 역시 이런 매약 제조업자 중 한 사람이었다. 다만 수많은 사기꾼들과 달리 의사와 약사로서 두 개의 학위를 지니고 약물에 대한 꾸준한 공부를 통해 국내 및 해외 동향을 면밀히 파악하고 있는 학자로서의 태도를 가진 인물이었다.

남성 평균 기대 수명이 42세였던 1870년, 이미 40대 후반에 접어든 '존 펨버튼'은 1876년 영국의학협회British Medical Association의 회장이었던 로버트 크리스티슨Robert Christison, 1797~1882이 쓴 '코카 잎'에 대한 기사를 접하게 된다.

당시 78세의 나이든 의사였던 '로버트 크리스티슨'은 코카 잎을 씹으며 점심도 거르고 스코틀랜드의 3,232피트 높이 벤 보리크Ben Vorlich 산을 올랐다는 내용을 보도했는데 이때 그는 "산에서 내려온 뒤에도 나는 피곤하지도, 배고프지도, 목마르지도 않았으며 심지어 약 7km에 달하는 집까지의 거리를 쉽게 걸어갈 수 있을 것 같았다."라고 적었다.

당시 미국에서는 코카인이 암의 고통을 줄여주며 심지어 아편 중독을 치료할 수 있는 기적의 약으로 받아들여지고 있었으며 코카 알약, 코카 연고, 코카 스프레이, 코카 분말, 코카 잎 담배 등 여러 코카 잎 상품들이 판매되고 있는 상황이었다.

특히 1863년 프랑스의 화학자 안젤로 마리아니Angelo Mariani, 1838~1914가 코카 잎에 최상급 보르도 와인을 섞어 만든 뱅 마리아니Vin Mariani라는 음료는 세계적으로 엄청난 인기를 얻었고 경쟁이 치열했던 미국의 '특허매약' 시장에서는 자연스럽게 수많은 '뱅 마리아니' 모조품들이 등장했는데 이 모방자 중 한 명이 바로 '존 펨버튼'이었다. 그는 '뱅 마리아니'의 레시피를 연구하여 이를 개선시키고 여기에 '콜라'라는 열매의 추출물을 첨가하여 프렌치 와인 코카French Wine Coca라는 음료를 개발하여 1884년 처음으로 광고를 낸다.

참고로 '콜라나무'라는 것은 서아프리카가 원산지로 열매에는 약 2퍼센트의 카페인이 함유되어 있었는데, 씹었을 때 원기를 북돋아 주는 효과가 있었다. 때문에 서아프리카 원주민들은 콜라 열매를 씹으며 각성의 효과를 누리기도 했다.

'뱅 마리아니'를 모방하여 음료를 제조하였으나 '존 펨버튼'은 그가 만든 '프렌치 와인 코카'에 엄청난 자부심을 가지고 있었는데, 한 잡지의 인터뷰에서 그는 다음과 같이 말했다.

"나는 뱅 마리아니의 제조법을 아주 면밀하게 살펴봤으며 여기에서 벗어나지 않도록 노력했다. 다만, 내 자신의 오랜 실험을 통한 직관과 남아메리카 현지에서 받은 자세한 정보를 바탕으로 개선할 점이 있다고 판단되었을 경우 레시피를 수정하였으며, 내가 만든 음료는 안젤로 마리아니의 음료보다 더 뛰어난 것이라 믿는다."

1885년 '프렌치 와인 코카'의 광고에서는

"미국인들은 전 세계에서 가장 신경이 과민한 사람들입니다. 이러한 문제로 고통받는 모든 이들에게 훌륭하고 유쾌한 치료제인 '프렌치 와인 코카'를 권장합니다. 신경 문제, 소화불량, 정신적, 육체적 피로, 만성 질환, 위염, 변비, 두통 등으로 고통받는 모든 사람들이 '코카 와인'으로 신속하게 치유될 수 있습니다."와

같은 믿기 어려울 정도의 효능을 나열했으며, 이어서

"코카는 자연이 인간에게 준 가장 큰 축복이며, 다른 모든 치료법이 먹히지 않을 때 코카는 발기부전을 치료할 수 있고 정액의 양을 증가시킬 수 있습니다. 모르핀이나 아편에 중독된 사람들, 또한 알코올을 과도하게 섭취하는 사람들에게 '프렌치 와인 코카'는 큰 축복임이 입증되었으며 수천 명의 사람들이 놀라운 원기 회복제라고 칭송하고 있습니다." 라며 '코카 잎' 자체의 긍정적인 효과를 지지하기도 했다.

'프렌치 와인 코카'는 큰 인기를 끌었고 펨버튼이 막 큰돈을 벌어들이려 할 때쯤 그가 사업하던 지역 '애틀랜타'에서는 1885년 11월 25일 알코올 판매를 금지하는 금주법이 제정되었다.

'금주 음료'로 만들어진 '코카-콜라'

펨버튼의 '프렌치 와인 코카'뿐 아니라 다른 많은 매약들도 알코올이 주요 성분이었기에 금주법은 모든 매약상들에게 커다란 위협이었으며, 1886년 7월 1일부터 시행될 금주법을 앞두고 펨버튼은 알코올이 없는 '금주 음료'를 만들기에 착수한다.

그는 코카 잎과 콜라 열매를 핵심 재료로 유지하되 와인을 제거한 새로운 음료를 만들어내고자 여러 재료들을 사용하여 1885년 겨울부터 이듬해 봄까지 미친 듯이 실험에 몰두하였고, 인근 약국 'Jacobs' Drug Store'에 자신이 만든 음료의 농축액을 계속 보내면서 소비자들의 반응을 살펴보았다.

1886년 5월 펨버튼은 와인을 제거한 새로운 '금주 음료'를 만들어냈고 자신의 비즈니스 동업자였던 프랭크 로빈슨Frank Mason Robinson, 1845~1923에게 음료의 새로운 이름을 좀 지어달라고 했는데, 이때 로빈슨이 제안한 것이 두 원재료의 명을 딴 Coca-Cola였다. 참고로 콜라나무의 콜라의 철자는 'C'ola가 아니라 'K'ola인데, 광고할 때 두 개의 C가 잘 어울릴 것이라 생각해서 과감히 K를 C로 바꿨다고 한다.

1년 뒤 '프랭크 로핀슨'은 스펜서식 필기체로 흘려 쓴 'Coca-Cola'의 로고를 만들었고 이 로고는 지금까지 이어져 오고 있는데 캔이나 병에 새겨져 있는 그것이다. 이렇게 인류 역사상 최초로 콜라라는 음식이 탄생했다.

　새로운 음료인 '코카-콜라'는 기존 펨버튼의 음료 '프렌치 와인 코카'와 다른 독특한 점이 있었는데, 치유의 효과를 기대하고 오직 약으로서만 섭취되던 '프렌치 와인 코카'와 달리 '코카-콜라'는 '탄산수'와 결합하여 약효뿐 아니라 맛과 상쾌함을 제공하는 음료수로 제공되었다는 것이다.

　펨버튼이 만든 '코카-콜라' 시럽과 탄산수가 어떻게 섞이게 되었는지는 여러 썰들이 전해지는데, 코카-콜라 시럽을 테스트하던 'Jacobs' Drug Store'의 약사였던 윌리스 베너블Willis Venable이 원래는 그냥 물에 타서 손님들에게 제공하던 것을 실수로 탄산수에 타서 주었는데 반응이 좋았다는 썰, 반대로 약국에 찾아온 손님이 코카-콜라를 마셔보고 이를 더욱 맛있게 만들고 약효를 높이기 위해 탄산수에 섞어보라는 제안을 했다는 썰 등이 전해진다.

　정확한 사실 여부는 알 수 없지만 아무튼 '코카-콜라' 시럽은 등장한 초기부터 '탄산수'에 섞어 '탄산음료 매장'에서 판매하는 음료로 자리 잡게 되었다.

　1886년 5월 29일 '애틀랜타 저널'에 실린 코카콜라의 첫 광고에는

"맛있다! 상쾌하다! 신난다! 기운이 넘친다!"
"경이로운 코카 식물과 그 유명한 콜라 열매의 성분을 함유한
새롭고 인기 있는 탄산음료(Soda fountain drink).
윌리스 베너블과 너넬리&로슨에서 판매 중"

이라며 약의 효능과 동시에 '탄산음료'로서 광고되고 있는 코카콜라의 모습을 볼 수 있다.

얼마 지나지 않아 1888년 8월 16일 코카콜라를 발명한 '존 펨버튼'은 57세의 나이로 세상을 떠나게 되고 코카콜라 사업의 전권은 애틀랜타의 한 약사이자 사업가였던 아사 캔들러Asa Griggs Candler, 1851~1929에게 넘어간 상태였다.

그리고 코카콜라는 미국 전역에 급속도로 퍼지게 되는데, 여기에는 두 가지 커다란 요인이 있었으니 첫 번째는 광고, 두 번째는 바로 병에 담긴 코카콜라의 탄생이었다.

※ 부록. 코카콜라에서 제거된 코카인 마약 성분

19세기 말 미국에서는 '코카인'으로 발생하는 사회적 문제가 대두되고 있었다. 1898년 미국-스페인 전쟁이 발발하며 미국 의회는 전쟁에 필요한 비용을 충당하고자 '특허매약'에 특별 전쟁 세금을 부과하였고, 미국 국세청에서는 코카콜라 역시 이러한 매약 중 하나로 보아 회사에 세금을 내라고 명령했다.

이에 분노한 '아사 캔들러'는 정부에 소송을 제기하여 코카콜라는 매약이 아니라 음료임을 주장하는데 1902년까지 이어진 재판 과정에서 코카콜라에 들어 있는 코카인 마약 성분에 대한 문제가 불거진다.

법정에서 '캔들러'는 "코카인이 들어 있긴 하지만 아주 극미량일 뿐이다."라고 주장하는 반면, 반대 측에서는 몇몇 의사들이 등장하여 "하루에 10잔가량의 코카콜라를 마시던 13세

소년이 직장을 잃고 더 이상 코카콜라를 마시지 못하게 되자 상태가 급속히 악화되었다." 혹은 "코카콜라 한 잔을 마시니 사람이 집에 가는 길을 찾지 못했다."라는 등의 무시무시한 증언을 하는 광경이 펼쳐졌다.

재판은 코카콜라 사에 유리한 판결로 끝났지만 이후 코카콜라에서는 코카인의 마약 성분이 제거되었다.

'광고'를 통해 급증한 코카콜라의 수요

애초에 펨버튼이 만든 코카콜라는 그 약효가 뛰어나서인지 크게 신경 쓰지 않고 가만히 내버려둬도 알아서 판매량이 늘어나는 음료였다. 코카콜라 사업권을 확보한 '아사 캔들러' 역시 오랜 지병으로 극심한 두통을 겪던 중 친구로부터 코카콜라를 권해 받아 마신 후 말끔히 나음으로써 효능을 직접 경험한 사람 중 하나였다.

크게 신경쓰지 않아도 지난해보다 몇 배씩 판매량이 급증하는 코카콜라를 지켜본 '아사 캔들러'는 자신의 매약 사업을 접고 코카콜라 사업에 모든 것을 집중하게 된다.

'아사 캔들러'와 이제는 그와 함께 일하게 된 코카-콜라 명칭의 창시자 '프랭크 로빈슨'은 본격적으로 코카콜라의 광고를 확대하기 시작하는데, 하필 광고라는 것에 집중한 것은 둘 다 미국의 매약산업에 몸을 담았던 경험에서 영향을 받았기 때문일 것이다.

이전의 특허매약업자들과 비슷하게 광고 예산은 코카콜라

재료비의 절반 이상에 달할 정도로 막대했으며, 신문 광고를 비롯한 포스터, 달력, 신기한 물건 등 다양한 판촉물들을 통해 코카콜라의 로고가 널리 홍보되었다. 또한 무료 샘플 쿠폰을 뿌려 사람들이 코카콜라를 맛보도록 했는데 한 해에 140,000잔이 넘는 코카콜라가 무료로 제공될 정도였다.

한편 '아사 캔들러'가 집중적으로 광고한 것은 '맛있게 즐기는 음료'라는 가치보다는 '뛰어난 약효를 지닌 음료'라는 가치였는데 "두통과 긴장을 완화하여 즉각적으로 편안함을 제공한다." 혹은 "슬픔에 빠진 사람을 기쁘게 만들고 나약한 자를 강하게 만든다."와 같은 문구들이 사용되었으며, 광고의 주요 타겟층 역시 남성 회사원들이었다.

1890년 8,855갤런[2]이었던 코카콜라의 판매량은 1892년에는 35,360갤런으로, 1895년에는 76,244갤런으로 급증했으며 '아사 캔들러'는 "이제 코카콜라는 미국의 모든 주와 영토에서 판매되고 있다."라고 선언했다.

한편, 이 무렵 '아사 캔들러'와 '프랭크 로빈슨'은 다수의 소비자들, 특히 여성들이 코카콜라에 대한 불만을 표하는 것을 알게 되었는데, 바로 코카콜라가 지닌 약으로서의 이미지 때문이었다. 그들은 단지 청량음료로서 코카콜라를 즐기는 것일 뿐인데 약이라는 이미지가 워낙 강해 마시면서도 찝찝하다는 내용이었다.

이러한 불만들은 코카콜라의 광고 전략을 완전히 뒤바꾸는 큰 계기가 되었는데 이후 '프랭크 로빈슨'이 회고하길

"이때서야 비로소 우리는 대중에게 광고를 해야 할 시기에

---

2) 갤런 : 1갤런은 약 3.7리터이다.

막상 소수의 사람들에게만 광고하고 있었음을 알게 되었다."라고 했으며 약이 아닌 음료로 광고해야 코카콜라는 100명 중 한 사람이 아닌 수천 명에게 도달할 수 있음을 깨달은 것이다.

코카콜라 사는 새로운 광고 전략을 수립하여 의약품이었던 코카콜라의 이미지를 완전히 바꾸었고 또한 목마름을 즐거움의 대상으로 인식시키기에 이른다.

또한 여가를 지향하는 사회로 변화하고 있던 미국에서, 남성들은 골프, 테니스, 야구 구경을, 여성들은 백화점 등의 새로운 소비 공간에서 쇼핑을 즐기기 시작하며 사람들의 목마름은 늘어가는 상황이었다. 질병이나 병 증상을 줄줄이 나열하며 일부 사람들에게만 어필하던 어둡고 칙칙한 이미지를 버리고,

"코카콜라를 마셔요. 맛있고 상쾌합니다!"

라는 식으로 단순하지만, 직관적이고 산뜻한 느낌을 강조함으로써, 갈증을 느낄 때 물이 아니라 코카콜라를 마셔야만 만족스럽다는 메시지를 모든 사람들에게 전달하는 방식이었다.

광고 예산을 더욱 크게 책정하여 신문 광고뿐 아니라 냅킨, 성냥갑, 식당의 서빙 쟁반, 온도계, 전차 표지판, 연필, 책갈피, 야구 득점 계산 카드를 비롯한 거의 모든 광고 매체를 사용하며 미국 전역에 광고를 뿌리다시피 했는데 1898년까지 연간 백만 개 이상의 판촉물이 배포될 정도였으며, 이제 코카콜라는 목이 마를 때 가장 먼저 찾는 음료가 되었다.

코카콜라가 광고를 통해 미국 전역에 새로운 수요를 창출하고 있었다면, 다음으로 두 번째, 콜라를 병에 담음으로써 공급을 맞출 수 있었다. 1899년, 두 사업가가 코카콜라 사를 찾아왔는데, 바로 병에 코카콜라를 담아 팔 수 있는 권리를 팔아달라고 부탁하기 위함이었다.

변호사이자 사업가였던 벤자민 토마스Benjamin Franklin Thomas, 1860~1914는 1898년 미국-스페인 전쟁 당시 쿠바에서 복무하던 와중 병에 담긴 파인애플 탄산음료가 그 지역에서 엄청난 인기를 끄는 것을 보았고 미국으로 돌아왔을 때 자신의 꽃길은 탄산음료 매장에서 인기리에 판매되는 코카콜라란 것을 병에 담는 것에 있다고 확신하게 된다.

미국 테너시주에 살던 그는 기차를 타고 약 200km 떨어져 있는 '애틀랜타'의 코카콜라 수장 '아사 캔들러'를 찾아 보틀링 사업에 대해 수차례 설득했지만 돌아오는 반응은 언제나 무시였다.

당시 코카콜라 사는 원액을 탄산음료 매장에 공급하기만 했지, 코카콜라 원액에 탄산수를 섞은 완제품은 팔지 않았다. 특히 '아사 캔들러'는 코카콜라를 병에 담아 파는 것을 강하게 반대하고 있었는데, 이유는 음료 맛이 변질될 수 있다는 우려 때문이었다. 거기다 당시에는 병이 폭발하는 사고도 잦았으며, 또한 위생과 관련해서도 많은 문제가 있었다.

그러나 심지가 굳었던 '벤자민 토마스'는 설득력을 높이고자 동료 변호사 조세프 화이트헤드Joseph Brown Whitehead, 1864~1906를 꼬셔

1899년 7월 중순 이번에는 두 사람의 형태로 '아사 캔들러' 앞에 나타났고 병에 담긴 코카콜라 샘플도 마련한 상태였다.

이미 회사의 다른 일들로 너무나 바빴기에 보틀링 사업에 쏟을 돈도, 시간도, 관심도 없었던 '아사 캔들러'는 짜증을 내며 안 되는 이유를 설명하고 내보내려 했지만 변호사 짬밥을 오랫동안 먹어온 둘은 '캔들러'가 불평하는 것을 충분히 이해하고 공감해 주면서 코카콜라의 품질을 완벽하게 유지시킬 수 있는 자신들의 계획을 명료하게 설명해 나갔다.

조세프 화이트헤드는 연설의 마지막에 "캔들러씨가 이제까지 코카콜라를 가장 유명한 탄산음료 매장의 음료로 만들어낸 것처럼 우리는 코카콜라를 미국에서 가장 유명한 병 음료로 만들어낼 것입니다. 우리는 당신에게 약속하고 또한 보증합니다. 보틀링 사업을 하는 매일매일마다 코카콜라라는 브랜드의 가치를 높여 나갈 것을!"이라는 변호사다운 감동적인 마무리 연설을 통해 마침내 '아사 캔들러'의 허락을 얻어낸다.

1899년 7월 21일 셋은 보틀링 사업에 대한 계약을 맺는데 여전히 병 사업에 믿음이 가지 않았던 '아사 캔들러'는 "만일 너희들이 이 사업에 실패하더라도 돌아와서 내 어깨에 기대 울지나 마라."라는 멘트와 함께 모든 문제에 대한 책임은 두 사람이 지는 것으로 조건을 달았으며, 전해지는 썰에 의하면 단돈 1달러에 '보틀링 사업' 권한을 넘겼다고 한다.

짐작하시다시피 병 콜라에는 엄청난 잠재성이 있었는데, 우선, 사람들이 코카콜라를 마시던 '탄산음료 매장'이란 곳은 주로 여름에 시원한 음료를 즐기는 공간이었고, 여름이 끝나면 몇 달

동안이나 문을 닫는 곳이었다.

더욱이 탄산음료 매장은 도시적인 공간이었기 때문에, 도시 외곽에 있는 사람들은 코카콜라를 마시기가 어려웠으며, 따라서 코카콜라를 소비할 수 있는 공간과 시간이 한정되어 있었다.

또한 당시 미국에는 이리저리 놀러 다니는 문화가 자리 잡을 때였고, 이때 병에 담긴 코카콜라는 그들이 원하는 장소에서 맛있게, 상쾌하게 즐길 수 있는, 즉 그들의 레저 습관에 부합하는 형태의 음료였다.

결과적으로 '아사 캔들러'가 신경도 쓰지 않은, 또한 두 사업가가 단돈 1달러에 가져간 보틀링 사업은 엄청난 성공을 거두었고, 이제 코카콜라는 식품점, 스포츠 행사장뿐만 아니라 탄산음료 매장이 없는 지역에서도 병에 담겨 판매되었다.

코카콜라 보틀링 사업을 일으킨 '벤자민 토마스'와 '조세프 화이트헤드'는 병 판매 권리를 독점하지 않고 다른 사람들에게 이 권리를 다시 파는 형태의 프랜차이즈 비즈니스로 키워 나감으로써 코카콜라는 미국의 모든 도시와 마을에 퍼지게 되었다.

이후 1920년대 금주법 시기, 코카콜라는 밝고 가족적인 대체품으로 홍보되었고, 또한 라디오, 영화와 같은 새로운 광고 매체를 통해 코카콜라는 '화려함과 현실 도피'의 연결 수단이 되었으며, 이후 1930년대 대공황에 따른 경제적 위기의 시절에는 단돈 5센트에 근심을 벗어나 잠깐의 상쾌한 휴식을 느낄 수 있는 위로의 음료가 되었다.

미국과 뗼레야 뗼 수 없는 음료가 된 코카콜라는 이번엔 전 세계인들을 매료시키는데, 그 계기가 된 것은 제2차 세계대전이다. 1941년 일본이 하와이 진주만을 공격하고 미국은 세계대전에 참전하게 되는데, 이는 코카콜라 입장에서는 큰 위기였다.

전쟁이 나면 모든 자원의 배분에 있어서 병기 제작과 군인들의 의식주가 최우선이 되었고, 개인과 기업은 일상 물품들을 필요한 만큼 배급받을 수밖에 없었다. 많은 일상 물품들이 평소보다 절반으로 줄어드는 배급 상황에서 설탕은 그중 가장 먼저 품귀 상태에 속한 물품이 되었다. 그리고 코카콜라 사는 세계 최대 규모로 설탕을 소비해오고 있었다.

이미 1차 대전 때 설탕 배급과 관련해서 치명타를 맞았던 경험이 있던 코카콜라 사의 최대 과제는 코카콜라가 전쟁 수행에 반드시 필요한 물자라는 점을 정부로부터 인정받는 것이었다. 다행인 점은 당시 미군 곳곳에서 코카콜라가 사기 진작에 커다란 역할을 한다는 것을 인정하고 있었다는 것이다.

미군의 강력한 지지에 더하여 워싱턴에 많은 로비를 한 결과 코카콜라는 전쟁 수행에 중요한 품목이란 이유로 설탕 배급의 대상에서 제외되었고, 당시 코카콜라 사의 사장이었던 로버트 우드러프Robert Winship Woodruff, 1889~1985는 특명을 내리는데

"군복을 입은 모든 미국인들이 어디에 있든, 회사에 어떤 비용이 들든 간에 5센트에 코카콜라 한 병을 마실 수 있도록 하겠다."라는 것이었다.

다만 설탕이라는 큰 장애물은 해결되었어도 더욱 중대한 과제가 앞에 놓여 있었으니, '코카콜라를 어떻게 공급할 것인가?'라는 문제였다.

전쟁터에서 싸우고 있는 미군들에게 지구 반 바퀴를 돌아 병으로 된 코카콜라를 전달하는 것은 이래저래 무리가 있었는데, 우선 군수품을 실어야 할 귀중한 공간이 코카콜라 병으로 채워진다는 점, 그리고 이 병을 회수해서 콜라를 다시 채워 또 보내야 하는데, "어느 세월에?"라는 문제가 있었다.

초기에 코카콜라 사는 병에 담긴 코카콜라를 해외로 배송하려 시도했으나 "총과 비행기가 절실히 필요한 전쟁 상황에 코카콜라를 대량으로 수송하는 것이 말이 되느냐."라는 비판을 받게 되었고, 이에 대한 해결책을 세운 것이 전쟁 현장에 코카콜라 보틀링 공장을 세워 현지에서 직접 공급하는 것이었다.

코카콜라 사는 미군부대 안에서 공장을 설치하고 설비 관리를 담당할 248명의 직원을 뽑아 파견했는데, 이들은 전 세계 각지의 전선으로 나가 군복을 입고 미군들과 함께 생활하며 코카콜라를 안정적으로 보급하는 중대한 임무를 수행했다.

미 육군에서는 이들에게 기술고문Technical Observer이라는 군사적 지위를 부여하였고 또한 미군들에게는 코카콜라 대령Coca-Cola Colonel이라 불리며 특별 대우를 받았다고 한다.

생사가 오가는 지옥 같은 전쟁터에서 코카콜라는 언젠가 돌아가야 할 집, 고향을 떠올리게 하는 표상이었고, 미군 병사들에게 코카콜라는 자신이 지켜야 할 어떤 소중한 것, 그리고 살아 돌아가야겠다는 의지를 다지게 하는 음료였다.

미군 병사 한 명이 남긴 편지에는 다음과 같이 적혀 있었다. "누군가가 우리에게 무엇을 위해 싸우고 있는지를 묻는다면, 우리 중 절반은 코카콜라를 다시 살 수 있는 권리를 위해 싸우고 있다 대답할 것이다."

군 기지에서 생산된 콜라는 미군뿐 아니라 현지의 민간인들에게도 제공되었는데, 이때 세계 각지의 사람들이 처음으로 콜라의 맛을 보게 되었으며, 대부분 그 맛에 매료되었다. 이후 코카콜라는 지구상 어디서나 존재하는 탄산음료로 자리 잡게 되었다.

07
츄잉껌 : 미국에서 발명한 고대 마야 문명의 보물

고대 마야인들도 씹던 껌

인류가 껌 비슷한 것을 씹기 시작한 것은 그 역사가 아주 오래되었는데, 고대 그리스에서는 '매스틱 나무'라는 것에서 나오는 수액을 씹었다고 하며, 2019년 덴마크에서는 5,700년 된 '자작나무' 수액으로 만든 껌을 발견했는데, 이 껌에 묻은 DNA를 분석해 껌 주인이었던 한 소녀의 얼굴을 복원해 내기도 했다.

참고로 이 소녀가 자작나무 수액 껌을 씹었던 이유는 석기 도구 제작을 위한 접착제를 만들려고, 혹은 배고픔이나 치통을 달래기 위함이라 추측된다.

이처럼 고대 그리스나 북유럽에서 껌 비슷한 것을 오래 전부터 씹었던 것으로 보이지만, 전 세계에 '껌 문화'를 퍼뜨린 것은 메소아메리카의 '사포딜라'라는 나무에서 분비되는 새하얀 '치클'이란 수액이었으며, 이를 즐기는 문화는 고대 마야 문명까지 거슬러 올라간다.

'치클'을 분비하는 '사포딜라' 나무는 멕시코의 유카탄 반도와 이웃 국가인 과테말라 등지의 숲에서 자라는 나무이다. 10~15미터 정도까지 자라며 정글 깊숙한 곳에서 발견되는 '사포딜라' 나무는 인간이 채취하는 데에 있어서 굉장히 고약한 나무인데, 한 그루의 나무에서 '치클'을 채취하기 위해서는 약 8~10년 정도의 성장 기간이 필요하며, 다만 충분한 양의 '치클'을 뽑아내려면 최소 70년 이상 된 나무가 필요하다고 한다.

한편, 이렇게 '치클'을 한 번 채취한 나무는 그 껍질이 튼튼하다면 4~5년 정도의 휴식기가 필요하고 그 껍질이 약한 경우에는 일반적으로 10년 이상의 휴식기를 가져야 하며 이렇게 한 나무에서 추출되는 '치클'의 양은 3kg에서 많게는 15kg 정도라고 한다.

고대 마야인들은 '치클' 수액을 끓여 응고시켰고, 이 부드럽고 맛은 거의 없는 고무 같은 것을 질겅질겅 씹었는데, 이 '치클 덩어리'를 씹으면 갈증이 해소되고 배고픔을 달래주는 효과가 있었으며, 그 습관은 최소 2세기부터 자리잡고 있었고 마야인들은 '치클 덩어리'를 잎에 싸서 휴대하였다고 한다.

'치클'을 씹는 문화는 이후 아즈텍 문명에서도 이어졌는데, 선교사이자 민속지학자였던 베르나르디노 데 사아군Bernardino de Sahagún, 1499~1590은 다음과 같이 기록한다.

"치클을 씹는 것은 어린 소녀들이나 젊은 여성들의 특권이다. 성숙한 여성이어도 미혼인 경우에는 치클을 씹을 수 있는데, 모든 미혼 여성들은 공공장소에서 치클을 씹기도 한다. 결혼한 여성들도 치클을 씹기는 하는데, 이를 대놓고 하진 않으며, 과부나 노파들 역시 공공장소에서는 씹지 않는다."

"매춘부라 불리는 나쁜 여성들은 감정 상태가 영 좋지 못하며, 길거리나 시장과 같은 공공장소에서 캐스터네츠처럼 딱딱거리며 치클을 씹는데, 이처럼 공공장소에서 계속 치클을 씹어대는 여성들은 사악한 사람으로 여겨지기도 한다."

또한 아즈텍에서 치클을 씹는 이유에 대해서도 다음과 같이 기록해 두었다.

"치클을 씹으면 침이 입안을 적시며 향기롭게 만들고, 입안의 악취와 치아에서 나는 더러운 냄새를 없애기 때문에 사람들은 남들로부터 혐오를 받지 않기 위해 이를 씹는다."

"남자들도 치클을 씹어 타액이 흐르게 하고 치아를 깨끗하게 하는데, 다만 이를 굉장히 비밀스럽게 하며, 절대로 공개적인 장소에서는 씹지 않는다. 만일 남성이 공공장소에서 치클을 씹으면 그 남성은 남색을 하는 자라 여겨지게 된다."

나무 수액을 질겅질겅 씹는 문화는 북아메리카 원주민들에게도 있었는데, 북아메리카 원주민들은 '사포딜라' 나무의 '치클' 대신 그들의 지역에 자생하던 '가문비나무'라는 나무의 수액을 껌처럼 씹거나 입에 계속 물고 있음으로써 침을 계속 분비 시켜 갈증을 해소하였다.

북아메리카 원주민들의 송진을 씹는 습관은 이곳에 정착하게 된 유럽인들에게 전해졌고, 이 '가문비나무' 수액으로 '껌'이란 것을 처음으로 상업화한 인물이 있었으니 존 베이컨 커티스John B. Curtis, 1827~1897였다. 미국 북동부 뉴잉글랜드의 메인주에 살던 그는 가족들과 함께 가문비나무 수액을 끓인 뒤 반죽하여 조각을 내고, 이를 옥수수 전분으로 덮어 종이에 싼 'Maine Pure Spruce Gum'이란 껌을 만들어낸다.

그는 자신의 껌을 마을 근처 상점 주인들에게 판매하기 시작했고, '커티스'의 껌을 진열한 매장에서는 즉시 매진될 정도였는데, 그는 껌을 생산한 첫해에만 5,000달러에 달하는 돈[1]을 벌었다고 하며, 1852년에는 미국 북서부 포틀랜드에서 세계 최초의 껌 공장을 세웠다.

그의 성공을 따라 '가문비나무' 수액 베이스의 껌을 만들어내는 수많은 껌 회사들이 설립되었고, 커다란 산업으로 발전하여 19세기에 소위 '껌 문화'는 미국 전역으로 빠르게 퍼져 나갔다.

---

1) 2024년 기준으로 한화 약 2억원 정도

그러나 목재나 종이 등의 쓰임새가 많았던 '가문비나무'는 끊임없이 벌목되어 결국 여기서 채취되는 수액의 공급이 부족해지게 되었고, 거의 모든 '가문비나무 수액 껌' 회사들이 사라지게 되었다. 어찌 저찌 살아남은 껌 제조 회사들은 '가문비나무 수액'을 대체할 수 있는 물질을 찾아다녔고, 원유로부터 얻을 수 있는 '파라핀 왁스'를 베이스로 껌을 제조해 나갈 수 있었다.

다만, 이 '파라핀 왁스 껌'은 기존의 껌과 달리 단물이 빨리 빠지고, 씹는 맛도 영 좋지 않았다고 한다.

두 사람의 우연한 만남

이러한 와중 우연한 계기로 껌의 역사에서 혁신을 일으키고, 또한 막대한 부를 얻게 된 인물이 있었으니 토마스 애덤스Thomas Adams, 1818~1905라는 미국인이었다.

사진작가이자 아마추어 발명가로 뉴욕에서 활동하고 있던 '토마스 애덤스'는 1869년, 멕시코의 대통령이자, 장군이자, 독재자였던 산타 안나Antonio López de Santa Anna, 1794~1876를 만나게 된다. 뉴욕 '스테이튼 섬'에서 망명 생활을 하고 있었던 '산타 안나'는 다시 멕시코로 돌아가 권력을 잡고자 하는 야욕이 있었고, 이러한 상황을 알고 있던 그의 개인 비서가 두 사람의 만남을 주선한 것이었다.

새로운 군대를 꾸리기 위한 막대한 금액의 자본이 필요했던 '산타 안나'는 어떤 큰 진흙 덩어리처럼 보이는 것을 '토마스 애덤스' 앞에 내려놓았는데, 바로 '사포딜라' 나무에서 채취한 '치클' 덩어리였다. 그리고 이것이 수백만 달러를 넘게 벌어들일 수 있는 보물덩어리라고 소개한다.

당시 미국에서는 마차 바퀴 타이어에 사용되는 고무의 수요가 계속 늘어나고 있었는데, 이때 원료인 천연 고무는 당시 1파운드(약 0.45kg)당 1달러의 가격이었다. 한편, '치클'의 가격은 1파운드에 5센트에 불과했으니, 천연 고무보다 약 20배가량 저렴한 원료였다. 따라서 이 '치클'을 고무와 같은 형태로 변환시켜 바퀴 타이어로 판매한다면 엄청난 돈을 벌 수 있다는 말이었다.

이야기가 그럴듯하게 들린 '토마스 애덤스'는 '산타 안나'의 제안에 동의하여 치클 덩어리를 집으로 가져와 실험에 착수하였고, 멕시코로부터 추가로 약 1톤가량의 치클 덩어리들을 들여오게 된다. 참고로 치클을 소개해준 '산타 안나'는 몇 달 안에 흥미를 잃고 정치적 사면을 통해 멕시코로 돌아간 뒤 가난 속에서 81세의 나이로 숨을 거두게 된다.

'산타 안나'가 사라진 후에도 '토마스 애덤스'는 계속 그의 집 부엌에서 치클 실험을 이어가게 되는데, 화학자를 포함한 몇몇 친구들과 온갖 냄비와 프라이팬을 다 망쳐가면서 약 1년 동안 실험에 몰두했지만, 아무리 끓이고 정제해도 치클은 고무와 같은 탄력성을 얻지 못했고 덩어리는 쉽게 부서지곤 했다.

훌륭한 풍미를 지닌 '치클 껌'의 탄생

어떠한 쓸모도 없어 보이고 창고에서 썩어가고만 있는 수많은 치클 덩어리에 '토마스 애덤스'가 절망을 느끼고 있을 무렵, 어느 날 한 이름 모를 소녀와의 또 다른 우연한 만남이 있었는데, 이는 그의 아들 호레이쇼 애덤스Horatio Adams의 회고를 통해 잘 묘사되어 있다.

"아버지가 치클과 고무를 혼합하는 약 1년간의 실험에 실패하고, 치클 덩어리는 뉴욕의 한 창고에 있었다. 치클은 당시 어떠한 용도로도 가치가 없었기 때문에 아버지는 이를 이스트 강에 모두 버리기로 결정했다."

"그러던 어느 날 아버지는 무언가를 구입하기 위해 한 약국으로 들어갔는데, 그곳에서 한 어린 소녀가 1페니짜리 껌을 사는 것을 보게되었다. 당시 아버지는 오랜 기간 치클을 실험하는 도중 이를 씹어보기도 했고, 또한 멕시코 원주민들이 오래 전부터 치클을 씹어왔다는 것을 알고 계셨다."

"아이가 가게를 떠난 후 아버지는 약사에게 어린 소녀가 산 껌에 대해 물어봤는데, 그것은 '화이트 마운틴'이라는 파라핀 왁스로 만들어진 껌이었으며, 약사는 덧붙여서 그 맛이 별로라고 얘기해주었다."

"아버지는 약사에게 새로운 종류의 껌이 나온다면 팔아볼 생각이 있느냐고 물어보셨고, 약사는 이 말에 기꺼이 동의하였

'토마스 애덤스'는 그의 가족들과 함께 치클로 껌을 만드는
작업을 시작했고, 치클에 뜨거운 물을 부어 특정한 농도로 만든
뒤, 이를 반죽하여 약 200개 정도의 작은 공 모양으로 만들어낸
다. 이렇게 만든 동그란 '치클 껌'을 약속대로 약사에게 가져다
주었고, 그가 가져다준 껌은 하루 만에 다 팔릴 정도로 인기가 좋
았다.

이 고무적인 소식으로 '토마스 애덤스'와 그의 가족들은 힘
을 모아 치클 껌을 더욱 개량시켰고, 공 모양이 아닌 작은 막대기
모양으로 껌을 만들어 판매하여 엄청난 성공을 거두게 되는데,
그들이 치클 껌 사업을 40달러 정도의 자본금으로 시작한 반면,
1926년까지 '애덤스' 가족이 벌어들인 돈이 약 2백만 달러에 달
할 정도였다.

이렇게 탄생한 새로운 껌, '치클 껌'은 이전의 '가문비나무 수
액 껌'에 이어 다시 한 번 미국에 껌 산업의 부흥을 일으키는데,
어떤 약사가 감기 시럽에 사용하던 향기로운 수액을 섞은 껌을
판매하여 엄청난 성공을 거두는 경우도 있었고, 최초의 과일 향
이 나는 껌이 개발되기도 했으며 페퍼민트향의 치클 껌을 생산하
여 커다란 부를 얻고 후에 미국 하원의원으로 당선되는 사람도
나타날 정도였다.

이러한 경향 속에서 미국 치클 껌 산업을 제패하고 억만장자가 된 한 인물이 나타났는데, 바로 윌리엄 리글리William Mills Wrigley Jr., 1861~1932였다.

장차 억만장자가 될 어린 시절의 '윌리엄 리글리'는 너무나 활기차고 제멋대로여서 시도 때도 없이 교실에서 쫓겨나는 문제아였는데, 필라델피아에서 살던 어린 '윌리엄'은 11살 때 가출하여 3개월 동안 뉴욕에서 홀로 지낸 적도 있었다.

가출 생활을 버티지 못하고 다시 필라델피아로 돌아온 '윌리엄'에 대해 부모는 용서하고 빨리 학교로 돌려보냈지만, 결국 퇴학당하고 비누 제조 업자였던 아버지 밑에서 판매원으로 일을 하게 된다.

16년 동안 그는 비누 판매원으로서 일하게 되는데, 이 과정에서 특유의 끈기와 재능을 키워나가게 된다. 비누를 팔기 위한 첫 번째 상점 주인을 만났을 때 '윌리엄'은 첫 번째 고객과 꼬박 2시간을 함께 보냈으며, 상인은 "얘야, 오늘 내가 장사를 하려면 네 비누를 꼭 사야겠구나."라고 말할 정도였다.

아버지가 생산해내는 비누를 생산하는 족족 모두 판매할 수 있는 능력을 갖추게 된 '윌리엄 리글리'는 이제 자신이 직접 사업을 꾸리고자 시카고로 떠났고, 그는 비누를 판매하며 각종 프리미엄을 얹어주는 방식을 채택했다.

비누를 사면 값싼 우산이나 램프, 시계, 저울 혹은 슬롯머신 등 경품을 주는 방식이었는데, 이렇게 경품을 다양하게 실험해보는 중 '윌리엄'은 어느 날 자신이 판매하는 비누보다 여기에 얹어 주는 '베이킹 파우더'의 인기가 더 좋다는 것을 체감하게 된다.

이후 그는 비누 판매는 완전히 접고 베이킹파우더를 판매하며 경품으로 껌을 제공하였는데, 이번에는 베이킹파우더보다 프리미엄으로 주는 껌이 오히려 인기가 더 많다는 것을 알게 되었다. '윌리엄'은 자신의 모든 것을 껌에 투자하기로 결정하고, 치클껌 제조에 집중하게 된다.

그는 여성이 남성보다 훨씬 더 많은 껌을 씹는다는 것을 알아채고, 뉴욕의 명문 여자 대학교였던 바사르 대학Vassar College의 이름을 본따 'Vassar'라는 브랜드의 껌을 내놓은 데 이어, 1893년에는 장차 '리글리'사의 대표 브랜드가 될 'Juicy Fruit'과 'Spearmint' 제품을 내놓기도 했다.

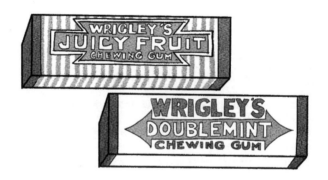

1898년 윌리엄은 윌리엄 리글리 주니어 컴퍼니William Wrigley Jr. Company라는 껌 회사를 직접 차리고 자신이 개발한 껌을 판매하기 시작하는데, 이때 그가 가장 중요시했던 것은 바로 광고였다.

"누구나 껌은 만들 수 있다. 파는 것이 문제이다."라는 것이 그의 마케팅 철학이었으며, 1915년에는 미국 전화번호부에 등록된 150만 가입자 모두에게 4개의 껌 샘플을 우편으로 보냈고 4년 뒤에는 그 대상자가 700만 가구에 달할 정도였다.

다른 광고 캠페인에서는 75만 명의 두 살 생일을 맞이하는 어린 아이들에게 껌 두 개를 우편으로 보내기도 했으며, 식당 계산대 바로 옆에 껌을 비치하여 가장 눈에 띄도록 만들었고, 연간 비용이 10만 달러가 넘는 뉴욕 타임스퀘어의 전광판에도 아낌없이 광고를 실었는데, '윌리엄 리글리'는 오랫동안 미국에서 가장 큰 광고주였으며, 1931년 사망하기 이전까지 1억 달러가 넘는 돈을 광고에 쏟아부었다고 한다.

'리글리 껌 회사'는 서양을 넘어 동양에서도 '껌 문화'를 전파시켰는데, 1913년 세계를 여행하던 중 인도에서 수많은 사람들이 '빈랑나무'에서 나는 열매를 씹는 문화가 있다는 것을 발견한 '윌리엄 리글리'는 인도에서도 자신의 껌을 홍보했으며, 이를 중국, 일본으로 확장해 나갔다.

특히 1930년대 일본에서 시행된 광고 캠페인에서는 '껌'이란 것에 생소하던 일본 사람들이 껌을 씹고 삼키는 경우가 많았기에, 악단을 고용하여 지역 곳곳을 돌아다니면서 사람들이 몰리면 대학생이나 유명한 인물들이 껌을 어떻게 씹고, 어떻게 처리해야 하는지에 대한 강의를 진행했으며, 또한 야구장 경기에서는 스코어보드를 통해 껌이 무엇인지 설명하는 홍보물을 내기도 했다.

미국에 확고하게 자리잡은 '껌 문화'는 이후 전쟁에서도 중요한 역할을 수행했는데, 특히 열악한 환경 속에서 군인들이 껌을 씹는 것은 갈증을 해소시키는 효과가 있었다.

미국 전쟁부의 성명에서는 "충분한 물의 공급이 어려운 상황에서 장병들이 긴 행군을 이어갈 때, 껌을 씹는 것이 갈증을 해소하는 데에 무척이나 효과적이었음을 종종 발견하게 되었다. 최근 야전 포병 연대의 한 지휘관에 따르면, 250파운드의 껌을 씹으면 수백 갤런의 물을 절약할 수 있다고 했는데, 때때로 물이 너무 비싸거나 아예 얻을 수도 없는 상황에서 껌은 굉장히 저렴하게 이 문제를 해결할 수 있다고 지적하였다."라고 했으며 1918년 미국 적십자사는 독일군이 후퇴하며 물에 독을 풀어놓았으리라는 두려움이 만연해있던 프랑스 지역에 450만 팩의 껌을 배에 실어 보내기도 했다.

제2차 세계 대전 당시 껌은 전시 필수품처럼 여겨졌는데, 갈증을 달래고, 담배가 없을 때 대용품으로도 사용되며, 칫솔이 없을 경우 양치질의 효과도 낼 수 있는 껌은 해외 각지의 군인들에게 톤 단위로 배송되었다.

통조림, 비스킷, 담배 등과 더불어 껌은 군사 배급 식량에도 포함되며, 미국 껌 회사들은 1941년부터 1945년까지 약 1,500억 개의 껌을 해외의 군인들에게 보급하였고, 이들을 통해 세계 각지에 껌 문화가 퍼져 나가게 되었다.

08

참치캔 : 미국에서 쓰레기 취급받던 생선

미국인들이 혐오하던 생선

1898년 6월 1일, 미국 캘리포니아주 남부에 위치한 '샌타 카탈리나'라는 한 섬에서, 찰스 프레데릭 홀더Charles Frederick Holder, 1851~1915라는 남성이 3시간 45분여간의 힘싸움 끝에 마침내 83kg 짜리 참치를 끌어올리는 데 성공하게 된다. 그리고 이것이 미국 인들이 참치라는 음식에 푹 빠지게 된 출발점이었다.

북아메리카를 둘러싼 대서양, 멕시코만, 태평양 등지에는 오래전부터 수많은 참치 떼들이 몰려다녔고, 일부 유적지에서는 바위와 동굴 벽에 새겨진 선사 시대의 참치 그림이 발견되며, 수천 년 전 원주민들이 먹고 남긴 대량의 참치 뼈들이 발견되기도 한다.

미국 동부 해안에 다량의 참치가 존재한다는 17세기 영국인의 기록이 남겨져 있기는 하나, 거의 모든 미국인은 20세기가 되기 전까지 참치를 먹지 않았다고 한다.

음식으로서 먹지 않은 수준을 넘어 미국인들은 참치를 혐오하기까지 했는데, 무게가 600kg이 훌쩍 넘게 자라는 거대한 포식자인 '대서양 참다랑어'들이 어부가 친 그물에 들어오게 되면, 다른 물고기들을 게걸스럽게 잡아먹으며 배를 채운 뒤 육중한 몸으로 그물을 들이받아 뚫어버리고 유유히 빠져나가는 바람에 미국 어부들은 참치를 극도로 꺼리며 피해야 할 어종으로 여기기도 했다.

더욱이 음식으로서의 참치에 대한 대다수 미국인들의 평가는 매우 박했는데, 1862년 편찬된 'New American Cyclopaedia'라는 백과사전에는 '참치의 살이 돼지 살코기와 비슷하고 맛도 좋으나, 미국에서 참치 살은 생선을 잡는 미끼로 사용될 뿐이다'라고 기록하고 있으며,

19세기의 조지 브라운 구드George Brown Goode, 1851~1896라는 미국의 어류학자는 "참치는 정말 크고 너무나 풍부한데, 이 생선을 잡고자 하는 노력이 없으며, 참치는 종종 닭들에게 주는 사료로는 사용되나, 사람이 먹는 경우는 거의 없다"라는 기록을 남겼다.

참치에 대한 미국인들의 평가는 '너무 기름지고 조잡한 맛이다', '거의 모든 이들의 입맛에 맞지 않는다', '그 살코기가 너무 역겨워 어떤 집안의 주부도, 셰프들도 참치를 구매하지 않는다' 등

이었으며, 참치는 어떤 생선보다도 값이 싼 물고기였고, 그런 참치의 용도는 썩혀서 거름으로 사용하기 위함, 혹은 등불을 밝히는 기름을 뽑아내는 정도였다.

물론 참치도 생선이다 보니 이를 잡아먹은 사례가 전혀 없는 것은 아니었는데, 19세기 몇몇 해안 지역에서는 "많은 사람들이 돼지고기와 비슷하고 최고급 고등어의 맛이 나는 참치 살코기를 마음껏 즐겼다." 혹은 "참치가 잡히니 수많은 주민들이 며칠 동안 그것으로 배를 채웠다."는 등의 몇몇 기록도 전해지긴 한다.

한편 미국의 최고급 레스토랑에서 참치가 메뉴에 오르는 경우도 있었는데, 이는 지중해 지역을 방문해 본 소수의 부유한 미국인들, 혹은 이 지역에서 온 유럽인들을 위한 것이었으며, 미국 바깥의 서양 세계에서는 아주 오래전부터 참치 식문화가 자리 잡고 있었다.

고대 지중해 지역의 '참치 문화'

고대 지중해 지역은 흑해와 대서양 양쪽에서 어마어마한 숫자의 참치가 유입되는 곳이었는데, 고대 그리스의 비극 작가 '아이스킬로스'는 기원전 480년에 일어난 페르시아와 그리스 사이의 '살라미스 해전'에 대해 다음과 같이 묘사할 정도였다.

"바다 표면이 피를 흘리는 시체들의 카펫으로 덮였으며, 그리스인들은 마치 참치를 사냥하듯 페르시아인들을 학살했다."

그리스인들은 참치를 매우 좋아했고, 참치를 잡아서 삶거나

굽거나 소금에 절이는 등 다양한 방식으로 즐겼으며, 그리스의 시인 아르케스트라토스Archestratus는

"성스러운 도시 비잔티움지금의 이스탄불을 방문하는 사람들은 반드시 참치 스테이크를 먹어봐야 하는데, 육질이 부드럽고 풍미가 매우 뛰어나다."라며 기원전 4세기에 이미 거대한 참치구이 조각에 대한 찬사를 남겼으며

기원전 6세기의 풍자 시인 히포낙스Hipponax는 매일 참치를 먹어대는 바람에 재산을 통째로 날려버리고 이제 값싼 무화과, 거친 보리, 빵, 혹은 노예들의 음식을 먹으며 지내야 하는 한 부자에 대한 시를 쓰기도 했다.

지중해 지역으로 들어오는 참치들은 통통하고 기름지며 품질 역시 매우 뛰어났던 것 같은데, 고대 그리스의 지리학자 스트라본Strabo, 64 BC~24 AD은 다음과 같이 기록했다.

"참치들은 일종의 바다 돼지와 같은 것인데, 그들은 도토리를 매우 좋아하고, 따라서 바다 표면 위로 떨어지는 도토리가 많으면 많을수록 참치들이 더욱 살을 찌우게 된다."

한편, 해상 무역을 통해 번성하여 지중해 곳곳에 식민지를 건설한 '페니키아인'들은 참치를 이용하여 대규모의 무역을 펼쳤는데, 그들은 참치를 대량으로 잡아 구덩이에 넣어 소금에 절였고 이 참치 절임을 '암포라'라는 용기에 담아 지중해 전역으로 수출하기도 했다.

지중해 지역의 참치 식문화는 꾸준히 이어져 오게 되나, 시간이 지나며 보다 풍부하고 보다 손쉽게 잡을 수 있으며, 가공과 운반이 편리한 청어나 대구와 같은 새로운 생선들이 해양 단백질

공급원으로 자리 잡게 되고 시장을 장악하게 되며 상대적으로 참치의 위상은 낮아지게 된다.

바다의 셀럽이 된 '참치'

아무튼, 다시 미국으로 돌아와서, 1886년 여름 '찰스 프레데릭 홀더'라는 한 동식물 연구학자가 낚시장비를 들고 캘리포니아 남부의 '샌타카탈리나'라는 섬에 도착하게 된다. '샌타카탈리나'라는 섬은 여름에 수많은 참치 떼들이 연안에 몰려드는 곳이었고, 찰스 홀더는 이 거대한 물고기를 낚겠다는 목적으로 온 것이었다.

한편 이 섬에서도 참치 어업이 이루어지고 있었는데, 당시 어부들이 참치를 잡을 때 쓰던 방법은, 바늘과 미끼를 단 굵은 줄을 보트나 잔교[1])에 꽉 묶은 뒤 바다에 던져 놓는 것이었다. 참치가 바늘을 물게 되면 참치는 보트, 혹은 잔교와 목숨을 건 무의미한 사투를 벌이게 되고, 몇 분 뒤 힘이 다 빠져버린 참치를 어부들이 질질 끌어내는 방식이었다.

목숨을 두고 인간과 싸울 기회조차 주지 않는 이러한 방식이 신사적이지 않다고 생각한 '찰스 홀더'는, 그가 사용하던 민물용 낚싯대와 릴을 들고 바다로 나아가 자유롭게 뛰노는 참치들을 향해 낚싯대를 던졌고, 던질 때마다 참치들이 줄을 끊고 도망가는 바람에 모든 줄을 날려 먹고 결국 꽝을 쳤다고 한다.

---

1) 잔교 : 배를 항구에 대기 위해 물가에 만들어진 하역시설. 바닷속에 기둥을 박고 위에 나무판을 올리는 형태.

그러나 이에 굴하지 않은 '찰스 홀더'는 이후 참치 시즌 때마다 섬에 찾아왔고, 수없이 많은 낚시 장비들을 수장시켰으며, 이렇게 12년이 지난 1898년 6월 1일, 마침내 83kg짜리 참치 한 마리를 끌어 올리는 데 성공한다.

2주 뒤 그는 일정한 강도 이하의 낚싯줄과 낚싯대를 사용하여 참치를 잡는 것을 원칙으로 하는 'Tuna Club'을 창설하였고, 이것이 미국에 '바다 스포츠 낚시'란 것이 퍼지게 된 시작점이었다. 원래 '스포츠 피싱'이란 것은 영국 상류층들이 즐기던 고급스러운 문화였고, 따라서 수많은 미국의 저명인사들, 심지어 미국 전 대통령과 장차 대통령이 될 인물들까지 이 'Tuna Club'의 멤버가 되었다.

이들의 활동이 여러 신문과 잡지들을 통해 널리 알려지기 시작하며, 이제 참치는 하등 쓸모없는 쓰레기 같은 생선이 아닌, '바다의 셀럽'이라는 이미지를 얻게 된다.

　물론 이렇게 참치의 이미지가 좋아졌다 해서 미국인들이 바로 참치를 먹기 시작한 것은 아니었는데, 심지어 참치의 이미지를 바꾼 장본인들인 'Tuna Club' 멤버들조차 참치를 잡으면 대개 박제하여 집으로 가져갔지, 먹지는 않았다고 한다. 미국 전역 사람들이 참치를 즐겨 먹도록 만든 음식은 바로 '참치캔'이었다.

　참치가 '바다의 셀럽'이 되기 전부터 캘리포니아에서는 연어, 정어리와 같은 생선 통조림 산업이 발전 중이었고, 이중 로스앤젤레스 해안 지역에 위치한 'California Fish Company'라는 곳이 있었다.

　정어리, 고등어 통조림 등을 만들어 잘 팔던 와중, 1903년 캘리포니아 남부 해안에 정어리들이 갑자기 사라져버렸고, 'California Fish Company'는 커다란 위기를 맞이하게 된다. 언제 다시 정어리들이 돌아올지 보장이 안 되는 상황에서 회사 직원들은 주변 여러 생선들을 물색하였고, 그중 하나가 바로 참치였다.

　참치를 통조림으로 만드는 것은 미국에선 처음 시도되는 방법이었고, 더욱이 이렇게 처음 만들어진 참치캔에 대한 미국인들의 평가는 '너무 기름지고, 너무 맛이 강하고, 짙은 갈색이라 꺼림칙하다'라는 것이었다.

　그러나 무슨 이유에서인지 참치에 꽂힌 'California Fish Company' 임원들은 이번엔 흰 살코기가 많은 '날개다랑어'라는 참치를 사용하고, 수년 동안 제조 공정을 개선한 끝에 1908년 새하얗고, 기름이 적은 부드러운 맛에, 다른 생선과 달리 살이 부서지지 않는 'Blue Sea Brand Tuna'라는 참치캔 상품을 만들어낸다.

'바다의 닭고기'로 팔린 참치캔

이제 이렇게 탄생한 새로운 음식, '참치캔'이란 것을 어떻게 대중들에게 먹이느냐가 관건이었는데, 이에 대한 전략은 참치캔을 '바다의 치킨'으로 광고하는 것이었다. "하얀 참치살의 생김새는 닭고기와 무척 비슷하며, 맛도 살짝 비슷하다"라는 것이 초기 광고 문구였으며, 이 새로운 참치캔의 판매량은 급속도로 증가하게 된다.

치솟는 판매량에 따라 다른 통조림 회사들도 '날개다랑어'를 이용한 참치캔을 생산하기 시작하는데, 이들이 참치캔의 가치에 대해 내세운 것 역시 '바다의 닭고기'였다.

"정교하게 맛을 낸 참치 살코기는 생김새나 맛이 닭가슴살과 비슷하며, 따라서 생선과 육류의 역할을 모두 수행할 수 있습니다."라거나 "우리 브랜드의 참치는 매우 하얗고 부드럽기 때문에 지상에서 두 다리로 걷는 것의 고기와 차이가 없다."와 같은 광고 문구를 내세우며 통조림 회사들은 참치캔을 홍보하였고, 아예 'Chicken of the Sea'를 상표명으로 하여 참치캔을 내놓는 회사들도 등장하게 된다.

여러 광고 매체들을 통해 캔에 든 참치는 '닭고기를 닮은 것', '닭고기 맛이 나는 것', '닭고기로 착각할 만한 것' 등으로 널리 알려지게 되었으며, 한 고급 호텔의 레스토랑에서는 "참치캔을 이용하여 치킨 샌드위치를 만들어 제공했는데, 이를 먹어본 손님들이 치킨이 빠진 것을 모르더라."라는 기사가 날 정도였다.

통조림 회사들 간의 치열한 경쟁 속에서 참치캔의 가격은 점점 떨어졌고, 참치캔은 누구나 사먹을 수 있는 저렴한 음식이 되었다.

이후, 제1차 세계대전이 발발하며 참치캔의 진가가 발휘되는데 조리 과정이 필요 없고, 거기다 어떤 고기보다도 저렴한 참치캔은 전시에 훌륭한 단백질 공급원이 되었고, 영국의 경우 미국에서 대량으로 참치캔을 들여왔으며, 이 음식에 대한 평가는 다음과 같았다.

"마치 닭가슴살과 같은 맛이며, 따로 요리할 필요가 없기 때문에 전쟁 시기에 있어서 완벽한 보물이다."

1917년 미국이 참전하며 미국 정부는 매주, 혹은 격주로 '고기 없는 날'을 장려하였고, 이때 참치캔은 고기의 훌륭한 대체품이자 좋은 단백질, 비타민 등을 담고 있는 건강식으로까지 알려지게 된다.

1920년대에 이르러 참치캔은 미국인들의 주식으로 자리 잡게 되며, 참치캔 회사들이 내놓는 각종 홍보 책자들에 담긴 레시피들을 통해 참치 샐러드, 참치 오믈렛, 참치 샌드위치 등 다양한 음식들이 퍼지게 된다.

1929년 대공황, 이후 제2차 세계대전의 힘든 시기 동안 저렴한 참치캔은 미국인들에게 더욱 찐한 인상을 남기게 되고, 이제 참치는 미국에서 가장 사랑받는 물고기로 등극하게 된다. 이후 스시, 사시미 문화를 들여오는 일본인들에 의해 미국인들은 참치를 날 것으로까지 즐기게 되었다.

09
맥주 : 인류 문명과 함께한 곡물 음료

맥주는 물, 보리, 홉, 효모를 통해 만드는 발효주이다. 상대적으로 낮은 도수, 특유의 청량감과 독특한 풍미로 인해 많은 사람들에게 사랑받고 있으며, 피자, 치킨과 환상적인 궁합을 이루는 성인들의 음료이다. 한편 맥주는 문명의 시작 단계부터 인류와 함께한 의미 깊은 음식이기도 하다.

자연이 만들어낸 맥주

약 50,000년 전아프리카에서 나온 인간은 유목민 형태로 약 30명 정도의 작은 무리를 지어 살았는데, 사냥을 하거나 조개, 초목을 채집하며 계절에 따라 이동을 했다. 약 1만 년 전에 이르러선 야생 밀과 보리가 무성히 자라고 있던 '비옥한 초승달 지대'라고 불리는 중동 지역의 사람들은 수렵, 채집이라는 오래된 생활 양식을 버리고 대신 정착하여 농경을 시작하게 되었는데, 이때 사람들은 자연스럽게 맥주를 발견하게 된다.

곡물에는 다른 식재들에서는 볼 수 없는 독특한 특성이 있었는데, 바로 '저장성'이다. 곡물은 건조한 상태로 안전하게 보관만 된다면 몇 달, 심지어 몇 년까지도 보존할 수 있었으며, 이는 미래에 식량이 부족한 사태에 대비할 수 있다는 것을 의미했다. 또한, 잉여 곡물의 축적은 '식량 생산을 위한 노동'에서 해방된 사람들이 다른 활동에 종사할 수 있도록 하였고, 이는 인류가 근대화로 나아갈 수 있는 길을 만들어주었다.

그러나 이는 농경이 제대로 정착된 이후의 이야기이고, 농경이 자리 잡는 초기 단계에서는 경작이라기보다는 야생 곡물을 채집하는 수준이었으며, 또한 곡물은 처음에는 그렇게 중요한 식재로 여겨지지 않았다. 그런데 사람들은 곧 곡물의 놀라운 특성들을 발견하게 된다.

첫 번째, 곡물을 물에 담그면 발아가 시작되고 단맛을 낸다는 성질이었다. 사람이 곡물을 처음 저장했을 때 물을 완벽히 차단하는 저장 구덩이를 만들기는 어려웠을 것이고, 따라서 인류는 처음 곡물을 저장하자마자 이러한 특성을 발견했을 것으로 보인다. 습기 찬 곡물에서 나온 효소가 곡물의 전분을 당으로 변환시키기 때문이었는데, 여기서 나오는 단맛은 자연에서 쉽게 구할 수 없는 귀중한 맛이었다. 그리고 이 과정은 특히 보리에서 가장 잘 일어난다.

더욱 중요한 곡물의 두 번째 특성이 있었으니, 곡물을 방치하니 이내 술로 변한다는 것이었다. 곡물은 그냥 먹기에는 힘들었고, 따라서 인류는 곡물을 잘게 부수거나 으깨어 물에 탄 스프 형태로 먹었을 것으로 보인다.

그런데 이 곡물 죽에서, 특히 발아된 곡물이 담긴 죽에서 이상한 일이 벌어졌는데, 죽에서 느닷없이 거품이 발생했고, 이를 마신 사람은 기분 좋게 취했던 것이다. 공기 중의 천연 효모에 의해 곡물의 당분이 발효되어 알코올로 변한 것인데, 즉 곡물 죽이 맥주로 변한 것이다.

맥주를 만들기 위해 농경이 시작되었다?

맥주 이전에도 인류는 과일이나 야생 꿀의 우연한 발효로 만들어진 술을 마셨지만, 과일의 경우 금방 상하기 때문에 보존하기가 어려웠고, 야생 꿀의 경우 그 채취량이 매우 제한적이었기에 확보할 수 있는 술의 양이 들쭉날쭉했다. 그런데 맥주의 경우 그 원료가 되는 곡물을 쉽게 저장할 수 있었기 때문에 풍부하게 확보하기만 하면 언제든, 필요한 만큼의 맥주를 만들어낼 수 있었다.

인류가 왜 농경을 시작하였는가에 대해서는 아직도 격렬한 논쟁이 있고 수많은 이론이 존재한다. 곡물 위주의 식단은 미네랄, 비타민이 부족하고 거기다 소화시키기도 어렵다. 기존에 수렵, 채집으로 다양한 먹거리를 섭취하던 인류가 더 나을 것이 없는 농사를 왜 시작했는가 라는 것인데, 이에 대해, 농경이 시작된 이유가 부분적이긴 하지만 '맥주를 만들기 위해서'라는 학설이 있다.

곡물 죽으로부터 만들어진 맥주가 최초로 발견된 이후 이내 맥주가 사회적, 종교적으로 중요해졌고 필요한 맥주의 양이 급증하게 되었다. 따라서 이 맥주 만드는 것을 야생 곡물에 의존하는 것에서 벗어나 농경을 통해 곡물을 확보하여 안정적으로 맥주를 공급하기 위함이었다는 견해이다.

농경의 도입과 이로 인한 인간 생활의 극적인 변화에서 맥주가 어떠한 영향을 미쳤는지에 대해서는 끊임없는 논쟁이 있다. 그러나 분명한 것은 최초 문명의 고대인들에게 맥주는 매우 중요한 음식이었다는 것이다.

신이 인간에게 선물한 음료

마시면 취하고 의식 상태에 변화가 생기는 불가사의한 현상, 또 가만히 놔둔 곡물 죽이 뜬금없이 술로 변하는 신비로운 발효 과정을 본 고대인들이 맥주에 대해 내린 결론은 '신의 선물'이었다.

메소포타미아의 수메르 문명에선 '닌카시'라는 술의 여신을 숭배하였고, 닌카시가 맥주를 빚는 아름다운 과정을 하나하나 나열하며 칭송하는 찬가를 만들어 바치기도 했는데, 이는 인류 최초의 맥주 제조법으로 알려져 있다.

흐르는 물에서 태어나
닌후르사그(수메르 풍요의 여신)의 따스한 보살핌을 받았네
흐르는 물에서 태어나
닌후르사그(수메르 풍요의 여신)의 따스한 보살핌을 받았네

···

그대는 큰 삽으로 반죽을 치대며
바피르에 달콤한 향기를 섞는 자
닌카시, 그대는 큰 삽으로 반죽을 치대며
바피르에 달콤한 향기를 섞는 자

그대는 커다란 오븐에 바피르를 구우며
껍질 깐 곡식들을 정리하는 자
닌카시, 그대는 커다란 오븐에 바피르를 구우며
껍질 깐 곡식들을 정리하는 자

그대는 땅 위의 맥아에 물을 붓는 자
고귀한 개들이 권세가들도 접근하지 못하도록 지키네
닌카시, 그대는 땅 위의 맥아에 물을 붓는 자
고귀한 개들이 권세가들도 접근하지 못하도록 지키네

그대는 항아리에 맥아를 담그는 자
물결이 일고 물결이 잦아드네
닌카시, 그대는 항아리에 맥아를 담그는 자
물결이 일고 물결이 잦아드네

그대는 혼합물을 삿자리(갈대로 만든 자리)에 펼치는 자
뜨거움이 식어가네
닌카시, 그대는 혼합물을 삿자리에 펼치는 자
뜨거움이 식어가네

그대는 이 달콤한 맥아즙을 두 손에 들고
꿀과 술을 넣어 섞는 자
닌카시, 그대는 이 달콤한 맥아즙을 두 손에 들고
꿀과 술을 넣어 섞는 자

기분 좋은 소리가 나는 여과기를
그대는 맥주가 가득 모이는 통 위에 맞춰두었네
기분 좋은 소리가 나는 여과기를
닌카시, 그대는 맥주가 가득 모이는 통 위에 맞춰두었네

그대가 잘 걸러진 맥주를 부을 때는
마치 티그리스강과 유프라테스강이 콸콸 흐르는 것 같네
닌카시, 그대가 잘 걸러진 맥주를 부을 때는
마치 티그리스강과 유프라테스강이 콸콸 흐르는 것 같네

　　고대 이집트 신화에 따르면 풍요와 저승의 신인 오시리스가
보리죽을 끓이다 잊어버리고 어딜 갔다 왔는데, 돌아와 보니 맥
주가 되어 있었고 이를 마신 오시리스는 기분이 좋아져서 맥주를
인간들에게 전파했다고 한다.

또한 이집트 태양신 라가 인간들이 자신에게 반역 음모를 꾸민다는 얘길 듣고 꼭지가 돌아 자신의 딸 '하토르'를 내려 보내게 되는데, '하토르'는 평소엔 사랑과 풍요를 관장하는 신이었지만, 라의 벌을 내릴 때는 전쟁과 복수의 신 '세크메트'로 변했다.

세크메트는 기대 이상의 대학살을 벌였고 피바다가 된 지상을 본 라는 기겁하며 세크메트를 말리는데, 이미 살육에 취한 세크메트는 끝없이 학살을 이어간다.

자신을 경배할 사람이 한 사람도 남지 않게 될 상황에 처한 라는 맥주를 붉게 만들어 엄청난 양을 지상에 쏟아 부었는데, 이를 인간의 피로 착각한 세크메트는 맥주를 몽땅 마셔버린 뒤 취해서 잠이 들었고 그 덕에 인류는 살아남아 다시 번성할 수 있었다고 한다. 인류의 멸종을 막아준 것이 바로 맥주였다.

초기 문명에서 중요한 음식이었던 맥주

초기 문명에서 맥주는 계층 구분 없이 누구나 마시던 술이었으며, 일상에 널리 퍼진 음식이었다. "눈에는 눈, 이에는 이"라는 법으로 유명한 기원전 18세기 바빌로니아의 '함무라비 법전'에는 282개 조항들 중 맥주와 관련된 처벌 조항들이 담겨 있다.

108조. 술집 여주인이 술값으로 곡식을 받지 아니하고 지나칠 정도의 은화를 요구했을 때 혹은 술의 되를 곡물의 되보다 작게 했으면, 술집 주인을 물속에 던져 넣는다.

109조. 무법자들이 술집에 모여 모의를 작당할 때 여주인이 그들을 붙잡아 왕궁으로 데려가지 않으면, 술집 주인을 사형에 처한다.

110조. 여사제가 술집을 열거나 술집에 들어가 술을 마신 경우 그녀를 불에 태운다.

규제하는 법이 생길 정도로 맥주가 일반적으로 먹는 음식이었다는 것인데, 당시 맥주는 지금처럼 황금빛의 투명한 액체가 아니라 매우 걸쭉한 죽에 가까운, 거의 '마시는 빵' 수준이었으며, 맛도 지금과는 많이 달랐다.

초기 맥주는 바닥에는 침전물이 깔려 있고, 표면에는 곡물의 껍질들이 떠있는 걸쭉한 음료였다. 맥주 표면에 떠있는 껍질들은 산소를 차단해 맥주를 오래 보존할 수 있게 했는데, 때문에 고대인들은 빨대를 꽂아 찌꺼기들을 피해 가며 맥주를 마시곤 했다.

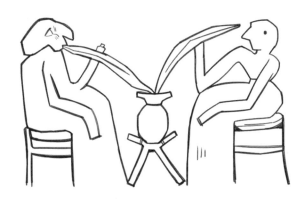

메소포타미아 지역의 유물에서는 맥주를 담은 큰 항아리 곁에 여러 명이 둘러앉아 빨대를 꽂아 마시는 그림들이 나타나는데 이는 당시 맥주를 먹는 일반적인 방법이었으며, 고대인들은 한 항아리에 들어 있는 똑같은 음료를 같이 마시면서 공동체 의식을 다지곤 했다.

또한 이런 걸쭉한 죽 형태의 맥주에는 비타민과 단백질이 풍부했기 때문에 곡물 위주의 식단이었던 당시 맥주는 중요한 영양 공급원이 되었다. 거기다 맥주는 끓는 물로 만들었기에 오염된 물의 우려를 덜어주는, 즉 깨끗한 수분 공급원이기도 했다. 이렇게 중요한 맥주는 일종의 화폐처럼 쓰이기도 했다.

메소포타미아의 신전에서 일하는 가장 직급이 낮은 노동자의 경우 하루에 맥주 1리터 정도를 배급받았으며, 이집트에선 피라미드를 건설하던 노동자들에게 보수로 제공된 것이 맥주였다. 또한 맥주는 사람들이 공동체에 바치는 공물, 즉 세금 납부 수단이기도 했는데, 메소포타미아 유물 중 공물 납부 기록이 적힌 점토판에 맥주를 상징하는 그림문자가 표기되어 있고, 이집트에서도 역시 신전에 공물로 바치던 것이 빵과 맥주였다.

액체인 맥주는 쉽게 나눌 수 있기 때문에 이상적인 통화 수단이었는데, 가령 치킨을 통화로 삼았다고 치면 가슴살을 받은 사람과 닭다리를 받은 사람들 사이에서 어떤 일이 발생할지는 경험을 통해 예상할 수 있으실 것이다.

맥주는 메소포타미아, 이집트 두 문명에서 의약으로도 사용되었으며, 심지어 이집트에서는 사후에도 행복하게 지내기 위해서는 맥주가 필요하다고 믿었기에 파라오의 무덤에는 맥주를 채워 넣은 방과 맥주 양조시설까지 있었고, 일반 시민들의 무덤에도 작은 맥주 단지들이 함께 매장되기도 했다.

　이렇게, 고대인들의 삶에 있어서 맥주는 절대적이었기에 "빵과 맥주"라는 말은 일상생활에서의 인삿말, 또는 음식과 음료를 뜻하는 일반적인 단어로 사용되기도 하였다.

와인보다 저급했던 맥주

　인류가 농경을 시작하자마자 발견한, 어쩌면 인류가 농경을 시작하도록 만든, 메소포타미아, 이집트 초기 문명의 고대인들에게는 '마시는 빵'이자 화폐처럼 쓰이기까지 했던 맥주는 지금과는 생김새나 맛이 많이 달랐다.

　지금 일반적으로 '맥주'하면 떠올리는 음료는 '라거'라는 맥주인데, 이 라거가 맥주의 메인을 차지한 역사는 굉장히 짧고 또한 라거가 완성되기까지 많은 스토리들이 있었다. 맥주의 이야기는 '에일과 라거', 그리고 '영국과 독일'을 중심으로 전개된다.

　일단 고대 이집트에서 매우 귀한 대접을 받던 맥주는 그리스, 로마에서는 급이 떨어지는 술로 여겨졌는데, 그 비교 대상은 바로 와인이었다.

　기원전 5세기 그리스의 역사가 '헤로도토스'는 "이집트인들은 보리로 만든 술을 마시는데, 포도가 자라지 않기 때문이다." 라고 적었고,

　기원전 1세기 한 그리스 철학자는 맥주를 가난의 상징으로 "이집트인들은 와인을 좋아하며 또한 술을 즐기는 사람들이다.

가난하여 포도주를 먹지 못하는 사람들에게는 보리로 만든 술을 제공했는데, 이를 받은 사람들은 기쁨에 차서 노래하고 춤을 추는데, 마치 와인에 취한 것과 같은 모습이었다."라고 기록했으며 로마에서는 맥주를 '불치병을 유발하는 이집트의 차갑고 탁한 음료'라고 폄하하기도 했다.

그러나 그리스, 로마를 제외한 지역의 여러 민족들은 각자 나름대로 곡물을 발효시킨 술을 발전시켜 나갔다.

수도원에서 발전시킨 맥주

4세기부터 시작된 게르만족의 대이동으로 유럽은 '게르만 시대'를 맞이하게 되는데, 이들은 오래전부터 맥주를 즐기던 민족이었다. 이후 8세기에 이르러, 게르만 민족을 통일하여 대제국을 세우고 로마 교황으로부터 관을 받아 서로마 제국의 황제로까지 즉위하는 '카롤루스 대제'가 등장하는데, 그는 맥주를 각별히 사랑하던 인물이기도 했다.

와인과 더불어 유럽을 대표하는 술로 자리 잡게 된 맥주는 중세를 거치며 수도원에서 비약적으로 발전하게 된다. 중세 유럽에서 당시 최고 두뇌 집단이었던 수도사들은 원료를 개량화하고 여러 실험들을 통해 맥주 양조를 체계화하였다.

수도원에서 만든 맥주는 일반인들이 만든 맥주와는 비교가 불가능할 정도로 맛이 좋았고 이를 마신 몇몇 사람들은 하느님의 부르심을 받기도 했다는 썰이 전해진다.

맥주의 독특한 쓴맛을 내는 홉

그리고 지금 맥주의 독특한 쓴맛과 향을 내는 '홉'이란 것이 사용된 것도 수도원 맥주에서 시작되었다. 홉이 사용되기 이전에도 맥주의 맛과 향을 내기 위해 벚꽃가루, 생강, 호두나무 열매, 감초, 꽃, 잎, 뿌리 등 다양한 재료들을 사용했는데, 이것을 '그루트'라고 했다.

약초에 대한 지식도 뛰어났던 수도사들은 '홉'이라는 식물을 넣어 맥주를 만들기 시작했는데 이때 홉은 기존의 '그루트'에 비해 훨씬 상쾌한 쓴맛을 냈고, 미생물에 대한 항균효과까지 있어 맥주가 부패하는 것을 방지하는 효과가 뛰어났다.

맥주의 맛과 보존성까지 획기적으로 높여준 훌륭한 홉이었지만 일부 지역에서는 홉에 대한 거센 반발이 있었다. 특히 영국이 그랬는데, 당시 유럽에서 맥주 양조 원탑으로 칭송받던 영국에선 오랜 세월 동안 '그루트'만을 사용해 에일을 빚어왔고 그루트에 얽힌 여러 업자들 간의 이해관계가 있었기에 홉이 늦게 들어오게 된다.

영국인들 입장에서 홉을 사용한 맥주는 완전 새로운 음료였고 이를 '비어'라고 부르기 시작했다. 즉, 그루트를 사용했던 기존 정통 맥주를 '에일', 홉이 들어간 새로운 맥주를 '비어'라고 부르게 된 것이다.

16세기 영국의 의사 앤드류 보드Andrew Boorde, 1490~1549는 해외의 홉이 들어간 맥주를 비판하면서 다음과 같이 기록했다.

"에일Ale이란 것은 맥아와 물로 만들어지며 … 영국인들에게 적합한 술이며, 깨끗하고 신선하며 저질스럽지 않다. 비어Beer라는 것은 맥아와 홉, 그리고 물로 만들어지는데, 전형적인 네덜란드인들의 술이다. … 비만을 유발하고 복부를 팽창시킨다."

그러나 영국인들은 곧 홉이 들어간 '비어'의 훌륭한 맛과 그 보존성에 매료되었고 이후 영국의 모든 에일에는 홉이 들어가게 되었으며, '에일'과 '비어'의 구분은 흐릿해진다.

19세기까지 유럽에서 '맥주'라고 하면 영국의 '에일'을 의미했고, 영국의 에일 제조법은 맥주 양조 기술의 모범이었기에 유럽 각국의 맥주양조가들이 기술을 배우러 영국으로 떠날 정도였다.

그런데 의외로 맥주에 굵직한 변화가 이루어진 것은 독일에서였는데, 위에서 보았던 홉의 첨가가 그러했고, 또한 영국의 '에일'을 누르고 맥주의 일인자가 되는, 전 세계인이 '맥주'의 일반적인 모습으로 알고 있는 '라거'의 탄생이 그러하다.

맥주의 역사에 있어서 북독일과 남독일은 완전 다른 양상을 보였는데, 무엇보다 남독일의 맥주 맛이 북독일보다 매우 떨어졌다.

12세기~15세기에 걸쳐 북독일의 도시들은 '한자동맹'에 가입하고 왕성한 해외무역 활동을 벌였는데, 이때 맥주는 중요한 수출 품목이었고 북독일 수공업자들의 조직 '길드'에서 만든 뛰어난 맛의 맥주는 유럽 전역에서 호평받을 정도였다.

한편 남독일에서는 맥주 맛이 너무 별로여서 상류층들은 북독일의 맥주를 수입해서 마셨는데, 그 비용이 만만치 않았고 따라서 '남독일 맥주의 품질을 높이자'라는 답을 내리게 된다. 가장 큰 문제는 맥주에 장난을 치는 부패한 제조업자들이었고 이런 부정행위들을 근절하기 위한 남독일에서는 다양한 노력들을 하게 된다.

맥주를 시음하여 감정하는 검사원들을 두고 이들에게 엄격한 행동 규범을 부여했는데, 가령 시음 전날 밤엔 과음을 해서는 안되고, 시음 당일에는 미각을 마비시킬 정도의 음식을 먹는 것도 금지되었다. 질이 나쁜 맥주를 만들어 판매한 사람은 그 맥주를 전부 마셔야 하는 형벌까지 있었다.

이러한 남독일의 맥주 품질 향상을 위한 노력은 1516년 '맥주 제조에는 오직 물, 보리, 홉만 사용해야 한다'는 '맥주순수령'의 공포로 이어지고 이후 남독일 맥주의 품질은 북독일 맥주를 뛰어넘을 정도로 발전하게 되었다.

이 무렵 남독일에서 우연히 획기적인 맥주가 탄생하였는데, 바로 '저온 숙성 맥주'였다. 당시 유럽의 맥주는 상온에서 발효시키는 음료였고, 따라서 잡균이 혼입되어 산패되는 일이 종종 있었다. 여름이 무지하게 더웠던 남독일에서는 맥주 산패 위험이 더욱 컸고, 어쩔 수 없이 추운 겨울에 맥주를 담근 뒤 서늘한 동굴에 얼음을 채워 넣어 보관하곤 했다.

다시 맥주를 담글 수 있는 겨울이 오기 전까지 동굴 속 맥주를 장기간 보관하였고, 이때 저온에서 천천히 숙성된 새로운 맥주가 생겨났는데 이것이 바로 '하면발효 맥주', 즉 '라거'의 탄생이었다.

이는 기존의 에일을 만들어내는 '상면발효 효모'와는 특성이 다른, 저온에서 활동하는 '하면발효 효모' 덕에 가능한 것이었는데, 당시 사람들은 효모의 존재에 대해서 알지 못했고 따라서 라거의 탄생은 우연한 것이었다.

남독일 바이에른 지방에서 우연히 발견된 이 '저온 숙성 맥주'는 엄청난 잠재성을 가지고 있었는데, 바로 산패 위험이 거의 없다는 것이었다.

당시 맥주는 양조 성공률이 높게 잡아야 80퍼센트 정도였다. 양조장 100곳 중 20곳의 맥주가 산패했다는 것인데, 양조장이 치명적 유해균에 감염되면 손쓸 도리가 없이 맥주를 전량 폐기해야 했고 즉, 매년마다 맥주양조장들 중 20퍼센트는 폐업 위기에 몰렸다는 것이다.

근데 '저온 숙성 맥주'는 산패 위험이 거의 없어 양조 성공률이 100%에 가까웠기에 양조가들의 주목을 받게 되었고 또한 장기간 저장하는 것이 특징이었기에 '저장하다'라는 뜻의 독일어 'lagern'을 써서 '라거'라고 불리게 되었다.

'황금빛 라거'의 탄생

19세기가 되면 '라거의 아버지'라 불리는 두 인물이 나타나는데, 독일 뮌헨의 '가브리엘 제들마이어'와 오스트리아 빈의 '안톤 드레어'였다. 맥주 양조장의 후계자이며 친한 친구 사이였던 둘은 맥주 선진국이었던 영국을 방문해 견문을 넓혔고 또한 합심하여 영국의 맥아즙 샘플을 몰래 채취해 온다.

'제들마이어'는 독일 맥주의 특징이었던 저온 발효 방식에 영국의 기술을 접목하여 '뮌헨 맥주'라는 라거를 만들었고, 친구인 '드레어' 역시 '비엔나 맥주'라는 라거를 만들어낸다. 여기에 또 하나의 라거가 끼게 되는데 바로 '필젠 맥주'이다.

보헤미아의 작은 도시 필젠의 양조장들은 '하면발효 맥주'의 기술을 도입하고자 독일 출신 양조가를 초빙하여 맥주를 만들었는데, 이때 필젠 지역 물의 특성으로 인해 이전 맥주들에서는 볼 수 없었던 밝은 황금빛의 맥주가 탄생하게 된다. 지금 우리가 일반적으로 알고 있는 맥주의 탄생이었다.

이렇게 유럽에서는 '뮌헨 맥주', '비엔나 맥주', '필젠 맥주'의 3대 라거가 경쟁하는 구도가 형성되었고, 여기에서 승리한 것은 밝은 황금빛 맥주인 '필젠 맥주'였는데, 여기에는 우연히 들어맞은 시대적 유행이 있었다.

원래 유럽의 일반적인 맥주잔은 도자기나 나무 등을 이용해 만든 불투명한 잔이었는데 3대 라거가 경쟁하던 무렵 유리의 대량 생산이 이루어져 이전에는 부유층의 전유물이었던 유리가 맥주잔으로도 쓰이기 시작한다.

유리잔으로 맥주를 마시게 되면서 사람들은 맥주의 맛과 향뿐만 아니라 맥주의 색에도 관심을 가지기 시작했고, 밝은 황금빛의 '필젠 맥주'는 마침 이런 시대의 유행과 맞아떨어졌다. 황금빛 라거 '필젠 맥주'는 하루가 다르게 인기가 높아졌고 결국 유럽의 3대 라거 중 필젠 맥주만이 독주하여 유럽 전체로 퍼지게 된다.

오랜 전통의 에일을 누르고 유럽의 새로운 트렌드 맥주가 된 라거는 냉동기가 발명되며 언제, 어디서든 제조가 가능해지고 또한 저온살균법, 미생물 관리법 등의 기술 혁신 버프를 받아 20세기에는 전 세계로 퍼져 현재까지 맥주 시장을 점령하고 있다.

10
케첩 : 중국의 발효 생선 식품이었던 소스

새콤달콤한 맛에 토마토의 새빨간 색을 입혀 식욕을 자극하
며, 토마토라는 건강식을 섭취한다는 마인드를 통해 세트메뉴를
시킬 때 죄책감을 덜어주는 케첩은 원래 토마토랑은 관련이 없었
던 소스이다.

'케첩'이란 소스의 기원

케첩의 기원은 중국 남쪽 지역의 민물고기 젓갈과 같은 것에
서 찾을 수 있는데, 원래 케첩이란 것은 생선이 그 재료였다. 수천
년 전 중국 남쪽 지역에서는 우기에 민물고기를 풍부히 잡은 뒤
건기를 대비해 민물고기를 발효시켜 저장하는 문화가 있었는데,

그 방법은 물고기를 쌀밥, 소금과 함께 항아리에 담아 발효시키는 것이었다.

기원전 200년경 한무제가 영토 확장을 위해 이 지역을 침략했을 때, 어디선가 생전 처음 맡아보는 맛있는 냄새가 솔솔 나서 사람을 시켜 알아보았더니 바로 그 지역 어부가 생선 내장을 구덩이 속에 켜켜이 쌓아 발효시켜둔 음식이었다는 것이다. 흙으로 덮어두었는데도 뚫고 나올 정도로 그 냄새가 강렬한 음식이었다.

한무제는 이 발효된 생선 음식을 먹자마자 그 맛에 매료되었고, 이후 황제를 매료시킨 이 생선 젓갈, 생선 소스 문화는 중국 전역에 퍼지게 되었다고 한다. 참고로 이 중국 남쪽 지방의 생선 발효 기술은 일본으로 들어가 스시의 원조가 되기도 한다.

아무튼 중국 남부 지방의 사람들은 인도네시아, 필리핀, 말레이시아 등지로 이 발효 생선 문화를 가져갔으며, 이 생선 소스는 '코에찹', '케치압' 등과 같이 '케첩' 비슷한 발음으로 불리게 된다. 어원에 대해서는 다양한 설이 있는데 중국 남부 지방의 방언 중 '절인 생선이나 조개와 같은 해산물의 짭잘한 국물'을 뜻하는 '膎汁'포(해), 즙(즙)으로부터 비롯되었다는 설이 있다.

영국 무역상들의 최고 수익품이었던 '케첩'

아무튼 17세기 동인도회사를 중심으로 동남아시아 지역에서 전투적인 향료 무역을 벌이던 영국인들에게 이 '케첩'이란 것이 알려지게 된다.

옥스퍼드 영어 사전에 따르면 '케첩'이란 단어가 처음으로 기록된 문헌은 1698년 편찬된 〈A New Dictionary of the Terms Ancient and Modern of the Canting Crew〉라는 사전이며, 여기에는 'Catchup'이라는 항목에 'high East-India Sauce'라고 기록되어 있는데, 이때 East-India는 동남아시아 지역을 뜻한다.

19세기의 선교사 카스테어즈 더글러스Carstairs Douglas, 1830~1877 가 편찬한 중국 남부 지방의 언어 사전인 〈샤먼어 방언 사전, Chinese-English Dictionary of the Vernacular or Spoken Language of Amoy, 1873〉에서는 "koe-chiap"이라는 항목에 "절인 생선 및 해산물의 짭잘한 국물"이라고 기재되어 있다.

당시 유럽인들은 항해 중 딱딱한 빵과 소금에 절인 돼지고기를 위주로 먹는 아주 지루한 식사를 했으며, 따라서 동양의 이 신비로운 생선 소스 하나로 그들의 식탁이 산뜻해졌기에 아주 좋아했을 것이다. 뿐만 아니라 이 생선 소스는 영국 상인들에게 큰 부를 안겨주기도 했다.

케첩은 아시아에서는 값이 저렴한 소스였지만, 유럽으로 넘어가게 되면 값비싼 동양의 신비로운 소스로 귀한 대접을 받았는데, 동인도 회사의 무역상이었던 찰스 로키어Charles Lockyer가 아시아에서 엄청난 돈을 벌 수 있는 꿀팁을 적어 놓은 〈인도 교역에 관한 설명Account of the Trade in India, 1711〉이란 책자에서 다음과 같이 적었다.

"콩이란 것은 자루들에 담겨 일본으로부터 들어오고 또한 최고 품질의 'Ketchup'은 베트남 북부 '통킹'에서 들어온다. 그런데 중국에서는 이 두 가지 상품을 아주 싸게 제조할 수 있으며 또한 저렴하게 판매되고 있다. … 내가 아는 한 이보다 수익성이 높은 상품은 없다."

"돈을 벌고 싶다면 최대한 많은 빈 병을 챙겨가라"

영국인들이 만들어낸 '영국식 케첩'

아시아의 '케첩'이라는 생선 소스는 영국에서 큰 인기를 끌게 되는데 문제는 아시아에서 들여온 원제품 케첩은 가격이 너무 비쌌으며, 따라서 영국에서는 현지에서 구할 수 있는 식재료들로 이 맛을 재현해내기 위해 다양한 종류의 케첩들을 만들어낸다.

처음으로 발간된 '케첩' 조리법은 1727년 '엘리자 스미스'라는 여성이 집필한 〈The Compleat Housewife〉라는 요리책에 나오는데 "영국식 케첩Katchup을 만드는 방법"이란 항목에는 화이트 와인과 식초, 샬롯, 정향, 생강 등의 다양한 재료와 '앤초비'라는 유럽멸치 12마리에서 14마리 정도를 이용해 이를 끓이고 식히는 수차례의 조리과정을 기록했다.

이 요리책은 런던에서 출판되어 50년 동안 18판이 인쇄될 정도로 큰 인기를 끌었으며, 책에서는 이 '영국식 케첩'에 대해 "생선 소스에 첨가하기에 좋고 또한 어떠한 고기 요리와도 잘 어울린다."라고 평했다.

18세기 중반에 '케첩'은 영국인들의 식탁에서 필수품으로 여겨졌으며, 버섯과 생선 혹은 호두를 주 재료로 한 다양한 케첩들이 발명되었다. 영국에서 이런 여러 가지 케첩들이 시도되는 와중에 토마토는 전혀 고려 대상이 아니었는데, 그 이유 중 하나는 토마토가 '악마의 열매'라 불렸기 때문이었다.

중앙아메리카의 아즈텍인들이 식용으로 기르던 토마토는 16세기 아즈텍 제국을 정복한 스페인 정복자들에 의해 유럽으로 들어오게 되었는데, 현지 원주민들에게 그다지 주목받는 식물은 아니었다.

신대륙에서 활동한 유럽인들도 토마토에 대한 인상적인 기록을 거의 남기지 않았는데 "스튜와 소스에 신맛을 더하는 과일" 혹은 "원주민들은 우리를 죽이고 또한 우리의 살을 먹고 싶어했는데 고추와 소금, 토마토가 담긴 냄비를 준비하고 있었다."라거나 "아즈텍인들은 희생 제물의 팔과 다리를 고추, 토마토, 양파, 소금으로 만든 소스와 함께 먹더라"라는 소소한 기록들만이 전해진다.

아무튼 신대륙으로 들어온 정복자, 탐험가, 선교사 혹은 상인들로 인해 토마토는 유럽을 거쳐 세계 각지로 뻗어 나가게 되는데, 초반부터 이상한 오명을 얻게 된다.

16세기 이탈리아의 식물학자 피에트로 마티올리Pietro Andrea Gregorio Mattioli, 1501~1577는 신대륙에서 들어온 토마토를 '맨드레이크'라는 식물과 같은 과로 분류했는데 유럽에서 '맨드레이크'는 최음 효과를 지녔으며 죽음에 이르게 하는 치명적인 독성에 심지어

마녀들의 흑마법과도 연관 지어지는 무시무시한 식물이었다.

영국에서 토마토를 처음으로 재배한 사람 중 하나였던 식물학자 존 제라드John Gerard, 1545~1612는 토마토를 다음과 같이 평했다.

"어떤 사람들은 후추와 소금을 더하여 기름에 익힌 토마토를 먹긴 한다. 그러나 토마토를 먹는 것에는 생명을 유지시키는 데에는 거의 도움이 되지 않으며 오히려 토마토 그 자체는 인체에 매우 매우 유해하다."

기르기 쉽고 풍부히 열매를 맺는 덕에 가난한 사람들 혹은 소수의 호기심 많은 이들이 토마토를 먹는 경우가 있었지만 일반적으로 토마토는 식용에 있어서는 매우 꺼려지는 음식이었다.

때문에 17세기에 와서 북부 유럽에서의 토마토는 단지 정원을 이쁘게 꾸미거나 빨간 열매로 방 인테리어를 하는 등의 관상용 식물로 재배가 되거나 이국의 신비한 약효를 지닌 과일로서 재배가 될 뿐이었다.

약 300여 년에 걸쳐 토마토를 받아들인 유럽

한편 토마토를 들여온 스페인과 남부 지역인 이탈리아에서는 선구자 역할을 하여 토마토를 식용으로서 빠르게 받아들였는데 1660년대 이탈리아 전역을 여행한 영국의 한 박물학자는 "이탈리아에서는 호박, 후추, 소금과 기름을 이용해 조리된다."라고 기록했으며 18세기 프랑스의 식물학자 프랑수아 로지에Jean-Baptiste

François Rozier, 1734~1793는

"토마토는 프랑스 북부의 정원사들에게는 거의 알려지지 않았으며, 재배하는 이들도 토마토의 실용성보다는 호기심을 목적으로 기르고 있다. 그러나 이탈리아, 스페인, 프랑스 남부 지역에서는 이 과일을 많이 찾는다."라고 기록했다.

이후 북부 유럽에서도 토마토는 식용으로서 점차 수용되기 시작하는데 영국에서는 1752년 식물학자 필립 밀러Philip Miller, 1691~1771가 "영국의 상당히 많은 사람들이 수프를 만드는데 토마토를 많이 사용한다."라고 기록했고, 1797년 '브리태니커 백과사전'에서는 "토마토는 일상적으로 사용되는 음식이며, 수프나 국물을 내거나 혹은 고기 요리에 고명으로 올려진다."라고 적었다.

1820년 런던 타임즈에서는 "토마토는 현재 야채 시장에서 무지하게 많이 팔리고 있으며 지난 몇 년 동안 영국의 최고 요리사들이 많이 사용하게 되었다."라고 보도했다.

토마토를 베어 문 '로버트 존슨'

유럽에서 이렇게 약 3세기 가까이에 걸쳐 토마토와 친해졌을 무렵 미국에서도 점차 토마토를 '먹을 것'으로 인식해나가고 있었는데 여기에는 한 유명한 썰이 전해진다.

1820년 9월 미국 뉴저지 '세일럼¹⁾'의 법원 앞에는 수백 명의 군중이 모여들었는데, 그 이유는 로버트 존슨Robert Gibbon Johnson,

---

1) 세일럼 : 미국의 메사추세츠주에 있는 도시. 보스턴 쪽에 위치해 있다.

1771~1850이라는 사람이 공개적으로 '토마토'라는 것을 먹겠다고 선언한 날이었기 때문이다.

'세일럼'에서 가장 저명한 인물 중 하나였던 '로버트 존슨'은 남미에서 토마토 씨앗을 들여와 이를 정원에서 가꾸었고 토마토가 열리자 이를 법원 앞에서 모든 사람들이 보는 앞에서 먹겠다고 선언한 상태였다.

유럽에서와 마찬가지로 미국에서도 토마토는 치명적인 독성이 있는 열매로 알려져 있었기에 이 그로테스크한 광경을 보고자 수백 킬로미터 반경에 있는 사람들이 모여들었고 그들 앞에 토마토 바구니를 든 '로버트 존슨'이 등장했다.

"무엇이 두렵습니까? 중독되는 것이 두렵습니까? 저는 그렇게 생각하지 않습니다. 이제 여기 모인 멍청한 여러분들 앞에서 이것이 먹기 좋은 것임을 보여 드리겠습니다."

짧고 상당히 건방진 연설을 마친 뒤 '로버트 존슨'은 이내 새빨간 토마토를 하나 꺼내 꽉 베어 물었고 독물과도 같은 과즙이 그의 턱을 타고 줄줄 흐르는 모습에 사람들은 비명을 질렀으며 기절하는 사람도 있었다.

그러나 '로버트 존슨'에게는 아무 일도 일어나지 않았고 그는 그 자리에서 약 24kg에 달하는 토마토를 먹어 치웠으며 다만 배탈이 나서 조금 고생했을 뿐이었다. 이후 그는 거대한 규모의 토마토 사업을 꾸려나갔다고 한다.

정확한 근거가 있는 이야기는 아니며, 해당 지역의 역사적 자료 등을 미루어 볼 때 사실이 아닐 가능성이 높지만 분명한 것은 미국에서도 토마토에 치명적인 독성이 있다는 오랜 믿음이 지속되어 오고 있었고, 19세기 초 무렵 미국인들이 토마토를 점차 식용으로 받아들이기 시작했다는 것이다.

영국, 스코틀랜드, 아일랜드 출신의 많은 식민지 개척자들은 북부 유럽에서 토마토가 식용으로 받아들여지기 이전에 미국으로 이주했기에 토마토가 독성이 있는 식물이라는 인식이 그대로 전해지게 되었다.

한편 독립 전쟁 이후로도 식민지 모국이었던 영국으로부터 식문화의 영향을 지속적으로 받았던 미국에서는 영국의 각종 요리책을 비롯하여 농업 및 원예 관련 서적들을 들여오고 있었다. 영국인들이 토마토를 점차 식용으로 받아들이며 토마토를 이용한 음식 레시피, 혹은 기르는 방법들이 점차 많은 책들에 담기기 시작했고 이러한 서적들이 들어오며 미국인들 역시 식용으로서의 토마토에 대한 정보를 얻을 수 있었다.

영국의 요리 전통을 꾸준히 따르던 미국에서는 케첩 또한 큰 인기를 끌었는데 호두, 청어, 버섯 등을 주재료로 한 다양한 종류의 케첩이 만들어졌으며 한편 19세기 초 미국에서는 토마토를 베이스로 한 케첩 레시피가 등장하기 시작한다.

토마토 케첩은 이후 빠르게 인기를 얻기 시작하는데 1830년 무렵 "가장 훌륭한 케첩은 바로 토마토로 만들어진 것이다."라는 평이 나돌 정도였다. 그러나 토마토 케첩은 아직 독보적으로 인기를 끌 정도는 아니었는데 영국에서와 마찬가지로 미국에서의 주요 케첩 역시 버섯, 호두, 생선을 주재료로 한 케첩이었다.

당시 미국에서는 레몬, 오이, 설탕, 굴, 홍합 등을 주재료로 케첩을 만드는 여러 실험이 이루어졌고 토마토 역시 이러한 시도들 중에서 인기를 끌던 재료 중 하나였다.

케첩이란 음식이 인기를 끌었던 가장 큰 요인은 바로 오래 지나도 상하지 않는 보존성에 있었다. 일부 요리책에는 "20년 동안 먹을 수 있는 케첩을 만드는 법"과 같은 레시피가 적혀 있었으며, 가정에서는 신선한 식품들이 충분한 시기에 각종 재료들로 케첩을 만들어두었고, 음식이 빈곤한 시기에 꺼내 먹었던, 즉 저장 식품과 같은 것이었다.

한편 가정에서 수제 케첩을 만드는 것은 시간과 노력이 상당히 드는 까다로운 작업이었는데, 다양한 재료를 구하는 것부터 이것이 타거나 냄비에 눌러붙지 않도록 끊임없이 지켜보며 저어주어야 하고 또한 끓이고 식히는 수차례의 과정들이 필요했기 때문이다.

이에 가정용 케첩 레시피가 담긴 요리책들이 점차 줄어들고 대신 상점에서 파는 케첩 상품의 인기가 높아지는데, 토마토 케첩이 인기를 얻기 시작하던 1830년대 무렵 미국 몇몇 지역에서는 이미 병에 담긴 토마토 케첩 상품이 등장한 상황이었다.

또한 남북 전쟁을 겪으며 북부군과 남부군 모두 통조림이나 병에 든 음식을 처음으로 접하게 되었고 여기에 들어있던 음식 중 하나가 값싼 토마토였기에 미국 전역의 사람들이 토마토 맛에 익숙해지는 하나의 계기가 되기도 했다. 전쟁이 끝나고 보존 및 절임 음식에 대한 수요가 급증했으며 이를 생산하는 회사들도 빠르게 늘어갔다.

토마토 케첩이 새빨간 이유

병에 담긴 토마토 케첩을 제조하는 공장들이 늘어나는 와중 독특했던 점은 공장들마다 케첩의 제조법이 각기 달랐다는 것이다. 케첩에 사용되는 재료가 다양했던 만큼 그 레시피도 만드는 사람에 따라 제각각이었으며 공장에서는 그들의 케첩 레시피를 철저히 비밀에 부쳤기에,

"만일 공장 오너와 관리자 둘이 같은 날 갑자기 죽게 된다면 세상 사람들은 다시는 그 공장의 케첩 맛을 알지 못하리라"라는 말이 나돌 정도였다.

한편 토마토 케첩의 모습도 우리가 알고 있는 새빨간 그것과는 좀 달랐는데 토마토가 가공되는 즉시 발효가 시작되었고, 빨간색 토마토뿐만 아니라 녹색 혹은 노란색 토마토를 섞어 만들었기 때문에 짙은 갈색을 띤 소스였으며 식감이나 농도도 지금의 토마토 케첩과는 상당히 다른 모습이었다.

아무튼 상업용 케첩의 시대는 계속되었고 그중 몇몇 케첩 제조업체는 크게 성장하는데 1890년대 '하인즈' 토마토 케첩은 미국 전역을 넘어 영국, 벨기에, 호주 등 세계 곳곳에서도 판매될 정도였다.

20세기에 들어설 무렵 토마토 케첩의 제조 방식은 크게 변화하게 되는데, 경쟁 상대가 많았던 만큼 제조업체들은 소비자의 기호에 케첩 레시피를 철저히 맞추게 된다.

우선 병에 담긴 케첩 내용물이 훤히 보이는 상황에 소비자들은 탁한 갈색보다는 선명한 붉은색을 띠는 제품을 선호하였는데, 이에 맞춰 몇몇 제조업체들은 새빨갛게 잘 익은 토마토를 선별하여 사용하였고 또한 조리 과정을 세심하게 수정하여 눈에 잘 띄는 색이 나오도록 심혈을 기울였다. 물론 가장 널리 선호되는 방식은 식용 색소를 사용하여 원래 토마토보다 더욱 맛깔스러운 붉은색을 내는 방법이긴 했다.

또한 달달한 맛을 좋아하는 소비자의 입맛에 맞춰 점점 더 많은 양의 설탕을 넣어 케첩을 만들었는데, 한편 설탕은 발효를 촉진시키는 경우가 있었기에 이를 방지하고자 방부제를 넣기 시작하였고 이제 토마토 케첩은 이전의 '발효 식품'이라는 정체성에서 멀어지게 되었다.

한편 기업들 간의 과도한 경쟁 속에서 토마토 케첩의 가격은 급격하게 떨어졌고 결과적으로 더욱 많은 소비자들이 토마토 케첩을 즐길 수 있게 되었으며, 이렇게 새빨간 토마토 케첩은 "소스 중의 소스", "어느 지역의 식탁에서나 볼 수 있는" 미국을 대표하는 음식으로서 전 세계로 퍼져 나가게 되었다.

11
카레 : 인도 출신이지만 인도에는 없는 음식

　카레는 걸쭉하고 누렇고 안에 덩어리들이 들어 있는 모양새의 음식인데 따라서 카레를 먹을 때는 생각의 폭을 좁히고 맛에만 집중해야 한다.

　우리가 카레를 먹는 루트를 살펴보면 마트에서 카레가루를 사 와서 직접 만들거나 인도 음식점을 가거나 아니면 의외로 일식 전문점에 가는 것인데, 먹는 카레의 형태들이 다 제각각이다. 카레란 것이 상당히 복잡한 음식이기 때문이다.

일단 카레의 기원은 짐작하신 대로 인도이다. 그런데 문제는 인도에는 딱 이것이 '카레'라고 할만한 일품요리 형태의 음식이 없다는 것이다.

인도는 전 세계 수많은 향신료들의 원산지이며, 또한 대부분의 지역이 열대 기후에 속하는 아주 덥고 습한 나라이다. 이런 상황에서 인도 사람들은 음식이 쉽게 상하지 않게 하는, 또 고기의 잡내를 잡아주는, 심지어 강장효과까지 있는 향신료 사용법을 오랫동안 익혀왔다.

인도 가정에서는 향신료들을 직접 갈아 으깨어 쓰는데, 이렇게 미리 섞어 둔 배합 향신료를 '마살라'라고 부르고 이것이 우리에게 익숙한 '카레가루'의 원형이다.

보통 인도 주부들이 일상적으로 사용하는 향신료가 20종류에 달한다고 하며, 배합하는 향신료 종류는 각 가정의 취향마다 다른데다 으깨는 방법의 차이까지 있다고 하니 만드는 사람 수만큼 '마살라'가 존재하는 격이다.

인도 요리의 기본이자 가장 중요한 것이 '마살라'이며, 우리나라의 된장, 혹은 간장 같은 느낌으로 받아들이시면 된다.

그렇다면 인도인들은 이 '마살라'를 이용해 만든 어떤 요리를 '카레'라고 불렀던 것일까? 그건 또 아니다. 인도에는 '카레'라는 명칭, 혹은 그런 요리가 없었으며, 간단히 말씀드리면 원래는 있지도 않은 '카레'란 단어가 제멋대로 굳어진 것이다.

카레의 어원에 대해서는 다양한 설이 있는데, 그중 남부 인도 지역의 언어 'kari', 'karil'이라는 단어에서 파생되었다는 유력한 설이 있다. 두 단어는 지역에 따라 볶은 야채, 고기 요리를 뜻하거나 각종 향신료 혹은 무언가에 끼얹어 먹는 소스를 뜻하였다.

이것이 인도에서 교역하던 포르투갈인들, 이후 영국인들을 거쳐 'caril', 혹은 'caree' 라는 단어로 변형되었고 최종적으로 'Curry'라는 영어 단어로 자리 잡으며, 인도 모든 지역의 '걸쭉한 소스'를 곁들인 음식을 뜻하게 되었다는 것이다.

스스로를 순례자라 칭하며 성경 속의 성지와 중동 지방, 나아가 인도까지 여행했던 이탈리아 귀족 피에트로 델라 발레Pietro Della Valle, 1586~1652는 카레를 다음과 같이 평가했다.

"카레Caril라는 것은 인도에서 버터와 각종 과일 및 견과류, 그리고 온갖 종류의 향신료와 수천 가지의 조미료들로 만들어지는 어떤 종류의 걸쭉한 국물을 뜻한다. … 모든 것을 먹는 유럽인들은 온갖 종류의 고기나 생선, 특히 작게 썬 닭고기 등을 넣어서 더욱 맛있게 즐기며 … 위에 언급한 각종 재료들이 들어있는 이 걸쭉한 국물을 쌀밥 위에 적당량 부어주면 아주 맛있는 음식이 되는데, 배를 든든히 채우면서도 소화가 잘 된다. … 나에게 아주 잘 맞는 음식이다."

이후 1886년 출판된 영어-인도어 단어 사전 'Hobson-Jobson'에서는 '카레CURRY'라는 항목에서는 다음과 같이 설명하고 있다.

"인도에서의 주식은 효모를 넣지 않고 구운 밀가루나 쌀과 같은 곡물인데, 이는 맛이 거의 없을 정도로 밍밍하기에 맛이 풍부한 다른 재료들을 첨가하여 먹는다. 이러한 토착 식단에서 카레curry가 적절한 역할을 하는데, 카레란 것은 고기, 생선, 과일, 야채 등을 재료로 강황을 비롯한 다량의 향신료들로 조리되며, 적은 양으로도 대량의 쌀밥에 풍미를 더할 수 있다."

향신료의 나라 인도와 유럽의 만남

인도와 동남아시아에서 생산되던 고대 로마 시대부터 향신료는 유럽에서 가치가 높은 상품이었는데 맛과 그것이 지닌 효능뿐만 아니라 부를 과시하는 사치품이기도 했다.

15세기까지 향신료 무역은 아랍 상인들이 통제하고 있었으나, 1498년 5월 포르투갈 탐험가 '바스쿠 다 가마'의 선단이 인도의 '말라바르 해안'에 도착하면서 유럽과 인도 사이의 직항로가 열리게 된다.

이후 포르투갈은 인도네시아, 인도, 남아프리카, 페르시아만 등에 광범위한 지역에 무역 거점을 세워 향신료 무역을 장악하게 되나, 17세기에 이르러서 인도네시아 지역은 네덜란드로, 인도는 영국으로 그 지배력이 넘어가게 된다.

영국은 동인도 회사를 통해 18세기부터 인도 무역을 본격적으로 장악하고 일부 지역의 징세권, 사법 및 행정권을 얻어내기도 했으며 나아가 인도를 병합하고 식민지로 만들어 직접 통치를 하기에 이르렀다.

영국에 전해진 인도 음식 '커리'

이러한 과정에서 영국과 인도 사이에 활발한 교류가 이루어졌고 향신료를 쓴 인도의 스튜 비슷한 음식들이 '커리'라는 총칭으로 영국에 전해지게 된다.

동인도 회사에서 일하다 은퇴하여 영국으로 돌아온 사람들은 오랜 기간 동안 먹어왔던 인도 음식을 그리워했고, 이들 중 재산이 넉넉한 사람들은 인도 현지에서 요리사를 고용해 데리고 오는 경우도 있었으나 그렇게 하지 못하는 영국인들이 더욱 많았기에 이들을 대상으로 한 인도 요리 전문점들이 생겨났고 또한 카레와 같은 상품들이 판매되었다.

한편, 영국에서는 인도에서처럼 다양한 향신료를 구할 수 없다는 점, 또 영국인들은 향신료를 조합하는 노하우가 부족하다는 문제가 있었고, 이 때문에 영국에서 큰 인기를 끈 것이 '커리 파우더', 즉 카레 가루였다.

인도에서는 향신료 가루 조합, 즉 '마살라'를 사용할 때 그날 사용할 것을 매일 아침마다 갈아서 준비해 두었고, 1747년 영국에서 '카레' 레시피를 담은 첫 요리책이 출판되었을 때도 향신료를 직접 불에 굽고 가루로 빻는 복잡한 방법이 담겨 있었다.

한편 지나치게 이국적인 맛과 향을 줄이고 영국인들의 입맛에 맞게 미리 배합해둔 '커리 파우더'는 적당히 가루를 음식에 넣어 주기만 하면 되는 극도의 간편성 때문에 영국에 빠르게 퍼지기 시작하는데, 1784년 커리 파우더를 판매하는 한 상점의 광고에서는

"커리 파우더는 소화를 촉진시키고 혈액 순환을 빠르게 하며 정신은 활력이 넘치도록 만들기에 어느 음식보다도 인구수를 증가시키는 데에 뛰어납니다."라며 상당히 매혹적인 문구를 넣기도 했다.

1861년 출판된 이사벨라 비튼Isabella Mary Beeton, 1836~1865의 요리책 〈Mrs Beeton's Book of Household Management〉에서는 '인도식 카레 파우더'를 다음과 같이 평하고 있다.

"일부 사람들은 여전히 집에서 수작업으로 만드는 것을 선호하지만 괜찮은 상점에서 구입한 것이 대체로 품질이 훨씬 뛰어나며 또한 모든 요소를 고려해보았을 때 훨씬 더 경제적이다."

19세기 중반이 되면 '커리 파우더'는 요리책 레시피 곳곳에 첨가되는 재료였으며 1820년부터 1840년까지 영국에서는 '커리 파우더'의 메인 재료인 '강황'의 수입량이 약 4톤에서 12톤으로 3배가량 급증하게 된다. 값이 저렴하고 영양가가 높은 음식으로 여겨진 '커리'는 먹고 남은 음식 재료를 활용하기에도 좋았기에 인도에 대한 찐한 향수를 지닌 사람들뿐만 아니라 영국 대중에게도 널리 퍼진 음식이 되었다.

이 영국의 '커리'가 일본에 전해져 '카레'로 변형된다. 일본은 1868년 메이지 유신 이후 서양 근대국가들을 모델로 개혁을 추진했으며 육식을 비롯한 많은 서양 음식들을 도입하였는데, 이 서양 요리 중 하나로 들여온 것이 '카레'였다.

일본에 들어온 카레는 '화양절충요리', 즉 서양요리와 일본요리의 적절한 조합을 통해 '카레라이스'라는 이름으로 일본 국민 음식으로서 자리 잡게 된다. 흥미로운 점은 카레라이스라는 음식이 일본인들에게 퍼지게 된 중요한 계기 중 하나가 '군대'였다는 것이다.

1873년 일본에 징병제가 실시되면서 메이지 정부는 부국강병책의 일환으로 병사들에게 충분한 식사를 제공했고, 병사들은 쌀밥을 실컷 먹을 수 있었다. 일본의 가난한 농촌에서는 밥을 충분히 먹을 수 없었고, 그마저도 잡곡, 보리 등을 섞어 먹었기 때문에 농어촌 청년들에겐 쌀밥을 실컷 먹을 수 있다는 것 자체가 큰 혜택이었다.

그러나 곧 큰 문제가 터졌는데, 바로 각기병이 대량 발생한 것이다. 각기병은 비타민 B1 결핍으로 생기는 질환으로, 다리를 쓰지 못하게 되고 심해지면 호흡곤란, 죽음으로까지 이어지는 무서운 병이었다.

비타민을 함유한 부분이 다 제거된 도정된 백미만 먹던 병사들이 각기병에 걸렸던 것이며, 바다를 항해하는 일본 해군의 경우 문제가 더욱 심각했다. 잡곡이나 고기, 채소 등의 반찬을 먹으면 간단히 해결되는 문제였지만 당시 일본 해군은 계급별로 식비를 책정하고 쌀만 준 뒤 나머지는 돈으로 줘서 부식을 직접 사 먹도록 했다.

가난했던 병사들은 돈을 아끼느라 최소한의 반찬만 가지고 쌀밥을 퍼먹었고 계속 각기병에 시달렸던 것인데 1878년 일본 해군 약 4,500명 중 1,500명 가량이 각기병 환자였으며, 1882년 항해 중에는 승무원의 절반 정도가 각기병에 걸릴 정도로 문제가 심각했다.

이런 상황에서 런던의 의과대학에서 유학 생활을 했던 일본 해군 군의관인 다카기 가네히로高木兼寬, 1849-1920란 인물이 각기병을 해결하고자 면밀히 조사를 시작했고, 그는 각기병이 서양인들에게는 거의 발생하지 않는다는 사실에 주목하여 병의 원인을 단백질 부족으로 판단, 단백질이 풍부한 서양 음식을 도입하기 시작했다.

사실 각기병의 원인은 단백질 부족이 아니라 비타민의 부족이었지만 당시엔 비타민의 존재를 몰랐고 또한 육류, 콩 등의 서양식에는 비타민 B군이 풍부했기 때문에 결과적으로는 각기병 문제가 해결되긴 했다.

하지만 병사들의 원성이 자자했는데, 귀한 쌀밥을 실컷 먹을 수 있다고 해서 왔더니 난데없이 빵이나 고기 같은 생소한 서양 음식을 먹게 했다는 것이다. 다카기 가네히로는 단백질이 풍부한 보리를 쌀과 섞은 밥을 해결책으로 내놓았지만, 병사들은 가난한 고향에서 먹던 잡곡밥이랑 뭐가 다르냐며 또 화를 냈다.

각기병 퇴치와 동시에 해군 병사들의 입맛을 만족시키기 위한 다양한 시도들 속에서 '카레'가 들어오게 되었으며, 병사들 입맛에 맞았는지 카레는 끝까지 살아남아 밥에 부어 먹는 '카레라이스' 형태로 군식단에 포함이 된다.

입대하여 처음으로 카레를 경험했던 일본 청년들, 그리고 이들이 제대하여 고향으로 돌아가 카레를 전파한 것이 일본에 카레가 퍼져 나간 중요한 요인이 되었다. 그리고 이 '카레'라는 말이 우리나라에 들어오게 되었다.

12

라면 : 전쟁 이후 배고픔을 달래기 위해 발명된 음식

세계를 바꾼 음식, '라면'

2014년 영국문화원British Council이 설립 80주년을 맞이하여 브라질, 중국, 이집트, 독일, 인도, 일본, 러시아, 남아프리카, 영국, 미국의 10개국에서 각 나라마다 1,000명을 대상으로 설문조사를 통해 발표한 '세계를 바꾼 80대 사건'에 포함된 유일한 음식이 '라멘'이었다.

지난 80년 동안 세상을 바꾼 80대 사건들에는 세계 인터넷 망인 월드와이드웹world wide web의 발명, 페니실린 대량 생산 방법의 발견, 세계인권선언 등 굵직한 사건들과 더불어 '인스턴트 누들의 발명'이 63번째 항목으로 들어가 있는데, 다음과 같이 설명하고 있다.

"1958년 타이완 출신 일본인인 '안도 모모후쿠'가 일본에서 인스턴트 면을 발명했다. 1958년 그의 회사 '닛신'을 통해 '치킨 라멘'이라는 브랜드로 출시되었으며, 2013년 인스턴트 면의 세계적인 수요량은 1050억 개에 달한다."

2007년 인스턴트 누들 '치킨 라멘'의 발명가 '안도 모모후쿠'의 별세 소식을 들은 뉴욕타임즈의 한 편집위원은 그의 생애와 업적을 조명하며,

"사람에게 물고기 잡는 법을 알려주면 평생 먹고 살 수 있다지만, 사람에게 인스턴트 라멘을 준다면 어느 것도 가르칠 필요가 없다."라는 평을 남길 정도로 라멘, 즉 라면이란 것은 세계인들의 식생활에 큰 변화를 준 음식이다.

일본 면 요리의 발전

우선 누들, 즉 면이라는 것을 살펴보면, 6세기 전반 중국 산둥성의 호족 '가사협'이 지은 〈제민요술〉이라는 농업전서에 국수류의 원형이 등장하며, 이후 송나라 시대960~1279에 이르러 다양한 조리법이 더해진 여러 가지 국수 음식들이 생겨나면서 지금과 같은 국수류 음식의 기본 체계가 완성되었다.

이러한 중국의 '면식 문화'가 불교 유학승들을 비롯한 다양한 경로를 거쳐 꾸준히 일본에 전해지며, 일본에서도 독자적인

'면식 문화'를 발달시켜 나갔고, 무로마치 시대1336~1573에 이르러 '소멘'이나 '우동'과 같은 이름이 정착되면서 국수 음식 문화가 본격적으로 자리 잡게 된다.

에도 시대1603~1868에는 '참근교대[1]'를 통해 일본 전역에서 몰려오는 다이묘[2]와 그의 수행원들을 비롯하여 수도인 '에도'가 중심 도시로 성장하며 몰려드는 수많은 사람들을 먹이기 위해 소바를 파는 가판대나 음식점들이 우후죽순 늘어나게 된다.

한편, 이때 일본인들이 전통적으로 먹던 '소바'나 '우동'과 같은 면류 음식은 지금의 '라멘'이라는 음식과는 많은 차이가 있었는데, 그중 하나가 고기 육수를 베이스로 한 국물이었다.

'육식'에서 멀어진 일본

일본은 '메이지 시대'에 이르러 '육식금지령'이 해제되기 전까지는 육류를 제대로 먹을 수 없는 나라였는데, 이는 일본의 제40대 천황 '덴무 천황'으로부터 시작되었다.

불교를 융성시키고자 했던 '덴무 천황'은 '살아 있는 것을 죽이지 않는다.'라는 '불살생不殺生'의 실천윤리에 따라 675년, 육식을 금하는 칙령을 발포했는데,

"어부와 사냥꾼들이 함정을 파거나 덫을 장치하는 것을 제

---

1) 각 번의 다이묘들이 정기적으로 에도에 오고 가도록 하는 제도. 막부가 다이묘들을 통제하기 위함이었다.
2) 다이묘 : 일본 각 지방의 영토를 다스리며 권력을 누렸던 영주

한해야 한다. 또 4월부터 9월까지는 소, 말, 개, 원숭이, 닭의 고기를 먹지 말 것이며, 이 규정을 위반한 자는 처벌할 것이다."라는 일본 최초의 '육식금지령'이었다.

참고로 덴무 천황이 내린 '육식금지령'에서 위에 기술된 다섯 동물 외의 고기를 먹는 것까지 금하는 것은 아니었으며, 또한 이후에도 짐승의 고기를 먹는 식문화가 완전히 사라진 것은 아니었지만, 이 '육식금지령' 이후 1,200년이라는 세월이 흐르며 일본의 음식은 육류와는 점점 멀어지게 되었고 어패류가 중심으로 자리 잡게 된다.

16세기 일본에서 활동했던 포르투갈 선교사 루이스 프로이스Luís Frói, 1532~1597는 다음과 같은 기록을 남겼다.

"우리가 치즈와 버터를 비롯한 유제품, 그리고 골수를 좋아하는 것과 달리 일본인들은 이 모든 음식들을 혐오하며, 악취가 난다고 여긴다."

아무튼, 이러한 일본의 육식을 혐오하는 식문화는 에도 시대까지도 계속 이어지지만, 이후 근대화를 이룩하는 '메이지 유신' 시기부터 점차 변화하기 시작한다.

근대화를 위해 고기를 먹기 시작한 일본

19세기 중반 대규모의 흉작과 기근이 발생하고, 반란이 일어나는 데다 막부의 재정난 등으로 일본 내부 상황이 혼란스러운 와중, 1840년 '아편전쟁'에서 가장 강한 나라로 여겨지던 중국이 영국이라는 나라에 패배했다는 외부 소식은 일본인들에게 커다란 충격을 주게 된다.

거기다 1853년 미국의 '메튜 페리' 제독이 거대한 흑선을 끌고와 위협적으로 개국을 요구하는 상황이 발생하고, 이후 서양 열강들과 맺은 굴욕적인 통상 조약으로 일본 내부의 경제적 혼란이 가속화되는 과정 속에서 많은 이들이 막부의 무기력한 대처에 분노를 느끼게 되었다.

이렇게 발생한 반 막부 세력들이 '천황'이라는 명분을 내세워 결집하였고, 1868년 4월 '조정의 적'인 막부군을 타도함으로써 260년간 지속되던 '에도 막부'가 막을 내리고 천황을 중심으로 하는 '메이지 시대'가 열리게 된다.

이후 메이지 정부의 근대화 정책이 시작되며, 서양의 문명과 사상이 유입되기 시작하는데, 소학교 설치를 통한 근대적 학교 교육의 보급과 더불어 철도가 만들어지고, 도쿄와 같은 대도시에서는 양복을 착용하거나 벽돌 건물이 세워지고 가스등이 도입되는 등 생활 양식에도 변화가 이루어졌다.

한편, 식생활에 있어서도 근대화를 추구하며, 메이지 정부와 지식인들은 서양인들과의 극심한 체형 차이를 극복하고자, 또한 일본인들의 체력을 향상시키기 위해서는 '육식'이 도입되어야 한다고 생각하여 육류 섭취를 장려하기 시작한다.

미국과 유럽 여러 나라에 사절단의 일원으로, 혹은 통역관으로 근무하며 서양의 여러 문물을 경험했던 후쿠자와 유키치福澤諭吉, 1835~1901는 육식을 찬미하는 대표적인 계몽운동가였는데, 그가 1870년 작성한 〈육식을 말한다肉食の說〉라는 글에서는

"하늘과 땅 사이에 사는 동물 중에는 고기를 먹는 동물과 먹지 않는 동물이 있는데, 이는 타고난 성향의 문제이며, 인간의 경우는 만물의 영장으로서 곡식, 풀, 나무 열매, 새의 고기, 물고기, 짐승 등 모든 종류의 음식을 먹는다. 이 역시 타고난 성향인데, 이를 거스르고 고기만 먹거나 채식만을 한다면 몸이 허약해지고, 질병에 걸려 죽게 된다."

"우리 일본은 예로부터 오곡을 주식으로 삼고 고기를 거의 먹지 않아 영양 불균형으로 인해 질병이 만연했고, 사람들을 허약하게 만들었다. 그럼에도 불구하고 우리 민족이 오랜 세기동안 지켜온 관습에 따라 육식이 더럽다고 맹목적으로 싫어하는 사람들이 많은데, 이는 인간의 타고난 성향에 대한 무지에서 나온 것이다."

라며 육식을 꺼리는 일본인들에 대해 강력한 어조로 비판하고 있다.

이어서 그는 어패류를 중심으로 한 식문화와 육류를 중심으로 한 식문화 사이에서 '불결함'의 차이는 전혀 없고, '익숙함'이라는 인간의 인식의 차이가 있을 뿐이라는 점을 지적하며, 고기와 우유를 마실 것을 강력히 주장하는데,

"이렇게 되었을 때에야 비로소 우리는 처음으로 일본인이라 불리는 것을 부끄러워하지 않을 것이다."라며 글을 마무리 짓는다.

1872년 1월에는 '메이지 천황'이 직접 육식을 시작함으로써

지난 '덴무 천황' 이래로 1,200여 년간 이어져 온 '육식금지령'을 해제하였고, 일본인들의 식문화는 육식과 점점 가까워지게 된다.

일본에 들어온 중국인들과 그들의 '시나 소바'

이 무렵, 일본인들의 면식 문화에 획기적인 변화를 가져오는 사건이 있었으니, 바로 중국인들의 유입이었다.

개항을 통해 요코하마, 고베, 나가사키, 하코다테 등의 항구 도시들이 형성되며, 유럽인들뿐 아니라 중국 상인들이나 노동자들도 유입되었는데, 특히 요코하마에서는 1874년 기준 이곳에 머무르던 약 2,411명의 외국인 중 중국인의 비율이 절반 이상을 차지했으며, 이후에도 수많은 중국인들이 일본으로 건너오게 된다.

특히 청일전쟁[3]의 패배에서 받은 큰 충격으로 인해 일본의 근대화 문물을 배우고자 하는 중국 유학생들이 일본으로 들어오는데, 1896년 청나라 정부가 파견한 13명의 유학생들을 시작으로 1938년 직전까지 일본을 찾아온 중국 유학생 수가 약 10만 명에 달할 정도였다.

한편, 중국인 유학생들이 일본에서 겪은 여러 가지 어려움 중 하나가 바로 음식이었는데, 1905년 한 유학생은 일본에서 먹었던 첫 끼에 대해 "일본 음식은 너무나 심플하다."라고 평했으며, 이후 "난 도저히 이 음식에 익숙해지지가 않는다."라는 불평을 일기에 남기기도 했다.

생소한 일본인들의 식습관에 적응하기가 어려웠던 중국인들 커뮤니티에서는 그들의 입맛에 맞는 국수 음식을 파는 식당들이 생겨났는데, 이 중국식 면 요리는 '난킹소바南京そば'혹은 '시나소바支那そば' 등으로 불리게 되었다.

한 예로 1892년 중국 푸젠성 푸저우시 출신 '천핑순陳平順'이 일본 나가사키로 건너와 이후 1899년 한 중화요리점을 차렸고, 당시 끼니를 거르던 중국인 유학생들을 위해 남은 요리 재료들과 고기를 넣어 저렴한 국수 요리를 만들어낸다. 이것이 나중에 '잔폰ちゃんぽん'이라 불리게 되는, '나가사키 짬뽕'이며, 이와 같이 닭고기나 돼지 뼈 등의 고기 육수를 베이스로 한 중국식 면 요리가 일본 지역 곳곳에서 생겨나게 된다.

중국의 노동자 혹은 유학생들이 주로 먹던 이 중화식 면 요

---

3) 청일전쟁 : 1894년 7월 25일 ~ 1895년 4월 17일 사이 조선과 중국 내에서 벌어진 청나라와 일본과의 전쟁

리는 고객층이 일본인들까지도 확장되었고, 이후 돼지고기 구이叉燒나 어묵, 죽순 절임 등 푸짐한 고명이 추가되며, 한 끼 식사로 든든한 진한 고기 국물을 지닌 면 요리로 발달하게 된다.

청일전쟁의 승리를 계기로 일본은 내부의 산업을 비약적으로 상승시켰고, 또한 조선과 중국으로의 시장 진출이 용이해지며 경제적 호황을 맞이하게 된다. 이후 제1차 세계 대전이 발발하며 유럽 열강이 아시아에 신경 쓸 여력이 없는 상황에 일본은 많은 아시아 식민지 시장에 진출하여 수출 붐을 일으켰고 전반적인 산업 생산을 촉진하였다.

이에 따라 일본의 도시 지역에 머무르는 임금 근로자의 수 역시 크게 늘어나는데, 고기 기름이 둥둥 떠있고 가격이 저렴한 데다 토핑도 가득한 '시나소바'는 일본의 전통적인 면 요리 '소바'나 '우동'과 달리 노동자들에게 큰 매력을 주는 국수 요리였고, 또한 도시를 찾아온 가난한 학생들의 배를 든든하게 불려주는 대중 음식으로 자리 잡게 된다.

전후 극심한 배고픔을 달래준 '시나 소바'

이후 중일전쟁이 발발하고, 이것이 장기전으로 이어지자 일본은 1938년 '국가총동원법'을 시행하여 인적, 물적 자원을 통제하여 전쟁의 전력에 들어가는 자원을 최대화하였고, 음식에 대해서는 엄격한 식량 배급제를 실시했으며 상업적인 음식 판매를 금지하기에 나선다.

이에 더하여 국가 전체의 음식 소비 자체를 줄이고자 격월로 8일, 28일에는 '고기 없는 날'을 홍보하였고, 맨밥 도시락 한가운데 매실장아찌우메보시 하나를 박아 넣은 일장기 생김새의 '히노마루 벤토'를 학생들에게 장려하기도 했다.

이러한 과정에서 '시나소바'를 비롯한 대중 음식들이 사라졌고, 태평양전쟁까지 이어지며 일본인들의 식량난은 극심해져 갔다.

1945년 8월 15일 쇼와 천황의 일본 항복 선언으로 태평양전쟁은 막을 내렸지만, 전쟁으로 시작된 식량 부족 현상은 수년 동안 일본에서 계속되었다.

일본의 식문화 연구가 오쿠무라 아야오奧村彪生는

"1944년부터 시골에서도 학교 운동장은 고구마밭으로 바뀌었는데, 우리는 잎부터 뿌리까지 고구마의 모든 부분을 먹어야 했다. 또한 단백질을 섭취하기 위해서 딱정벌레, 애벌레를 비롯한 다른 곤충들을 구워 먹거나 으깨어 먹었을 정도로 시골에서도 먹을 것이 부족했다."라며 당시 상황을 회고했고

전후 일본에서 발간된 여성잡지에서는 "도토리를 먹는 방법" 혹은 "메뚜기를 잡자"라는 제목의 기사들이 실려 있을 정도였다.

일본의 극심한 식량난은 1948년부터 미국이 일본 경제를 재건하기 위한 목적으로 대량으로 밀을 들여오며 완화되기 시작했는데, 이때 되살아난 것이 '시나소바[4]'노점상이었다.

전쟁 이전에 그러했던 것처럼 열량이 높은 '시나소바'는 '스태미너 음식'으로 빠르게 부활하기 시작했고, 일본 정부가 쌀을

---

4) 혹은 추카소바로도 불림

대신하여 밀 음식을 장려함과 동시에 상대적으로 개업하기가 쉬웠던 '시나소바' 포차의 숫자는 급격히 증가하여 '시나소바'는 저렴한 가격으로 서민들의 배를 불려주는 대중 음식으로 다시 돌아오게 된다.

이러한 상황에 '시나소바'에서 영감을 얻어 '인스턴트 라멘', 즉 '라면'을 개발해낸 인물이 있었으니 바로 '닛신 식품日淸食品'의 설립자 안도 모모후쿠安藤百福, 1910~2007였다.

안도 모모후쿠와 '인스턴트 라멘'의 탄생

1910년 일본 제국 치하의 대만에서 태어나 1932년부터 일본과 대만을 오가며 사업을 하던 '안도 모모후쿠'는 어느 추운 겨울밤 한 철도역 뒤편에서 열린 암시장을 걷고 있었다. 이때 그는 20~30미터의 긴 행렬을 이루고 무엇인가를 기다리는 사람들을 보았는데, 그들이 줄을 서 있는 곳은 김이 피어오르는 한 포장마차였다.

낡은 옷으로 몸을 감싼 채로 추위에 벌벌 떨던 사람들이 한 그릇의 국수를 받아들고 후루룩 먹었을 때 그들의 표정은 행복감으로 가득 찼고, 이러한 모습은 '안도 모모후쿠'에게 깊은 인상을 남기게 된다.

이 짠한 스토리에 더해 '인스턴트 라멘'의 개발 배경에 대해 다음과 같은 사건도 있었다. 1947년 어느 날 후생성[5]의 영양과장

---

5) 우리나라의 보건복지부와 같은 역할

이던 "아리모토 쿠니타로有本邦太郎, 1898~?"를 만난 '안도 모모후쿠'는 자신의 불만을 어필하는데, 당시 일본 정부가 대량으로 들여오는 미국산 밀로 만들어낸다는 것이 고작 빵이라는 점이었다.

'안도 모모후쿠'는 다음과 같이 물었다.

"빵이 나쁘다는 것은 아니지만, 일본인의 전통적인 식생활과는 맞지 않는다. 나는 음식이 문화, 예술, 문명의 기반이 된다고 믿는 사람이었는데, 식습관을 바꾸는 것은 사실상 전통 문화 유산을 버리는 것이며, 빵에 적응한다는 것은 서양문화에 물드는 것과 같다."

"우리 동양에는 면이라는 전통적인 식문화가 있는데, 왜 면을 장려하지 않는가?"

이에 후생성 영양과장은 "그러면 당신이 직접 해결해보든가"라고 대꾸했다.

그리고 '안도 모모후쿠'는 약 10여 년간의 연구 끝에, 1958년 '치킨라멘'이란 상품을 내놓음으로써 진짜 자신이 직접 해결해버리는데, 이 '치킨라멘'이라는 것은 밀가루 면을 튀겨 완전 건조한 상태로 만들어 보존성을 높였고, 면의 겉에는 스프가 뿌려져 있어 뜨거운 물만 부으면 간편하게 완성시킬 수 있는 음식이었다.

'안도 모모후쿠'는 한 백화점에서 자신의 라멘 상품을 시식 판매했는데, 2분 만에 완성되는 요리라는 말에 사람들은 의심을 품었고, 그가 직접 그릇에 '치킨라멘'을 넣고 뜨거운 물을 부어 딱 2분 뒤 맛보게 하도록 하자 손님들은 감탄해 하며 그 자리에서 '치킨라멘' 500개를 모두 사갔다고 한다.

이때 '안도 모모후쿠'가 자신의 인스턴트 면에 하필 '라멘'이라 이름을 붙였는지, 나아가 '라멘'이란 단어는 어디서 온 것인지에 대한 정설은 아직 없다.

한 이야기에 따르면 홋카이도 삿포로시에 위치한 '다케야 식당竹家食堂'이란 곳은 식당 주인은 일본인이었으나, 몇몇 종류의 중화 요리를 판매하여 근처 '홋카이도 대학'의 많은 중국 유학생들이 이곳을 찾아오고 있었다.

1922년 무렵 '왕원차이王文彩'라는 산둥山東 출신의 중국인 요리사가 이 식당에 채용되면서 '다케야 식당'은 본격적으로 중화 요리 음식점으로 변모하였고, 수많은 고기 국수 요리, 즉 '시나소바'를 만들어 팔기 시작했다.

이때 요리사 '왕원차이'는 주문받은 국수 요리를 내놓으며 '하오러好了, 준비됐다!'라고 외쳤는데, 산둥성 출신인 그의 발음은 '러'라기 보다는 '라'처럼 들렸고, 요리의 이름을 외치는 줄 알았던 일본인 식당 주인은 뒤에 '면'자를 붙여 해당 국수 요리를 '라멘ヲ麵'이라 부르기 시작했다는 이야기가 전해진다.

중국 서북부 란저우蘭州의 '손으로 잡아당겨 늘여서 가늘고 긴 면으로 만드는 수타면' 음식인 '납면拉麵'에서 '라멘'이라는 단어가 유래했다는 설도 있으며, 일본의 저널리스트였던 하나모리 야스지花森 安治, 1911~1978가 1954년 당시 인기 있던 잡지 '주간아사히'에 〈삿포로 : 라멘의 마을〉이라는 기사에 "삿포로의 명물은 연어도, 다시마도 아닌 라멘이란 것이다."라는 내용을 실어 '라멘'이란 단어를 일본 전역에 퍼뜨렸다는 주장도 있다.

다소 복잡한 내용이지만 '안도 모모후쿠'의 '치킨라멘'이란 상품이 커다란 인기를 얻으며 '라멘'이란 단어가 일본 전역에 확산되었고, '시나소바', '추카소바'라 불리던 면 요리가 '라멘'이라 불리기 시작했다는 사실만 알고 넘어가시면 되겠다.

'치킨 라멘'의 성공에 따라 여러 회사들이 유사한 제품을 내놓기 시작하는데, 오쿠이 기요스미奧井淸澄, 1922~1973'란 인물이 이끄는 '묘조식품'이란 회사도 있었다.

1962년 '묘조식품'에서는 "스프 첨부 묘조라멘'이란 상품을 출시하는데, 이는 면에 이미 스프 간을 해두어 물만 부어서 완성시키는 기존의 '인스턴트 라멘'들과 달리 분말 스프를 따로 만들어 면과 함께 포장한 상품이었다.

지금 우리가 먹는 라면이 '스프 첨부'의 방식을 채택하고 있는데, 이는 우리나라 최초의 라면, '삼양라면'이 '묘조식품'의 도움으로 탄생한 것이기 때문이다.

한국 '라면'의 탄생

'삼양식품'의 창업주 전중윤1919~2014은 제일생명의 사장이었던 1961년 어느 날, 본사 근처의 남대문시장을 방문했을 때 커다란 솥을 걸고 무언가를 끓이는 가게 앞에 사람들이 줄지어 서 있는 것을 보았는데, 그 줄이 약 100미터에 달했다고 한다. 흥미가 생긴 그는 줄을 서서 기다린 뒤 음식을 받아들었는데, 이는 미군

이 먹다 남긴 잔반이나 음식물 쓰레기들을 모아 끓인 '꿀꿀이죽'
이라 불리는 것이었다.

한 숟가락을 입에 넣어보니 깨진 단추 조각이 씹혔고, 죽을
휘저으니 담배꽁초가 나왔는데, 이런 음식이라도 먹으려고 수백
명의 사람들이 줄을 서있는 상황에 큰 충격을 받은 그는 이전에
보험 일로 일본에 방문했을 때 맛본 '인스턴트 라멘'이란 것을 들
여올 계획을 세운다.

외화 5만 달러를 어렵게 확보한 전중윤은 1963년 1월 일본
으로 건너간 뒤 인스턴트 라멘 생산에 필요한 노하우와 기술을
전수해줄 파트너를 구하고자 여러 회사들을 찾아갔지만, 반응은
냉담했고, 무엇보다 라멘 생산 라인 하나를 갖추기 위한 기계 값
은 6만 달러에 달했다.

우연한 계기로 한 제면기 제조업자를 통해 '묘조식품'의 '오
쿠이 기요스미' 사장을 만나게 된 그는 한국의 어려운 식량 사정
을 이야기하며 라멘 제조 기술에 대한 도움을 요청했다.

그 다음날 '오쿠이 기요스미'는 라멘 생산 라인 두 개를 2만
7,000달러에 즉시 발주해주었고, 또한 비서실장을 시켜 귀국하는
전중윤에게 봉투를 하나 건네주었는데, 비행기 안에서 열어본 봉
투 속에는 일본 라멘 회사들이 극비에 부치던 면과 스프의 배합
비율이 적혀 있었다고 한다.

이후에도 '오쿠이 기요스미'는 한국으로 기술자를 보내 설비
와 라멘 제조 기술에 대한 도움을 주었고, 1963년 9월 15일 우리
나라 최초의 라면 '삼양라면'이 탄생하게 되었다.

13
스시 : 푹 삭혀 먹던 시큼한 발효 음식

'발효'에서 시작된 음식

1802년 일본에서 편찬된 한 요리책에서는 스시의 기원에 대한 재미있는 이야기를 전하고 있다.

> "물수리라는 새는 한겨울에 먹을 것이 부족해지면 다양한 물고기들을 잡아와서 물가나 모래 속에, 혹은 바위 사이에 저장한다. 이때 물수리는 다른 새들이 먹지 못하도록 자신이 잡아온 물고기들 위에 오줌을 싸버리는데, 이렇게 오줌에 젖은 물고기는 바닷물과 비 등의 환경적 요소로 인해 발효가 된다. 인간이 만든 것이 아닌 이 음식은 '물수리 스시'라고 칭해지며, 특정 지역의 명산품으로 여겨진다."

이 이야기의 정확한 진실 여부는 알 길이 없으며, 인간의 존엄성 측면에서 사실이 아니길 바랄 뿐이지만, 아무튼 여기서 집중해서 봐야 할 내용은 '스시'와 '발효'의 관계이다.

일본의 스시, 우리가 '초밥'이라 불리는 음식은 '발효를 통한 저장식 생선'에서 시작하여 현재 '식초를 뿌린 밥 위에 신선한 생선 조각을 올린 음식'으로 발전해왔다.

동남아시아의 생선 보관법으로 출발한 '스시'

일본의 저명한 음식학자들의 연구를 통해 지금의 스시는 동남아시아에서 기원하여 중국을 거친 뒤 일본으로 들어와 발전했다는 사실이 알려져 있다.

논농사를 짓는 동남아시아 지역에서 논에서 키우던, 혹은 강에서 잡은 민물고기를 쌀을 이용해 발효시켜 보존시키던 식문화에서 시작하여, 이후 이것이 중국으로 전해져 鮨 어장 지, 鮓 생선젓 자 등의 문자로 기록되는데, 지금도 일본에서 '스시'를 뜻할 때 이 두 글자를 사용하고 있다.

중국의 고대 문헌에는 '鮨 어장 지'를 '생선을 소금과 함께 발효시킨 음식'이라 기록했으며, '鮓 생선젓자'를 '생선을 소금과 쌀과 함께 발효시킨 음식'이라 기록하여 둘을 구분했으나, 3세기 무렵 이 두 글자는 혼용되어 모두 '밥에 절인 생선'을 의미로 사용된다.

6세기 편찬된 종합 농서 '제민요술'에는 초기 스시鮓를 만드는 조리법이 자세히 기록되어 있다.

① 우선 신선한 잉어를 준비하는데 이때 잉어는 크면 클수록 좋다. 잉어의 비늘을 제거한 뒤 생선살을 길이 약 12cm, 너비 2.5cm, 두께 1cm 정도의 크기로 손질한 뒤 물에 담가 피를 제거한다.

② 피를 제거한 잉어 조각들을 꺼내 흰 소금과 섞은 뒤 바구니로 옮겨 수분이 빠지도록 한다. 이때 생선의 물기가 충분히 제거되지 않으면 금방 상해버릴 수 있기에 밤새도록 수분을 빼는 것이 안전하다. 수분이 다 빠지면 한 조각을 구워서 생선이 충분히 짠지 맛을 본다.(만일 짠맛이 부족하면 이후 첨가될 밥에 소금을 더하면 된다.)

③ 밥을 지어 준비해두는데, 이때 밥이 너무 부드러우면 상할 염려가 있다. 잘 준비된 밥을 각종 열매 씨앗과 과일 껍질, 그리고 소량의 술을 넣어 섞는데, 이는 음식의 향을 높이고 발효를 촉진시키기 위함이다.

④ 항아리에 생선 조각을 쌓는데, 한 줄은 생선 조각, 그 옆 줄은 밥, 다시 그 옆줄은 생선 조각을 놓는 방식으로 항아리를 채울 때까지 쌓는다. 이렇게 항아리가 채워지면 대나무를 이용해 뚜껑을 덮는다.

⑤ 이렇게 완성된 항아리를 집 안에 두면 되는데, 이때 햇빛에 노출시키거나 난로 근처에 두면 망할 것이며, 또한 겨울이라면 짚으로 꽁꽁 싸매서 얼지 않도록 해야 한다.

⑥ 이후 연한 액체가 올라오고, 시큼한 맛이 나면 '鮓'가 완성된 것이며, 이렇게 완성된 생선 조각을 꺼내 손으로 죽죽 찢어서 준비하면 된다.

즉, 초기 스시란 것은 '생선'과 '쌀밥'을 이용해 '발효'를 시켜 '시큼한 맛'이 나도록 만든 보존식 개념의 음식이었다.

일본에 들어온 '고대 스시'의 모습

하얀 쌀밥 덩어리 위에 날생선을 올려 먹는 지금의 스시를 생각한다면 '발효'라는 것이 참 와닿지 않는 개념이지만 현대의 일본에서도 이러한 초기 스시의 모습이 남아있는 음식이 있는데, 일본에서 가장 큰 호수인 '비와호'가 위치한 시가현에서 만들어지는 '후나즈시'란 음식이다. 참고로 '후나'는 '붕어'를 뜻한다.

'비와호'와 그 지류에 서식하는 '니고로부나Carassius auratus grandoculis'라는 손바닥만 한 크기의 붕어를 재료로 하여 만드는 음식인 '후나즈시'의 조리법은 다음과 같다.

① 어란을 제외한 내장을 모두 제거한 붕어를 소금에 절여 생선의 수분이 빠져나가도록 몇 달 동안 양동이에 담아둔다.(소금에 재우는 기간은 계절별로 조금씩 다르다.)

② 이후 절여진 생선을 꺼내 소금을 제거하고 비늘을 제거한 뒤 물에 잘 씻고 몇 시간 동안 생선을 말린다.

③ 이렇게 말린 생선을 쌀밥과 함께 통에 넣어 밀봉한 뒤 또 몇 달을 기다리면 완성된다.

'후나즈시'를 제조하는 방법은 사용하는 소금의 양이나 쌀의 종류, 숙성 기간 등에 따라 다양한 변형이 존재하며, 짧게는 몇 달, 길게는 5년까지 숙성시키는 방법도 사용된다고 한다.

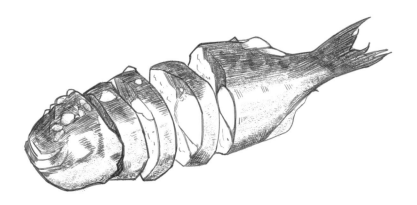

그리고 이 과정에서 사용된 '쌀밥'은 그 목적이 생선을 발효시키는 데에 있기 때문에 역할을 끝낸 짓물러진 쌀밥은 걷어내고 생선살만 먹는 것이 일반적이라고 한다.

　　동남아시아와 중국을 거쳐 일본에 들어온 초기 스시, 그러니까 '鮨어장지'와 '鮓생선젓자'라는 음식은 718년 제정된 '요로율령'이란 법령 조세부문에 처음으로 나타난다. '요로율령'에는 '전복 스시', '홍합 스시', 또는 '여러 가지 스시' 등이 기록되어 있으며, 조세부문에 있는 만큼 '스시'는 조정에 공물로 바치는 중요한 물건이었음을 알 수 있다.

　　또한 737년 '도다이지 사원'의 문건에는 건설 노동자와 나무꾼에게 '스시'를 임금으로 제공했다는 기록도 남아 있으며, '헤이안 시대'의 법령 시행세칙을 모은 10세기 법전 '엔기시키延喜式'에는

　　"해안지역에서는 전복, 멍게 등의 조개류를 만드는 스시를 보내왔고, 내륙이나 강과 가까운 지역에서는 은어와 붕어 같은 민물고기 스시를 보내왔으며, 산간지방에서는 멧돼지와 사슴고기로 만든 스시를 보내왔다."라며 다양한 종류의 '스시'와 이를 생산하는 지방을 기록해 두었다.

이러한 초기 스시의 맛과 생김새를 어느 정도 짐작해볼 수 있는 재미있는 이야기가 '헤이안 시대794~1185'의 설화 모음집 '곤자쿠 모노가타리슈'에 다음과 같이 기록되어 있다.

"한 남성이 친구 집 근처에 도착하여 말에서 내렸는데, 건너편 길가에 웬 술 취한 여성 행상인이 통을 끼고 곯아떨어져 있는 것을 보았다. 친구와의 볼일을 마치고 집으로 돌아가려 밖으로 나왔을 때 아까 곯아떨어져 있던 여성 행상인이 자신이 갖고 있는 통에 토를 하고 있었고, 그 통 속에는 '은어 스시'가 들어 있는 것을 보았다. 이내 여성은 자신의 토사물과 속에 들어 있던 '은어 스시'를 손으로 휘저었고 이 모습에 놀란 남성은 서둘러 자리를 떴다."

이어서 "은어 스시는 그 모습이 토사물과 매우 흡사하기 때문에 이를 모르는 무지한 사람들은 그 여성 행상인이 파는 음식을 먹었을 것이며, 이를 목격했던 남성은 이후로 은어 초밥을 절대 먹지 않았다."라는 나레이션이 나타난다.

다소 아름답지 않은 이야기이지만, 토사물을 섞어도 알아채지 못할 정도로 당시 발효시켜 만든 '스시'란 음식은 찐득한 생김새와 코를 찌르는 냄새, 그리고 시큼한 맛을 지녔으리란 것을 짐작할 수 있다.

'밥 요리'로 변모하게 된 중세 일본의 스시

이후 중세 시대를 거치며 일본의 '스시'는 획기적인 변화를 거치는데, 생선과 더불어 밥을 함께 먹게 된 것이다. 즉, 발효 기간을 줄여 밥이 완전히 짓물러지지 않도록 함으로써 '스시'를 만들기 위해 사용했던 쌀밥을 함께 먹을 수 있도록 변한 것인데, '나마나레'라 불리던 이 '신선한 숙성 스시'는 몇 달에서 몇 년까지 걸리던 스시 제조 방식과는 달리 보통 몇 주 내로 숙성 기간을 단축시킨 것이었다.

1730년의 한 일본 요리책에는 "생선을 뼈를 제거한 뒤 사케에 담궈 하루를 푹 재우고, 이 생선을 꺼내 뱃속에 염장된 밥을 채워 넣고 대나무 잎으로 감싸서 양동이에 담아두면, 봄이면 3~4일, 여름에는 2일이면 완성된다."라는 '나마나레' 스시의 제조법이 나타나며, 심지어 하룻밤 만에 스시를 완성 시키는 레시피도 찾아볼 수 있다.

이렇게 '스시'란 음식에서 쌀밥은 발효를 끝마치고 걷어내서 버리는 기존의 방식과 달리 짧은 발효 뒤에 먹을 수 있는 것으로 개념이 바뀌었으며, 즉 스시가 밥 요리의 하나로 자리 잡게 된 커다란 변화였다.

누가, 왜 이런 변화를 가져왔는지는 알 수 없지만, 쌀이 풍부하지 않았던 시절 스시를 만든 뒤 버려지는 쌀밥을 보고 아까워하던 많은 사람들이 있었을 것이고, 짓물러진 쌀밥을 억지로 먹거나 아니면 이를 최대한 맛있게 먹는 방법을 찾기 위한 여러 시도들이 있었을 것임을 유추해볼 수 있다.

1603년 '도쿠가와 이에야스'에 의해 수립된 에도 막부 시대
가 열리며 막부가 위치했던 에도도쿄는 1700년 무렵이 되면 인구
가 100만에 달하는 거대한 중심 도시로 성장하게 된다.

920 평방 킬로미터에 달하는 거대한 만도쿄 만이 자리 잡고 있
던 에도는 신선한 생선들이 풍부히 공급되는 도시였으며, 냉장
시설이 없던 시절에도 생선을 날 것으로 먹을 수 있을 정도였는
데, 1736년의 기록에는

"에도는 현지에서 잡히는 생선으로 유명한 도시인데, 특히 이
곳에서 잡히는 전갱이는 최상품으로 불리며, 그 외 도미, 가자미
등을 비롯하여 에도 앞바다에서 잡히는 모든 생선들이 질이 아주
좋다."라며 찬사할 정도로 수산 자원의 품질까지 뛰어난 곳이었다.

또한 에도에서는 외식 문화가 빠르게 발전하기 시작한다. 막
부의 권력을 유지하고자 전국 각지의 영주들을 일정기간 동안 강
제로 에도에 머물도록 하는 '참근교대제'로 인해 다이묘의 가신
들과 수많은 휘하 병력들이 함께 에도에 들어왔으며, 도시가 점
점 커져가고 또한 목조 건축물이 빽빽이 들어서 있던 에도에 화
재가 반복적으로 발생함에 따라 건설 작업에 대한 수요는 늘 높
았고, 이에 전국의 수많은 직공들이 몰려드는 등 에도의 인구 밀
도는 빠르게 높아지기 시작한다.

한편, 에도에 몰려든 대부분의 사무라이나 직공들은 가족들
을 집에 남겨두고 홀로 지냈기 때문에 에도는 홀로 지내는 남성
의 비율이 높았으며, 1710년대부터 1740년대까지 에도에서 '사

무라이를 제외한 인구'를 조사한 통계에서도 남성 100명당 여성이 57~59명에 불과할 정도로 남성이 많은 곳이었다.

이렇게 홀로 사는 사무라이들, 혹은 최소한의 요리밖에 할 수 없는 매우 비좁은 공간에 살았던 노동자들과 직공들은 스스로 밥을 해먹기보다는 외부에서 음식을 사 먹거나 길거리에서 간단히 끼니를 때웠고, 또한 노동자들이나 장인들은 늘 일거리가 있었기에 돈을 저축하려는 의지가 크지 않았으며 오히려 '전날 밤의 돈이 남아 있는 것이 부끄러운 일'이라는 사치스러운 기풍이 만연해 있기도 했다.

자연스럽게 엄청난 액수의 돈이 외식에 사용되었고, 수많은 식당이 번성했으며, 또한 저렴한 '소바'나 '덴뿌라튀김'를 판매하는 '야타이'라 불리는 포장마차들도 생겨났는데, 1770년대 무렵이 되면 에도의 거리에는 수많은 길거리 식당들이 즐비하였고, '스시'도 이렇게 판매되는 음식 중 하나였다.

'손으로 쥐어 만드는 스시'의 탄생

1802년 발행된 일본의 한 요리책에는 "스시는 생선 장수들과 스시 가게 주인들 덕택에 많이 알려진 음식"이라며, 또한 33가지의 스시 조리법을 기록함에 대해

"스시는 상업적인 음식이며, 굳이 이 책에 다양한 스시 조리법들을 적어두는 이유는 독자들이 스시를 구입할 때 그 종류를 구별할 수 있게 하기 위함이다."라며 스시라는 음식이 집에서 직

접 만들기보다는 바깥에서 사 먹는 음식임을 강조하였다.

이러한 에도에서 지금과 같은 스시, 그러니까 손으로 쥐어 만드는 현대적인 모습의 스시를 개발해낸 것으로 알려진 인물이 있으니 바로 '하나야 요헤이花屋 與兵衛, 1799~1858'라는 스시 가게 주인이었다.

그의 증손자의 기록에 따르면 '하나야 요헤이'는 20세 무렵부터 스시 장사에 뛰어들어 이후 자신의 가게를 차리고 계속해서 스시를 만들어 팔고 있었다. 그는 오사카의 전통적인 방식으로 스시를 만들었는데, 식초를 절인 밥을 상자에 담아 밥 위에 생선 조각을 올리고 그 위에 무거운 뚜껑으로 3~4시간 눌러 두어야 완성되는 방식이었다.

이렇게 만든 스시는 최대 3일까지 상하지 않고 보관할 수 있다는 장점이 있었지만, 손님들의 요구에 맞춰 빠르게 스시를 만들어 내기에는 시간이 너무 오래 걸리는 방식이었으며, 또한 '하나야 요헤이'는 이렇게 3~4시간을 누르면서 다 빠져나가는 생선의 기름 때문에 스시의 맛이 떨어진다고 여겼다.

그는 전통적인 방식을 버리고 상자를 사용하지 않은 채 쌀밥 덩어리 위에 생선 재료를 올린 뒤 손으로 쥐어 스시를 만들어 팔았고, 이는 엄청나게 인기를 얻었으며, 이후 에도를 대표하는 스시로 자리 잡게 된다.

식초를 뿌린 쌀밥에 생선 조각을 손으로 쥐어 만드는 '요헤이'의 스시는 영락없는 현대적인 스시의 모습이었지만 다만, 그 크기가 오늘날 스시의 약 3배에 달했으며 4개의 스시가 1인분일 정도로 거대한 음식이었다.

서민들로부터 점차 멀어지는 '스시'

노점에서 좋아하는 생선을 골라 간단한 식사로 먹던 값싼 음식이었던 스시는 일부 전문점들이 고급화를 추진하여 점차 비싼 음식으로 변하기 시작한다.

일부 스시 도시락은 현재 기준 100만 원이 넘는 가격에 달할 정도였고, 어떤 가게들은 상류층을 끌어들이기 위해 은화를 숨겨 둔 스시 샘플 도시락을 그들의 집에 배달하기도 했으며, 또한 1830년대 '덴포 개혁'으로 사치 금지령이 내려진 이후 값비싼 스시를 판매하여 잡혀온 스시 가게 주인들이 200명이 넘었다고 한다.

이러한 단속에도 불구하고 스시 고급화 현상은 지속되었고 또한 1939년 정부가 위생상의 문제와 교통법 등을 이유로 노점상들을 금지시키면서 스시는 점차 일반 서민들로부터 멀어지게 되었다.

초밥 10개가 1인분이 된 이유

이후 1941년 태평양 전쟁을 겪으며 쌀 배급제를 비롯하여 식료품에 대한 통제, 그리고 이런 식료품들의 암거래에 대한 감시가 시행되며, 일본에서는 스시를 떠나 먹을 것 자체가 귀해졌고, 패전 후 일본에서는 이러한 식량난이 더욱 극심해지게 된다.

식량난을 타개하고자 1947년 일본 정부에서 '음식 영업 긴급 조치령'을 시행했는데, 이는 외식권을 취급하는 식당과 여관, 다방 이외의 음식점 영업을 제한하는 내용이었는데, 사실상 요식업 자체를 금지함으로써 식량을 절약하기 위한 목적이었다.

스시 요리사들은 난리가 났고 생계가 막막해지던 와중 이때 '도쿄 스시 조합'에서 내놓은 아이디어가 '위탁 가공'이란 것이었다.

손님이 쌀을 가져오면 밥을 지어 그 위에 생선을 얹어 주고 대신 수수료를 받는다는 것이었는데, 즉, 자신들이 하는 작업은 음식을 만들어 팔아 국가의 부족한 쌀을 낭비시키는 요식업이 아닌, 직접 쌀을 가져온 손님에게 부탁을 받아 이렇게 저렇게 가공해서 쌀을 그대로 다시 돌려주는 '위탁 가공업'이라 주장했던 것이다.

왠지 이 꼼수 같은 주장은 먹혀들어갔고, 도쿄의 스시 가게들은 '스시 지참미 가공 지정점'이라 쓰인 간판을 내걸고 영업을 이어갈 수 있었다.

단, 이러한 '스시 가공업'을 허가하는 대신 제한 조건이 있었는데, '1인당 쌀 한 홉으로 스시 10개까지만 가공해줄 수 있다.'라는 것이었다. 쌀 한 홉은 150g에 해당되고 이를 10개의 초밥으로 만들면 지금과 비슷한 크기의 초밥이 만들어졌다.

이렇게 한입 크기의 작은 스시가 탄생하게 되었으며, 이러한 스시 10개가 지금 우리가 먹는 스시 1인분의 기준이 되었다.

또한 1950년대 1인당 약 50,000원이 넘는 비싼 스시 가격과 더불어, 스시 업계의 일손 부족 문제를 겪고 있던 '시라이시 요시아키白石義明, 1913~2001'란 인물이 이 두 심각한 문제에 대해서 고민하던 중 맥주공장을 방문하여 '자동 컨베이어 시스템'을 목격한 것을 계기로 1958년 최초의 회전초밥집을 열게 되었다. 간소화된 제조 과정을 통해 값싼 스시를 제공하는 것이 가능해짐에 따라 그의 '회전초밥'은 엄청난 성공을 거두게 되고, 스시는 다시금 일반 서민들도 부담 없이 먹을 수 있는 음식으로 자리 잡게 되었다.

14
뱀장어 : 인류가 먹어온 가장 미스터리한 생물

과학이 풀지 못한 뱀장어의 미스터리

1879년 독일의 해양 생물학자 '레오폴트 자코비Leopold Jacoby' 는 다음과 같이 말했다.

"이 상황에 대해 잘 모르는 사람들에게는 놀라운 일로 보일 것이며, 한편 과학계에 종사하는 사람들에게는 다소 굴욕적으로 느껴질 것이다. 지금의 훌륭한 과학 기술의 도움에도 불구하고 식탁에 일상적으로 오르는, 또한 시장에 가면 언제든지 살 수 있는 이 물고기에 대해 우리는 그것의 번식, 탄생, 죽음에 관한 그 어떠한 것도 알아내지 못했다. 뱀장어에 대한 의문은 자연과학이 존재한 이래 계속 이어져 오고 있다."

뱀장어, 그러니까 민물장어는 굉장히 미스터리한 생태를 지닌 물고기인데, 바다에서 태어나는 민물장어는 새끼 때 열심히 헤엄쳐 강어귀나 그 상류로 이동하여 5년에서 20년 정도의 세월을 보낸 뒤 때가 되면 다시 바다로 나아가 알을 낳고 죽는 특이한 생물이다.

강에서 태어나 바다로 나아가서 자란 뒤 다시 강을 거슬러 올라 돌아오는 연어와는 정반대의 생태를 지닌 어류가 뱀장어인데, 한편 뱀장어의 신비함은 동식물에 대한 자연사가 연구되기 시작한 이래로 무수한 학자들을 매혹시켰으며, 또한 그 생태에 대해 아직까지도 비밀에 싸인 것이 많은 물고기이다.

고대 문명에서 식용된 뱀장어

뱀장어는 오래전부터 인류가 먹어 온 음식인데, 프랑스 지역의 구석기 시대 동굴 벽화에는 뱀장어의 형상이 그려져 있으며, 또한 발트해 연안에서는 석기 시대 인류가 상당한 양의 뱀장어를 먹어왔음을 추정할 수 있는 많은 양의 뱀장어 뼈가 발견되기도 했다.

기원전 5세기 고대 그리스의 위대한 역사가 '헤로도토스'는 "이집트에서는 뱀장어가 작은 신으로 여겨지며 뱀장어를 숭배하는 문화가 있다"라고 기록했으며, 기원전 4세기의 한 그리스 시인은 "죽음을 두려워하라. 죽고 나면 당신은 더이상 뱀장어를 먹지 못하게 될 것이니"라며 뱀장어에 대한 엄청난 찬사를 보내기도 했다.

같은 시기 아테네의 또 다른 희극 작가는

"이집트에서는 뱀장어를 신으로 여긴다고 하는데, 신에게 닿기 위해서는 기도만으로 충분하지만, 여기 아테네에서는 뱀장어의 냄새라도 코에 닿게 하려면 최소 12 드라크마를 지불해야 하니 신보다 훨씬 귀한, 참으로 거룩한 짐승이다."라며, 상당히 값이 비싼 음식이었던 그리스의 민물장어에 대해 기록해 두었다. 고대 로마에서는 '율리우스 카이사르'의 승전을 위한 연회에서 6,000마리의 뱀장어가 재료로 사용되었다는 내용도 전해지며, 이렇게 뱀장어는 고대 서양 세계에서도 사랑받는 음식이었다.

한편, 뱀장어를 잡는 고대의 특이한 방법이 2세기 그리스 박물학자 '오피아누스'에 의해 다음과 같이 기록되어 있다.

"일단 뱀장어를 잡기 위해서 어부는 갓 도축한 양의 내장을 구해와야 한다. 그리고 이 내장 안에 속이 빈 갈대를 넣고 물속에 담가 둔다. 양의 내장을 잡아당기는 신호가 오면 뱀장어가 이를 물었다는 것인데, 이때 어부는 재빠르게 움직여 갈대 끝을 입에 물고 가능한 세게 숨을 불어넣는다. 이렇게 불어넣은 공기가 갈대를 타고 내려가 뱀장어의 입과 호흡기관으로 들어가게 되고, 이내 숨을 쉬지 못하게 된다."

같은 시기 로마의 작가 '클라우디우스 아에리아누스'는 자신의 저서에서 이 장어 낚시법에 대해서

"이렇게 숨을 불어넣는 동안 뱀장어의 이빨이 창자에 고정되어 있기 때문에 뱀장어는 이를 내뱉지도 못하고, 결국 질식하여 물 위로 끌어올려 진다. 이 낚시법은 일상적으로 흔히 사용되

는 방식이며, 많은 어부들이 이렇게 장어를 잡곤 한다."라며 이 방법을 통해 엄청난 마리 수의 뱀장어들이 잡힌다고 기록해 두었다.

땅 위에서 잡던 뱀장어

이런 괴상한 뱀장어 낚시 방법과 더불어 중세 시대로 접어들면 이제는 강이나 개울도 필요 없고 아예 땅 위에서 걸어 다니는 뱀장어를 잡는 해괴한 기록들이 등장하게 된다.

13세기 독일의 위대한 신학자이자 철학자이자 자연과학자였던 '알베르투스 마그누스Albertus Magnus, 1200~1280'는 "뱀장어는 밤에 연못에서 나와 완두콩이나 렌틸콩 같은 다양한 콩을 먹기 위해 돌아다닌다."라고 했으며 1686년 영국 옥스퍼드 대학교의 '로버트 플롯Robert Plot, 1640~1696' 교수가 편찬한 '스탠퍼드셔의 자연사 The Natural History of Staffordshire'에는 다음과 같은 기록이 나타난다.

"비늘이나 껍데기를 지니고 있는 다른 모든 물고기들과 달리, 매끈한 몸을 지니고 있는 뱀장어는 아주 놀라운 생물이다. 뱀장어는 5월과 6월 풀잎에 떨어지는 독특한 이슬로부터 탄생하며, 이렇게 탄생한 뱀장어는 물가에서 따뜻한 햇빛을 몇 시간 동안 받게 되면 어린 장어로 변태한다."

"뱀장어는 밤이 되면 땅 위를 걸어 다니는 물고기란 것이 거의 확실한데, 한 목격자에 의하면 뱀장어는 마치 뱀처럼 목초지 위를 기어 다니며, 특히 4월과 5월에는 이 시기에 풍부한 달팽이들을 잡아먹기 위해 뱀장어들이 땅 위로 올라온다."

뱀장어가 땅 위에서 발견된다는 기록은 1800년대 이후로도 계속 나타나며, 1834년 영국의 자연사 작가 '에드워드 제시Edward Jesse, 1780~1868'는 한 어부로부터 들은 이야기를 저서에 담았는데

"어떤 어부가 저녁에 잡은 장어들을 통에 담아 자신의 정원에 두었는데, 다음날 아침에 보니 통에 들어있던 모든 장어들이 사라졌고, 어부는 누가 훔쳐간 것으로 생각하고 이를 잊고 지내고 있었다. 그렇게 한 달이 지나고 어느 날 어부는 정원의 잔디 속에서 꿈틀거리는 장어들을 발견하게 되었고, 심지어 그 장어들은 엄청 건강한 상태였으며, 아마도 땅속에서 지렁이를 잡아먹고 살았을 것이라 추측된다."라고 기록했으며

1882년 아일랜드의 한 지역에서는 "여름에 잡히는 뱀장어 중 가장 큰 것은 풀밭에서 잡은 것이었다."라는 기록도 나타난다.

서양 세계에서 발전한 뱀장어 요리

중세 유럽에서 민물장어는 국경의 제한 없이 영국, 프랑스, 이탈리아 등 모든 이들이 즐기는 음식이었다.

영국에서는 1086년 '세번강[1]'에서 한번에 2,000마리가 넘는 뱀장어가 잡혔다는 기록과 더불어, '장어 파이' 레시피와 '장어구이' 레시피가 담긴 요리책들이 발간되었고, 또한 중세 영국에서는 장어 간을 얻기 위해 어린 장어를 죽이고 나머지 부위는 버리

---

1)   세번강 : 잉글랜드, 웨일스를 흐르는 길이는 354km의 영국에서 가장 긴 강

는 낭비적인 실태를 비난하는 경우도 있었다.

프랑스에서도 역시 14세기 이래로 장어를 화이트 와인이나 레드 와인, 그리고 각종 향신료와 과일들을 이용해 스튜를 만드는 레시피를 담은 다양한 요리책들이 발행되었으며, 중세 이탈리아에서도 장어를 요리하는 다양한 방법이 발전해갔다.

1655년 영국의 왕비를 위한 뱀장어 요리법을 담은 책이 출판되기도 했는데, 그 내용을 살펴보면

"큰 장어 두세 마리를 소금에 절이고 내장을 손질한 뒤 세밀하게 토막 내어 와인, 식초, 소금을 뿌린 뒤, 달콤한 허브, 양파, 정향, 포도주 등을 섞은 액체에 끓이고, 이 장어 토막을 다시 꺼내 식히고 다시 이것을 화이트 와인, 사프란을 넣고 끓이고…"라는 식의 매우 까다롭고 정교한 조리법이 나타난다.

이렇게 민물장어는 가난한 이들을 비롯한 서민들은 튀기거나 끓이거나 구워서 먹고, 왕족을 비롯한 엘리트 계층들은 값비싼 재료들을 이용해 정교한 맛의 소스를 쳐서 먹는, 즉 계층에 상관없이 모든 이들이 즐겨 먹는 음식이었다.

미국을 세운 음식

한편, 어떤 의미에서 뱀장어는 지금의 미국을 세운 아주 특별한 음식이기도 했는데, 자신들만의 신앙 공동체를 건설하기 위해 1620년 9월 '메이플라워 호'를 타고 신대륙으로 떠난 102명의 영국 청교도들은 두 달이 조금 넘는 기간의 고난의 항해 끝에 마

침내 북아메리카 북동부 해안에 도착하게 된다.

사냥이나 낚시를 할 수 있는 전문적인 기술의 부족과 더불어 생존을 위한 특별한 전문성이 없었던 이들에게 새로운 낯선 땅에 도착하자마자 불어 닥친 겨울의 극심한 추위는 너무나 혹독한 것이었고, 그해 겨울을 나며 절반가량이 목숨을 잃게 되었다.

이렇게 배고픔과 낯선 환경 속에서 두려움에 떨며 살던 와중, 이듬해 1621년 4월 그들은 우연히 한 원주민의 도움을 받을 수 있었는데 '티스콴텀tkrwp'이라는 이름의 유창한 영어 실력을 지닌 인물이었다.

'티스콴텀'은 이 영국 청교도들 무리와 함께 지내며 주변의 자연환경에 적응하여 살아가는 생존 방식을 전수해주었는데, 이때 그가 처음으로 보여준 것은 영국인들을 '뱀장어 강'이라 불리던 곳으로 데려가 뱀장어를 잡는 원주민들의 전통적인 방식을 알려준 것이었다.

영국인들이 도달한 북아메리카는 뱀장어가 아주 풍부한 곳이었는데, 이렇게 한 원주민으로부터 구원을 받은 이후 청교도들의 지도자였던 '에드워드 윈슬로우Edward Winslow, 1595~1655'는

"9월이 되면 우리는 별다른 노력을 들이지 않고도 하루 밤새에 커다란 통 하나를 꽉 채울 만큼의 뱀장어를 잡을 수 있고, 뿐만 아니라 겨울 내내 이것들을 풍부하게 잡아먹을 수 있다."라며 새로운 정착지의 풍요로움을 자랑하는 내용의 편지를 영국에 보낼 정도였다.

이후 이 지역을 방문한 영국인들은 "내가 다녀본 세계 어떤 지역 사람들도 여기보다 더 좋은 뱀장어를 먹지 않는다. 직접 장

어를 잡지 않더라도 원주민들로부터 쉽게 구매할 수 있는데, 영국에서라면 8~12펜스 정도의 가격에 달할 6마리의 커다란 장어를 이곳에서는 고작 3펜스에 구입할 수 있다."

"비록 영국에서 먹는 장어만큼은 아니지만 충분히 맛이 좋고 몸에도 좋으며, 그 양이 매우 많다."라는 식의 기록들을 남겼다.

이미 유럽에서 뱀장어란 음식에 친숙했던 이들에게 신대륙에서 쉽게 구할 수 있는 뱀장어는 거부감 없이 맛있게 즐길 수 있는 구원과도 같은 음식이었으며, 재미있는 것은 유럽의 뱀장어와 아메리카의 뱀장어는 모두 대서양의 한 공통된 해역에서 태어나서 각자 서로의 대륙으로 흩어진다는 점이다.

뱀장어의 생태에 대한 풀리지 않는 의문

뱀장어의 미스터리한 생태에 대한 의문을 최초로 제기한 인물은 기원전 4세기 고대 그리스의 철학자 '아리스토텔레스'였다. 그가 저술한 동물 백과사전 동물지Historia Animalium에서 '뱀장어' 항목은 다음과 같이 기록되어 있다.

"뱀장어는 짝짓기를 통해서 번식하지도 않고, 또한 알을 낳지도 않으며, 게다가 정액이나 난자가 발견되지도 않았을 뿐더러 뱀장어를 해부해보아도 자궁이나 고환이 발견되지 않는다. 또한 간혹 뱀장어에서 발견되는 기생충을 보고 사람들은 장어가 새끼를 낳는 물고기라 여기기도 한다. 그러나 이는 사실이 아니며, 뱀장어는 진흙이나 축축한 땅에서 발견되는 소위 '땅의 창자'(혹은 땅 속의 벌레)로부터 발생하는 물고기이다."

고대 로마의 대학자 플리니우스Pliny the Elder 역시 다음과 같은 당황스러운 기록을 남겨두었다.

"뱀장어는 그들의 몸을 바위에 문지르는데, 이때 뱀장어의 몸에서 떨어져나온 입자들이 살아나서 새로운 뱀장어로 자라나고, 이것이 이 물고기가 번식할 수 있는 유일한 방법이다."

'뱀장어가 도대체 어떻게 번식하는가'에 대한 질문은 오랜 세월 동안 당대의 가장 뛰어난 학식을 지닌 인물들조차도 괴롭게 만드는 문제였다.

위에서 보았던 13세기 독일의 알베르투스 마그누스Albertus Magnus, 1200~1280는 "뱀장어는 새끼를 낳는 물고기이다."라고 주장했으며, '아리스토텔레스'가 이미 오래전에 경고했던 것처럼 몇몇 학자들이 뱀장어의 뱃속에서 나오는 기생충을 보고 이것을 장어의 새끼라 착각하는 일이 벌어졌다.

현미경의 발달과 미생물학의 정립에 큰 공헌을 한 네덜란드의 위대한 학자 안토니 판 레이우엔훅Antonie van Leeuwenhoek, 1632~1723은 장어를 꼼꼼히 관찰한 끝에 뱀장어는 새끼를 낳는 동물임을 자신 있게 발표하였으며, 생물 분류학의 아버지라 불리는 스웨덴의 식물학자 칼 폰 린네Carl von Linné, 1707~1778 역시 뱀장어는 암컷의 자궁에서 새끼로서 태어난다고 주장했다.

이 외에도 영국 시골에서는 '말의 꼬리털이 물에 빠지면 뱀장어가 된다'는 믿음이 만연해 있었고, 어떤 특정한 종의 딱정벌레가 삶의 전반부는 딱정벌레의 형태로 보내고, 이후 뱀장어로 변하여 삶의 후반부를 이어간다는 등의 혼란스러운 주장들이 등장하기도 했다.

한편 통찰력이 매우 뛰어났던 학자들도 있었는데, 16세기의 한 프랑스 학자는 '다 자란 민물의 뱀장어가 바다로 돌아간 뒤 다시는 돌아오지 않는다'는 사실을 처음으로 관측해냈으며, 기생충 연구에 몰두했던 이탈리아의 과학자 프란체스코 레디Francesco Redi, 1626~1697는

"오랜 관찰 끝에 매년마다 8월의 첫 비가 내리는 날 밤이 되면 호수와 강의 뱀장어들이 무리를 지어 바다로 향해 나아간다는 사실을 알게 되었다. 그리고 암컷 뱀장어들이 바다에서 알을 낳고, 여기서 태어난 새끼 뱀장어들은 강어귀를 통해 다시 민물로 돌아간다."라고 주장했는데, 이는 현재까지 밝혀진 뱀장어의 생태와 매우 흡사한 내용이었다.

그러나, 뱀장어의 번식에 대한 미스터리는 계속 이어졌는데, 18세기 이탈리아의 동물학자 '라차로 스팔란차니Lazzaro Spallanzani, 1729~1799'는

"한 거대한 양식장에서 지난 40년 동안 약 1억 5,200만 마리의 뱀장어들이 소금에 절여 판매되었지만, 그중 어떠한 것도 알이나 새끼를 지닌 것이 없었다."라고 기록했으며, 19세기 정신분석학의 창시자 지그문트 프로이트Sigmund Schlomo Freud, 1856~1939는 400여 마리의 뱀장어를 해부하여 정소를 찾아내려 했지만 실패하고 다음과 같이 패배를 시인했다.

"이 작업을 통해 나는 나 자신과 뱀장어 모두를 괴롭게 만들었다."

1896년 민물장어 생태 미스터리를 해결해줄 획기적인 발견이 있었으니, 드디어 뱀장어 새끼의 정체가 발견된 것이었다.

이탈리아의 동물학자 조반니 그라시Giovanni Battista Grassi, 1854~1925와 그의 조수 살바토레 칼란드루치오Salvatore Calandruccio, 1858~1908는 어느 날 '메시나 해협[2]'에서 대략 6센티미터 정도 크기의 투명하고 납작한 이상한 생물을 채집하게 된다.

렙토세팔루스

이 생물은 일찍이 1856년 독일 박물학자 '요한 카우프Johann Jakob Kaup'에 의해 렙토세팔루스Leptocephalus brevirostris라고 명명된 생물이었는데, 워낙 작고 특이한 생김새를 지니고 있어 이를 채집한 두 이탈리아 학자는 이것이 어떤 다른 생물의 애벌레 같은 것이 아닐까라는 의문이 들었다.

2) 메시나 해협 : 시칠리아 섬과 이탈리아 반도의 끝 칼라브리아주 사이의 좁은 해협

이 독특한 생물의 부모를 찾던 와중 그들은 이 '렙토세팔루스'란 생물의 근육 분절의 개수가 115개임을 확인하고, 이와 같은 숫자의 척추뼈를 지닌 물고기를 찾아보니 '유럽 뱀장어'가 딱 들어맞았다.

워낙 둘의 생김새가 달랐기에 그들은 이 '렙토세팔루스'를 수조에 담아 한동안 지켜봤고, 이내 이 괴상한 생물이 자그마한 '실뱀장어'로 변하더니 이내 성체의 뱀장어로 자라는 것을 관찰해냈다.

고대 그리스 철학자 '아리스토텔레스가' 뱀장어의 번식 방법에 대한 의문을 던진 이래 처음으로 뱀장어란 생물의 새끼가 발견된 대사건이었으며, 뱀장어 생태 연구의 대발견을 이룬 '그라시'와 '칼란드루치오'는 자신들이 '렙토세팔루스'를 채집했던 '메시나 해협'이 바로 모든 '유럽 뱀장어'들의 산란지였음을 주장했다.

그러나, 두 이탈리아 학자가 '메시나 해협'에서 발견했던 '렙토세팔루스'들은 대개 그 크기가 최대치에 달하였고, 다음 단계인 '실뱀장어' 형태로의 탈피가 이루어지고 있었는데, 즉 '메시나 해협'에서 발견된 '렙토세팔루스'들은 이미 어딘가에서 충분한 성장 기간을 가진 뒤 이곳으로 온 것이었으며, 이는 뱀장어의 산란지는 다른 곳에 위치해 있다는 의미였다.

　뱀장어가 정확히 어디로부터 왔는지를 밝혀내기 위한 마지막 과제를 해결하게 되는 인물은 덴마크 출신의 '요하네스 슈미트Ernst Johannes Schmidt, 1877~1933'라는 해양생물학자였다.

　1903년 젊은 나이에 해양 탐사에 참가한 '요하네스 슈미트'는 이듬해 아이슬란드 근처의 북대서양에서 약 7센치미터 크기의 '렙토세팔루스'를 포획하였는데, 이는 대서양에서 '렙토세팔루스'가 발견된 첫 번째 사례였으며, 또한 지중해의 '메시나 해협'이 유럽 뱀장어들의 산란지라는 '그라시'와 '칼란드루치오'의 주장을 의심케 하는 발견이었다.

　이후로 젊은 '요하네스 슈미트'는 뱀장어의 마지막 남은 비밀을 완전히 풀겠다는 신념을 가지고 약 20여 년에 달하는 세월 동안 뱀장어 산란지를 탐색하며 끊임없는 항해를 이어가게 된다.

　이 과정은 무척이나 고된 것이었는데, 나중에 그가 직접 회고하기를

　"젊은 시절 나는 내 앞에 놓인 과제가 정확히 어떠한 것인지도 모르면서 과소평가했고, 우리 탐험대가 해결해야 할 과제들은 해마다 급격하게 늘어갔으며, 우리의 탐험 항해는 미국과 이집트 사이를 횡단하고, 또한 아이슬란드에서 카보베르데 제도[3]를 종단하면서 이루어졌다."라며 그 어려움을 토하기도 했다.

　'요하네스 슈미트'는 '렙토세팔루스'의 크기가 작아질수록 뱀장어의 산란지에 가까워질 것이라는 추론을 바탕으로, 20여 년

---

3)　아프리카 서쪽 해안에 위치

에 걸친 수백 번의 탐험 항해를 통해 점점 작아지는 '렙토세팔루스'를 채집할 수 있었고, 마침내 북대서양에 위치한 '사르가소 해 Sargasso Sea'라는 구역에서 길이가 1센티미터 미만에 불과한 '렙토세팔루스'를 발견해낸다.

그 크기가 워낙 작았기에 이 '렙토세팔루스'들은 산란장으로부터 거의 이동하지 않았을 것이고 따라서 '요하네스 슈미트'는 유럽 뱀장어들의 고향이 바로 이 '사르가소 해'였음을 증명해낼 수 있었다.

한편 재미있는 것은 '사르가소 해'에서는 '유럽 뱀장어'의 렙토세팔루스 뿐만 아니라 '아메리카 뱀장어'의 렙토세팔루스도 함께 발견되었다는 것인데, 다만, 아메리카 뱀장어의 렙토세팔루스는 크기가 좀더 컸으며 이에 '요하네스 슈미트'는

"유럽과 아메리카의 뱀장어 모두 같은 장소(사르가소 해)에서 부화했지만, 먼 거리의 바다를 이동해야 하는 유럽 뱀장어와 달리, 아메리카 뱀장어는 보다 짧은 거리의 바다를 건너 얼른 민물로 들어가야 하기 때문에 더 빨리 자란다."는 결론을 내렸다.

이렇게 '바다의 특정한 구역의 산란지에서 태어난 뱀장어의 새끼는 '렙토세팔루스'의 기간 동안 바다를 건너 대륙의 강어귀에 도착한 뒤, '실뱀장어'로 변해 오랜 기간을 민물에서 살다가 때가 되면 다시 바다의 특정한 구역으로 돌아와 알을 낳고 죽는다.'라는 민물장어의 생태가 밝혀지게 되었다.

우리가 먹는 동아시아 지역 뱀장어의 경우 일본의 수십 년간의 연구를 통해 약 3,000킬로미터 떨어진 '마리아나 해구' 근처의 심해에 산란장이 있는 것으로 추정되고 있으며, 거기서 태어난

'렙토세팔루스'가 해류를 타고 동아시아 대륙 근처에 오면 '실뱀 장어'로 변태하여 민물로 올라가서 살다가 때가 되면 산란을 위해 다시 태평양을 향해 3,000km의 먼 여정을 떠나는 것으로 알려져 있다.

15
복어 : 한번 죽는 것과 맞먹는 맛

복어의 독, '테트로도톡신'

복어는 사람이 아주 오래전부터 죽음을 무릅쓰고 꾸준히 먹어 온 물고기이다. 죽음을 무릅쓴 이유는 복어에는 청산가리보다 훨씬 강한 '테트로도톡신'이라는 독이 있기 때문이다.

복어는 자체적으로 독을 생산하지는 않고 독소를 만드는 미생물이 먹이 사슬을 거쳐 복어 내장에 축적되는 것으로 알려져 있으며, 따라서 독소를 만드는 미생물이 없는 깨끗한 물에서 양식 사료를 먹은 양식된 복어는 테트로도톡신이 없다고 알려져 있다.

하지만 미생물이 침투할 가능성도 있고, 또 독이 없는 양식 복어라도 자연산 복어와 만나면 독이 생기는 등 양식 복어라고 방심하면 절대 안 된다고 한다. 참고로 갈매기도 양식장의 복어는 쳐다도 안 본다는 말이 전해진다.

복어 독 테트로도톡신은 인체의 신경전달물질들이 이동하지 못하게 하여 마비를 일으키며 복어 독에 의해 사망하는 가장 큰 원인은 호흡마비이다. 무서운 건 아직까지 복어 독의 해독제가 없으며, 독이 흡수되기 전이라면 구토를 하거나 위세척을 통해 효과를 볼 수 있지만, 독이 모두 흡수된 경우에는 간에서 해독되길 기다리는 수밖에 없다.

사람이 복어 독에 중독되면 병원에 빨리 데려가거나 심폐소생술을 제외하고는 일반인이 할 수 있는 건 없다고 한다. 더 무서운 건 복어 독에 중독되면 전신이 마비되어 가는 와중에 의식은 있다는 것이다. 자신이 독에 죽어가는 과정을 느낀다는 것인데, 심지어 복어 독에 중독된 환자가 의식 불명인 줄 알고 의료진이 옆에서 '가망이 없다는 등' 심한 말을 했는데 환자는 이를 다 듣고 있었고, 다 회복된 뒤에 의료진과 크게 싸웠다는 썰도 전해진다.

하버드에서 좀비를 연구했던 한 박사에 의하면 중남미 아이티에서 부두교의 주술사가 사용하는 '좀비 파우더'에 복어가 들어있으며, 주술사는 이를 이용해 사람을 가사상태로 만든다고 한다. 의식은 있지만 신체는 마비된 상태로, 수일 동안 죽음에 가까운 상태로 만들어 놓은 뒤 이후 주술사는 이 사람을 무덤에서 꺼내어 마치 죽은 사람을 되살린 것처럼 보이게 할 수 있었다는 것이다.

아무튼, 동아시아 지역에서는 복어를 아주 오래 전부터 먹었으며 한국, 중국, 일본 세 나라 모두 선사시대의 조개무덤에서 복어 뼈가 발견되었다. 중국 진시황 시절 '복어를 먹으면 죽는다'는 기록이 있으며, 또한 송나라의 대문호이자 미식가로 꼽혔던 '소동파'는 복어의 맛이 '사람이 한번 죽는 것과 맞먹는 맛'이라며 복어를 극찬했다.

다음은 소동파가 읊조린 시 한 구절로, 복어를 기다리는 마음이 담겨 있다.

대나무 숲 밖, 복사꽃 두세 가지

따뜻한 봄 강물이 오는 것을 오리가 먼저 아네

쑥은 땅에 가득하고 갈대 움 돋으니

지금이 곧 복어가 올라올 때로구나

명나라 때의 의학자이자 박물학자였던 이시진李時珍, 1518~1593이 본초학을 집대성하여 지은 〈본초강목〉에서는 복어에 대해 "지금은 오吳나라와 월越나라 지역에 가장 많이 난다. 생긴 건 올챙이 같고, 큰 것은 1자 정도이며, 등은 청흑색이다. … 그 지역 사람들은 봄에 이것을 매우 진귀한 음식으로 여기며, 배가 살진

것을 더욱 귀하게 여기는데, '서시[1]의 유방'이라 부른다."라고 적었으며

"복어는 물에 사는 동물 중에 가장 진기한 맛을 내는데, 그 독은 사람을 죽인다고 알려져 있다.", "복어를 나무에 꽂으면 곧바로 나무가 말라 버리고, 거기에 개 쓸개를 바르면 다시 잘 자란다.", "간과 알에는 강한 독이 있으며 입에 들어가면 혀가 문드러지고 배 속으로 들어가면 내장이 문드러지는데, 해독할 수 있는 약이 없다." 등의 기록을 남겼다.

조선시대의 무서운 진미

우리나라에서는 가야 무덤, 백제 황실터의 복어 뼈 흔적과 더불어 조선시대의 다양한 복어 기록들로 미루어 보아 고대부터 현대까지 복어를 먹어왔음을 알 수 있다.

조선시대에도 복어의 독은 당연히 문제였는데, 조선왕조실록에서 복어가 처음 등장하는 것은 세종 때 사위가 장인을 독살한 사건이다.

세종 6년1424 12월 기사에 따르면 전라도 정읍에서 별장 벼슬을 했던 '정을손'이란 자의 아내와 딸, 그리고 그의 사위 간에 음란한 행실이 있었기에 '정을손'이 이들을 구타하고 또한 사위를 내쫓으려 했다.

이에 사위가 '정을손'의 국에 복어 독을 타서 독살하였는데

---

1) 왕소군, 양귀비, 초선을 비롯한 고대 중국 4대 미녀 중 한 명

딸과 아내가 이 상황을 알면서도 말리지 않았다. 이에 형조에서 계하기를

"사위는 옥중에서 병사하였으니 딸과 아내를 능지처사하소서"하니 임금이 그대로 따랐다.

한편 성종 때는 경상남도 어촌에서 굴과 생미역을 먹은 주민들이 집단 사망하는 사건이 있었는데, 성종 24년 4월 기사에서 다음과 같이 나타난다.

경상도 관찰사 '이계남'이 보고하기를 "웅천에 사는 주민 24명이 굴과 생미역을 먹고 서로 잇달아 사망했는데, 이는 분명히 독을 먹은 것입니다. 이에 해물 채취하는 것을 금지해 두었습니다."

이에 성종은 "어찌 굴과 생미역을 먹고 사람이 죽겠는가? 이는 반드시 복어를 먹은 것이다. 그리고 해물의 채취를 금한다면 백성들의 생계가 막힐 것이니 원인을 자세히 밝혀보는 것이 어떻겠는가?"라고 답했다.

이에 우승지 '한사문'은 "굴은 여름철이 되면 살이 차지만 복어가 여기에 알을 낳기 때문에 먹을 수가 없는데, 사망한 사람들은 이것을 먹은 것으로 생각됩니다."라고 답했다.

허준의 '동의보감東醫寶鑑'에서는 복어에 대해 다음과 같이 기록하고 있다.

"맛은 달며 독이 있다. 허리와 다리를 다스리고 치질을 없애며 몸 안의 벌레를 죽인다. 건드리면 화를 내어 배가 부풀어 오르며 이 물고기는 맛은 좋지만 독이 많기 때문에 제대로 손질하지 않으면 사람이 죽을 수 있으니 조심해야 한다."

"복어의 살에는 독이 없지만 간과 알은 독이 많다. 미나리와 함께 삶아 먹으면 독이 없어진다고 한다."

"모든 물고기 중 복어가 제일 독이 많다. 알에는 독이 더욱 많은데 사람이 중독되면 반드시 죽는다. 급히 갈대뿌리를 찧어서 그 즙을 마신다. 혹은 사람의 똥물이나 참기름을 많이 먹여 토해 내게 하면 낫는다."

조선 시대 문인들은 복어를 찬미하는 시를 남길 정도로 그 맛에 매혹되었으며 한편, 복어가 맛있다고는 하지만 잠깐의 기쁨을 얻기 위해 음식 따위에 목숨을 걸지 말라고 타이르는 글을 남기기도 했다.

조선 전기의 문신 서거정徐居正, 1420~1488은 "복어가 이미 강에 올라왔다는 말을 듣고 흥이 나서 짓다"라며 다음과 같은 시를 읊었다.

한강 가에 춘삼월 좋은 시절이 되니

가랑비에 봄철 시냇물 푸른 물결 가득 차네

참으로 복어가 한창 맛 좋을 때이건만

조각배로 돌아가기에는 너무 늦어 후회스럽네

조선 후기의 문신 서영보徐榮輔, 1759~1816는 "4월 초에 복어를 구할 수 없어 매우 서운한 마음에 소동파의 시에 차운하여 시를 짓는다."라며 다음과 같이 읊었다.

복사꽃이 가지마다 가득 피어

미나리 잎 참깨의 맛 유독 느껴지는 때

서운해라 복어의 계절을 또 보내 버리니

웅어로 바꿔서 시절을 또 지켜봐야겠네

한편 조선 정조 때의 실학자 '이덕무李德懋, 1741~1793'는 복어 먹는 것을 매우 경계하였는데, 일상생활에 있어서의 예절을 다루는 수양서 〈사소절〉에서

"복어는 먹어서는 안 되는 것이니 자손들은 이를 경계해야 한다. 습관이 된 풍속에 물들기 쉽기 때문이다. 복어를 먹고 설사 죽지 않는다 하더라도 그것은 요행이다. … 복어에는 참으로 사람을 죽이는 독이 있는데, 어찌 이를 나의 뱃속에 넣을 수 있겠는가?"라고 적었으며

〈하돈탄河豚歎 – 복어에 대해 탄식한다〉라는 시에서는 다음과 같이 읊었다.

이 세상은 지극히 큰 것이라서

태어난 물건들이 많기도 하네

조물주는 대체 어찌하자는 것인지

물속에다 독어를 남겨두셨나

　　　…

복어에 혹하는 사람들의 말은

그 맛이 천하에 제일이라고 하는데

　　　…

사람들은 다 보면 기뻐하지만

나 혼자만이 이를 보고 근심하네

아, 슬프도다 세상 사람들이여

목구멍 윤낸다고 기뻐하지 마소

　　　…

어허! 백 년을 다 못 사는 몸

잘 죽으도 서글플진데

어쩌자고 독소를 마구 삼키어

가슴에다 칼날을 묻으려드나

　　　…

복
어

그리고 이 시를 지은 이유에 대해 다음과 같이 적어 두었다.

"2~3월 사이 어선이 강에 정박하면 복어가 종종 보이므로 사람들이 이를 잡아먹는데, 먹고 나서 중독되어 죽는 자가 많다. 반드시 죽는다는 것을 알면서도 두려워하지 않으니 어찌 그리 어리석은가. 이 시를 써서 한편으로는 나 스스로 경계하고, 다른 한편으로는 복어를 즐겨 먹는 자에게 보여주고자 한다."

복어가 지닌 독 때문에 조선 시대 문인들은 복어를 '먹어야 되나, 말아야 되나'에 대해 수백 년간 고민을 했다.

복어를 금지한 '도요토미 히데요시'

일본의 경우 복어를 '먹지 말아야 되는 것'으로 결정했는데, 임진왜란을 일으킨 주범 도요토미 히데요시가 '복어금식령'을 내렸다. 1592년 시모노세키 항구에 조선 침략군이 속속 집결했는데, 시모노세키는 복어로 유명한 지역이었고, 아무것도 모르는 일본 병사들은 맛있는 복어를 먹으며 맹독 덩어리인 알과 내장까지 끓여 먹었다고 한다.

복어를 먹은 탓에 조선 출병을 시작하기도 전에 죽는 병사들이 한둘이 아니었고 따라서 히데요시는 복어를 먹으면 엄벌한다는 금식령을 내렸다.

이후 메이지 시대에도 일본 정부에서는 1882년 "복어를 먹는 자는 구속 혹은 과태료 처벌을 내린다."는 법령을 내놓았으며, 이렇게 300여 년 가까이 일본인들이 복어를 마음 놓고 먹지 못하던 와중 복어 식문화가 빠르게 부활하기 시작하는데, 여기에는 '이토 히로부미'와 관련된 한 이야기가 전해진다.

총리가 된 '이토 히로부미'는 1887년 어느 날 야마구치현 시모노세키의 '춘범루'라는 여관에 머물고 있었다. 당시 태풍이 심하게 불고 있어 어선이 출항할 수 없었고 복어를 제외한 싱싱한 생선이 다 떨어진 상황이었다.

여관 주인은 어쩔 수 없이 당시 식용을 금하고 있던 복어를 이용해 요리를 마련했고 이를 먹고 그 맛에 감탄한 이토 히로부미는 여관주인으로부터 내막을 들은 뒤 '춘범루'에서는 특별히 복어를 팔 수 있도록 만들고 또한 야마구치현에서는 복어 식용 금지령을 해제하였다고 한다.

이것이 계기가 되어 일본 전역에 점차 복어 식문화가 퍼지게 되었고 이내 고급 음식으로 자리잡아 1920년대에 들어서는 일본 전체에 복어 요리집이 빠르게 늘어났다.

굶주림에 복어를 먹고 죽은 사람들

한편 일제강점기 한반도 곳곳에서는 굶주린 사람들이 복어 내장이나 알 같은 것을 끓여 먹고 죽는 경우가 많았다.

1924년 동아일보 "살인 독약 복어 내장-1개월간 경성에서만 12명 참사"라는 제목의 기사에서

"남들이 내다 버린 복어의 내장을 정신없이 주워다 먹고 목숨을 잃었다 하면 한편으로 책망할 점도 없지 않지만, 그들은 복

어에 독이 있는지 없는지를 알지 못하며 또는 극히 빈곤한 사람들로 자못 고기를 먹고 싶다는 뜨거운 식욕을 참지 못하여 돈을 내고는 고기를 사 먹을 수가 없기에 남들이 내버린 복어를 주워다 먹고 … 따라서 사회의 적지 아니한 문제라 하겠다."라고 보도했다.

같은 해 지금의 서울역 근처 만리동에서는 홀아비와 함께 가난 속에서 살던 13살, 8살의 자매가 복어 내장을 끓여 먹고 사망하는 사건이 발생하였다. 부친이 잠깐 나간 틈에 같은 동네의 아이가 남대문 시장에서 주워온 복어 내장을 끓여 먹고 다음 날 새벽에 사망한 안타까운 사건이었다.

이 외에도 빈곤한 살림 속에서 고기 맛을 보려고 쓰레기통에서 생선 대가리를 모아다 복어 독에 사망하거나, 일본 사람의 쓰레기 통에서 복어 알을 주워 먹고 어린 남매가 사망하는 일이 벌어지는 등 식민지 시절 복어 독과 관련된 끔찍한 사건들이 이어졌다.

해방 이후에도 복어를 잘못 먹고 죽는 사례는 끊이지 않았으며 1960년대 이후 복어 어획량이 점차 많아지고 복어 요리가 대중에 퍼져 나갔지만 복어 중독 사건은 계속 벌어졌다. 이에 정부에서는 1984년 복어 조리 기능사 제도를 실시했으며, 오랫동안 사람들이 목숨을 걸고서야 먹었던 복어를 이제는 전문가의 손길을 거쳐 안전하게 즐길 수 있게 되었다.

16
굴 : 우리가 먹는 '참굴'이 전 세계로 퍼진 이야기

인류의 가장 오래된 음식

인류가 먹었던 가장 귀중하고, 오래된 음식 중 하나가 바로 '굴'이라는 음식이다. 꽉 닫힌 단단한 껍질 속에 미네랄, 칼슘, 비타민 등의 각종 영양소가 가득한 알맹이를 담고 있는 굴은 해안가 근처에서 채취하기도 쉬울뿐더러, 껍데기가 꽉 닫힌 상태라면 물 밖에서도 며칠 동안은 신선한 상태를 유지하기 때문에 운반하기에도 상당히 편한 음식이었다.

이런 유용한 음식이었기에 세계 각지에서는 선사 시대부터 쌓여온 무수한 굴 껍데기 무덤들이 발견되며, 남아프리카에서는 약 164,000년 전 인류가 굴을 대량으로 먹었던 흔적이 발견되기도 한다.

굴은 평생을 어딘가에 딱 붙어 바닷물을 열심히 빨아들여 그 속의 플랑크톤 같은 먹이를 걸러내며 살아가는데, 그 빨아들이는 바닷물 양이 사람으로 치자면 매 시간 마다 62개의 욕조 물을 마시는 격이라고 하며, 이런 강력한 여과기능을 통해 굴은 깨끗한 바닷물을 만들어내게 된다.

일반적으로 가축을 기르거나 물고기 등을 양식할 때와 달리, 굴은 환경을 오염시키지 않기에 자연과 어우러지도록 양식을 할 수 있는 특이한 생물이며, 19세기 영국의 한 저술가는 '굴 양식장은 황금과, 미식의 즐거움과, 건강함을 함께 담고 있는 부의 광산, 즉 엘도라도이다'라고 표현할 정도였다.

로마에서의 각별한 굴에 대한 사랑

굴은 문명이 생긴 이후로도 꾸준히 사랑받는 음식이었으며, 고대 그리스와 로마에서는 굴에 대한 여러 기록들이 나타나는데, 특히 로마에서의 굴에 대한 사랑이 각별했다.

수많은 연회에 마련된 엄청난 양의 굴에 대한 기록과 더불어, 로마의 대학자 '플리니우스'의 경우 굴을 단지 음식을 넘어 만병통치약처럼 기록해두었는데, 가령, 와인과 꿀을 섞어 데친 굴을 먹으면 위장병을 치유할 수 있고, 껍질 째로 구운 굴을 먹으면 코와 목의 염증에 효과적인데다, 굴을 담가 희석시킨 물은 궤양

또는 여자의 피부에 바르면 아주 좋다고 찬사했으며, 심지어 껍데기는 갈아서 치약으로 쓰라는 기록을 남기기까지 했다.

로마 귀족들은 온갖 지역의 굴을 맛보고 또한 구별해내며 스스로가 '굴 소믈리에'임에 매우 자부심을 느꼈는데, 로마의 한 귀족이 남긴 지금의 '튀르키에' 지방에서 맛본 굴에 대한 기록을 보면 '나폴리의 굴보다 커다랗고, 영국 해협에서 나는 굴보다 신선하며, 프랑스 보르도의 굴보다 달콤하다'라는 식의 매니아적인 찬사를 보내고 있다.

이러한 로마 귀족들의 굴에 대한 욕구를 충족시켜주기 위해 프랑스 지방, 심지어 바다 건너 영국 섬의 수많은 굴들이 로마로 운반되어 올 정도였으며, 또한 '굴 양식'에 대한 최초의 정교한 기록이 남아있을 정도로 로마에서 굴은 특별한 음식이었다.

신대륙에서 맞이한 굴 식문화 전성기

굴에 대한 사랑은 로마를 넘어 유럽 전체에 퍼지게 되었고, 상류층에서는 향신료를 비롯한 여러 재료들을 사용하여 굴을 최대한 맛있게 만드는 정교한 조리법들이 발달해 나갔으며, 특히 1600년대 중반이 되어서는 상류층이 아닌 사람들도 길거리나 술집에서 쉽게 굴을 사 먹을 수 있을 정도로 굴은 일상적인 음식이 되었다.

왕이든 서민이든 계층에 관계없이 유럽 사회의 모두가 즐기게 된 굴이었지만 전 세계적인 굴 식문화의 전성기는 유럽의 땅이 아닌 신대륙, 특히 미국에서 나타나게 된다.

15세기에 시작된 신항로 개척 시대를 통해 아메리카라는 신대륙이 발견된 이후 북아메리카 동부 해안에 도착한 유럽인들은 그곳의 굴을 보고 충격을 받아 여러 기록들을 남기게 된다.

1607년 미국 동부 버지니아 해안 근처에 상륙했던 한 정착민이 남긴 기록에는

"우리가 땅에 상륙할 무렵 저 멀리서 원주민들이 불을 피우고 굴을 굽는 중이었다. 원주민들은 우리의 모습을 인지하자마자 굽던 굴을 냅두고 산속으로 도망쳐버렸는데, 그들이 남긴 굴을 보니 크기가 엄청났고, 이를 먹어보니 맛이 기가 막히더라."라고 기술되어 있으며

1612년 '윌리엄'이라는 이름의 정착민은 "이 지역의 해안가 사방이 굴 천지인데, 내가 봤던 것 중에선 30cm가 넘는 것도 있었다.'라며 '체서피크 만'에 서식하는 굴들에 대한 기록을 남겼다.

1701년 역시 '체서피크 만'에 방문했던 한 스위스인은

"이곳에는 굴이 믿을 수 없을 정도로 많이 있는데, 배들이 피해 다녀야 할 정도이며, 또한 이 지역의 굴은 영국에서 먹는 굴보다 4배 이상 큰데, 칼로 두 조각을 내야 비로소 입에 넣을 수 있을 정도이다"라며 미국 동부 해안에서 자라는 굴의 풍성함을 기록했다.

참고로, 이렇게 기술된 미국 동부 해안에서 자라던 굴은 유럽인들이 먹던 굴과는 다른 종이었는데, 납작한 유럽 굴Ostrea edulis 과는 모양이 다르고, 보다 크고, 무엇보다 훨씬 더 많은 새끼를 낳는, 소위 대서양 굴Crassostrea virginica이라 불리는 종이었다.

세계적인 '굴 중심 도시', 뉴욕

이 커다랗고 엄청난 번식력을 지닌 '대서양 굴'은 북아메리카 동부 해안 전반에 걸쳐 널려있었는데, 그 와중에도 특히 많았던 곳이 바로 뉴욕이었다.

지금의 '자유의 여신상'이 서 있는 '리버티 섬'과 그 옆 '앨리스 섬'은 원래의 명칭이 각각 '커다란 굴 섬', '작은 굴 섬'였을 정도로 뉴욕 해안가에는 엄청난 양의 '대서양 굴'이 서식하고 있었는데, 일부 학자에 따르면 그 양이 전 세계 굴의 절반에 해당할 정도였다고 한다.

영국인들이 뉴욕에 정착하기 시작했을 때 이들 정착민들이 고향에 보낸 편지에는 "아주 멋진 새로운 굴들이 풍부한데, 영국 전체를 먹이기에 충분한 양이다"라는 내용이 적혀있었으며, 또한 그 값이 매우 저렴했기에 "맨해튼 지역의 가장 가난한 이들은 오직 빵과 굴만 먹고 지낸다"라는 기록이 남아있을 정도였다.

이렇게 잡힌 뉴욕의 굴은 파이를 만들든, 버터에 튀기든 여러 가지 방법으로 먹을 수 있었는데, 특히 가장 일반적인 조리법은 절이는 것으로, "신선한 굴을 까서 알맹이들을 푹 삶은 뒤 꺼내서 말리고, 이 말린 굴을 각종 향신료, 식초 등을 섞어 한 통에 담아 놓으면, 몇 년 동안은 보관할 수 있으며, 또한 세계 어디로든지 보낼 수 있었다"라는 기록이 전해진다.

이렇게 절인 굴은 일찍이 서인도 제도, 나아가 유럽, 아프리카까지 수출되었으며, 굴의 풍성함과 더불어, 세계적인 대도시로 발전해감에 따라 뉴욕은 '전 세계 굴의 수도'의 역할을 담당하게 된다.

더 놀라운 건 미국의 영토가 확장해나가며 서부 태평양 연안에 도달했을 때 그곳에는 또 동부 해안과는 다른 종류의 올림피아 굴Ostrea lurida이라는 것이 굉장히 풍부하게 자라고 있었고, 서부로 몰려간 사람들은 여전히 굴을 원 없이 즐길 수 있었다는 점이다.

아무튼, 이렇게, 구대륙의 유럽 굴Ostrea edulis, 그리고 신대륙에서 새로 발견한 대서양 굴Crassostrea virginica과 올림피아 굴Ostrea lurida이라는 질릴 정도의 자연적인 풍부함에 더하여 19세기 서양 세계가 그야말로 '굴 전성기'를 맞이하게 된 두 가지 기술 발전이 있었으니 바로 '철도'와 '증기선'이었다.

대륙 곳곳을 이어주는 철도와 더불어 증기 기관의 힘으로 움직이는 선박을 이용한 굴 채취 작업은 굴의 생산력과 전파력을 비약적으로 상승시켰고, 더욱이 굴 양식 기술까지 발전하며, 이제 미국에서든 유럽에서든 굴은 굉장히 저렴한 가격으로 살 수 있는 음식이 되었고 항구에서 멀리 떨어진 지역에서도 사람들은 누구나 쉽게 굴을 먹을 수 있게 되었다.

이렇게 19세기 중반이 지날 무렵 뉴욕에서만 매년 7억 마리의 굴이 채취되고, 영국에서는 매년 15억 마리의 굴이 소비되며, 프랑스에서는 '아침, 점심, 저녁, 야식'으로 굴을 먹는다는 말이 오갈 정도였다.

그러나, 20세기에 들어설 무렵, 굴 식문화는 종말을 향해 빠르게 달려가기 시작한다.

첫째, 산업화와 더불어 항구 도시의 폭발적인 인구 증가로 인해 엄청난 양의 폐수와 오물이 바다로 흘러들어 굴 서식지를 광범위하게 파괴했기 때문이고, 둘째, 굴을 마구 잡아대서 씨가 말라버린 것인데, 특히 증기선을 이용해 바다을 싹 끌면서 굴을 채취하던 방식은 증기선 이전에 비해 10배 이상의 생산력을 보였던 반면 굴을 멸종시키기에 딱 좋은 방식이었다.

1902년 영국에서는 한 오염된 양식장의 굴이 각기 다른 두 지역의 연회장에 보내졌을 때, 이 굴을 먹은 두 연회장 사람들 모두가 병에 걸리고, 네 명이 사망하는 사건이 발생했으며 한편 미국에서는 뉴욕 양식장의 굴에서 '석유 맛이 난다'는 혹평이 퍼져나갈 정도였다.

여기에 더해 치명적인 기생충을 비롯한 각종 질병들이 퍼지며 미국과 유럽의 굴은 광범위하게 죽어나갔고, 수많은 굴 양식장들이 폐쇄되어갔다.

이런 상황에 대처하고자 여러 위원회들이 설립되고, 미국 동부 해안의 '대서양 굴'을 서부 태평양 해안으로 옮겨와 양식을 시도하는 등 다양한 노력들이 있었지만, 무엇하나 뚜렷한 성과를 보이지 못하고 있었다.

굴 식문화의 구원자, 태평양 굴

그렇게 미국과 유럽에서 굴 산업이 종말을 맞이할 무렵, 기적처럼 그 명맥을 이어준 새로운 종의 굴이 있었으니 바로 태평양 굴Crassostrea gigas, 우리나라에선 '참굴'이라 불리는, 즉 우리 주변에서 가장 쉽게 볼 수 있는 그 굴이었다.

1902년 비록 실패로 끝났지만, 일본을 통해 미국 서부 해안으로 수입된 '태평양 굴'을 시작으로 이후에도 지속적으로 '태평양 굴'이 세계 반대편으로부터 수송되었으며, 1950년 이후로는 지중해를 포함한 유럽 해역 곳곳에 '태평양 굴' 양식이 도입되었다.

이상하리만치 환경 변화에 대한 적응력과 각종 질병에 대한 저항력이 강했던 '태평양 굴'은 낯선 해역들에서도 빠르게 번성해 나갔고, 해당 지역들의 토박이 굴들을 대체하여, 북아메리카의 경우 캘리포니아에서부터 알래스카까지 이르는 서부 해안 라인에 걸쳐 서식지를 이루었으며, 유럽의 경우 한때 프랑스에서 나는 굴의 98%가 '태평양 굴'일 정도였다.

그 밖에도 '태평양 굴'은 호주에도 수입되어 고갈되던 굴 자원을 보충했으며, 남아메리카, 아프리카, 하와이 등 세계 곳곳에도 퍼져 적도 부근과 극지방을 제외한 거의 모든 지역에 서식하게 되었고, 현재는 세계에서 가장 널리 양식되고 있는 굴로 자리 잡게 되었다.

17
전복 : 제주도 해녀의 슬픔이 담긴 음식

중국의 전설적인 음식, 전복

중국 명나라 시대의 학자 사조제謝肇淛, 1567~1624가 쓴 수필집
오잡조五雜組에서는

"용의 간과 봉황의 골수, 표범의 태胎, 태반과 탯줄와 기린 고기로
만든 육포는 세상에서 구할 수 없는 전설 속의 요리이다. … 한편
오늘날의 부자들이 먹는 진귀한 음식 4가지로는 남방의 굴, 북방
의 곰 발바닥, 서역의 말 젖, 그리고 동해의 전복이 있다."라고 적
었다.

전복을 매우 사랑하고 귀하게 취급했던 대표적인 나라가 중국인데, 오래전부터 전복과 관련된 흥미로운 일화들이 기록으로 내려온다.

중국 고대문헌에서 자주 등장하는 역적을 의미하는 사자성어 '망탁조의莽卓操懿[1]'에서 첫 글자를 담당하는 전한 시대의 관료 '왕망王莽, 기원전 45~기원후 23'이란 인물은 서기 9년경 유방이 세운 한나라를 멸망시키고 신新나라를 건국하게 된다.

나라를 세우고 황제를 자처했지만 주변에서는 인정하지 않았고 곳곳에서 민란이 일어났기에 '왕망'은 하루하루를 근심 걱정으로 보내게 된다. 스트레스가 얼마나 심했는지 술이 없으면 잠들지 못하고 음식은 아예 삼키질 못했다고 하는데, 이때 그가 유일하게 씹어 삼킬 수 있었던 것이 바로 전복이었다는 것이 중국 역사서 〈한서〉 '왕망열전王莽列傳'에 기록되어 있다.

한편 중국에서 전복은 그 값어치가 대단했는데 몇 개만 있으면 삶의 수준이 달라질 정도였다.

위나라 왕위에 올라 천하를 호령했던 삼국지 난세의 간웅 '조조曹操, 155~220'는 전복을 아주 좋아하던 인물인듯 한데 조조의 셋째 아들 '조식曹植'은 아버지를 추모하여 바치는 글에서 "나는 아버지가 살아 계실 적에 전복을 200개나 구해서 바쳤던 적이 있었다'라고 적었다.

당대 최고 권력가에게 당대 최고 권력가 아들이 전복을 200개나 바쳤다고 기록까지 남길 정도이니 전복의 가치가 어마어마했음을 짐작할 수 있다.

---

1) 망탁조의莽卓操懿 : 왕망, 동탁, 조조, 사마의

또한 5세기 남북조시대 송나라의 장군 '저언회褚彦回'라는 인물은 높은 관직에 있었지만 워낙 청렴결백하여 늘 가난했다고 한다. 어느 날 저언회는 지인으로부터 전복 30마리를 받게 되는데, 이를 본 부하는 "전복 30마리를 팔면 10만 전을 얻을 수 있으니 먹지 말고 파십쇼"라고 권한다.

하지만 그는 "전복을 음식으로 여겨 받았을 뿐이며, 또한 어찌 선물을 팔아 돈을 벌겠느냐"라며 전복 30마리를 가족과 부하들과 함께 나눠 먹었다고 한다.

중국에선 이렇게 비쌌던 것이 전복이었으며, 이 조조와 저언회의 이야기를 두고 〈자산어보〉에서는 "중국에서는 전복이 우리나라만큼 나지는 않은 것 같다."라고 기록했다.

중국은 조선의 전복을 귀하게 여겼으며 또한 틈만 나면 조선 조정에 전복을 요구해왔고, 심지어 때로는 중국 황제가 직접 진상품으로 전복을 요구하기까지 했다.

임금과 선비들이 즐겨 먹던 전복

우리나라에서 전복은 선사시대 조개무덤에서 그 껍질이 출토되었을 만큼 오래 전부터 먹어왔고 동해, 서해, 남해 삼면 바닷가에서 모두 났던 해산물이었으며 따라서 전복은 오랫동안 우리 문화에 다양한 흔적을 남겨왔다.

국사책에서 한 번쯤 보셨을 통일신라 문화재 포석정의 경우 구불구불한 물고랑의 모양이 전복 껍데기를 닮아 전복을 뜻하는

'포鮑'자를 써서 포석정이라 부르게 되었다고 한다.

전복은 살코기뿐 아니라 더욱 귀한 것을 제공하기도 했는데, 바로 진주이다. 삼국시대부터 우리나라 전복의 진주에 대한 기록이 나타나며, 이후 '고려진주', '동주' 등으로 불리며 중국 사람들이 보배롭게 여겼다고 한다. 이에 더해 고려시대의 뛰어난 공예 문화를 보여주는 나전칠기에 사용된 것이 바로 전복껍데기였다.

전복 고기도 당연히 즐겼는데, 조선시대에는 전복이 최고의 음식이자 술안주이며, 귀한 보양식이란 기록들이 다양하게 나타난다.

조선의 제5대 국왕 문종이 즉위한 지 2년 만에 세상을 떠난 〈조선왕조실록〉 1452년 음력 5월 14일 기사에는 아버지 세종에 대한 문종의 효성스러운 마음을 기록하며 애도하고 있는데

"세종께서 일찍이 몸이 편치 못하여 임금(문종)이 친히 복어[2]를 베어서 올리니 세종이 이를 맛보게 되었으므로, 임금(문종)이 기뻐하여 눈물을 흘리기까지 하였다."라는 내용이 적혀 있다.

조선시대의 여러 선비들도 그 맛을 극찬하였는데, 전복을 '달빛 아래의 꽃부리', '바다의 진미' 등으로 칭하며 이 최고의 안주와 함께 술을 한잔 즐긴다는 유쾌한 내용의 글을 짓기도 하였다.

한편, 조선시대에는 높은 관직에 있는 사람일지라도 전복을 아예 입에 대지도 못하는 경우도 있었는데, 이는 제주도 어민들이 전복을 잡기 위해 치러야 하는 끔찍한 희생들 때문이었다.

〈조선왕조실록〉 1460년 12월 29일 기사에는

"기건奇虔이란 자는 성품이 맑고 검소하고 정고貞苦하여 작은

---

2) 鰒魚, 전복을 뜻함

행실도 반드시 조심하며 글 읽기를 좋아하였다. … 또 제주濟州를 안무安撫3)하는데, 백성들이 전복을 바치는 것을 괴롭게 여기니, 역시 3년 동안 전복을 먹지 않았다."라고 적었다.

'삼재'의 섬 제주도에서 채취하는 전복

과거 탐라국이라 불리던 제주도는 독립국으로서 자치적인 체제를 오랫동안 유지해왔지만 조선 초기가 되면 완전히 본국에 편입되어 조선 중앙의 강력한 통제하에 놓이게 된다. 그리고 제주사람들은 중앙에 대한 여러 가지 세금 부담을 안게 되는데, 가장 고된 것이 진상과 공물이었다.

제주의 특산물을 납부하기 위해서는 특정 부역 층이 필요했는데, 그중 가장 힘든, 이른바 '6고역六苦役'층이란 것이 있었다. 말을 기르는 '목자역牧子役', 귤을 재배하는 '과원직果園直', 관청의 땅을 경작해주는 '답한역畓漢役', 진상품을 운반하는 배의 선원 역할의 '선격역船格役', 전복을 캐는 '포작역鮑作役', 그리고 해조류를 채취하는 '잠녀역潛女役'이 그것이었다.

이들은 주로 신분은 양인이지만 천한 직역에 종사하는 '신량역천' 계층이었으며, 한번 6고역을 지게 되면 이로부터 벗어나기가 어려웠다.

이때 전복을 캐던 '포작역'이란 것은 남성이 담당했었는데, 즉 전복과 고기 채취는 주로 남성인 '포작인'들이, 해조류를 채취

---

3) 안무安撫 : 백성의 사정을 살피며 어루만져 위로함

하는 일은 주로 여성인 '잠녀'들이 맡는 식으로 역할분담이 되어 있었다.

그런데 포작인들이 채취해야 하는 전복의 수량이 너무나도 많았는데, 중앙에 진상하는 전복뿐 아니라 관리들의 사리사욕을 위한 전복도 필요했기 때문이다. 제주 남성은 '포작역'뿐 아니라 배의 선원 역할인 '선격역'의 이중 고역을 떠안아야 했는데, 이 역시 험한 제주 앞바다의 환경에서 매우 고된 일이었다.

조선 성종대의 문신이자 학자였던 '최부崔溥, 1454~1504'의 '표해록漂海錄[4]'에는 '효지'라는 제주 사람이 다음과 같이 말하고 있다.

> "우리 제주는 아득히 큰 바다 가운데 있어 뱃길이 900여 리에
> 파도가 다른 바다에 비해 더욱 사납습니다. 공물을 실은 배와
> 장사하는 배가 오가는 가운데 표류하고 침몰하는 것이 열에
> 다섯이나 여섯가량 됩니다."
>
> ...
>
> "제주 사람으로서는 먼저 죽지 않으면 반드시 뒤에 죽습니다.
> 그래서 남자 무덤이 드물고, 한편 마을에는 여자의 숫자가 남
> 자의 세 배에 달합니다. 제주에서는 부모된 자가 딸을 낳으면
> '이 아이는 내게 효도를 할 아이'라고 하며, 한편 아들을 낳게
> 되면 '이 물건은 내 자식이 아니라 고래나 자라의 먹이이다.'
> 라고 말합니다."

---

4) 표해록 : 최부가 1488년 제주도에 '추쇄경차관'(도망친 관아 노비를 찾아내거나 노비안
   을 작성하기 위해 파견된 관리)으로 파견되었다가 부친상을 당해 1월에 배를 타고 강진
   으로 향하던 중 풍랑을 만나 표류하게 되고, 이후 중국 강남 지방에 표착하여 조선으로
   돌아온 6개월간의 과정을 정리한 중국 기행문

왜구의 침입이 잦았던 제주도에서 남성은 수군으로 동원되기도 했는데, 따라서 제주도 남성들은 깊은 바닷속에서 전복을 캐다가, 혹은 배를 타고 풍랑을 만나거나, 또는 왜구의 칼에 찔려서 죽음을 맞이할 수 있는, 언제나 생사의 갈림길에 놓여있었다.

1601년 제주도에 안무어사로 파견됐던 '김상헌金尙憲, 1570년~1652년'이 지은 기행문 '남사록南槎錄'에는 포작하는 제주 남성의 비극적인 모습이 다음과 같이 나타난다.

제주 고을의 풍속이 처첩을 많이 거느리고 사는데, 포작하는 남성들은 홀아비로 죽는 자가 많다. 그 이유를 물으니

"본 고을에서 진상하는 전복의 수량이 매우 많고 관리들이 공을 빙자하여 사욕을 채우는 것이 또 몇 곱이 되므로 포작인들은 그 역을 견디지 못하여 도망하고 익사하여서 열에 둘 셋만 남게 되나, 징렴徵斂이나 공응供應은 전보다 줄지 않습니다."

…

"그래서 자신은 오래도록 바다 가운데 있고 그 처는 오래도록 감옥 속에 있어 원한을 품고 고통을 견디는 모양은 말로 다 이를 수가 없습니다."

…

"이런 이유 때문에 이웃에 사는 홀어미가 있다 하더라도 차라리 빌어먹다가 죽을지언정 포작하는 남자의 아내가 되려고 하지는 않습니다."라고 한다.

한라산이 가운데 우뚝 솟고 골짜기가 깊어 비가 오면 물 흐

름이 빨라 '수재水災[5)]' 화산활동으로 형성된 지질 및 토양의 특성으로 땅이 쉽게 메마르기에 '한재旱災[6)]', 또한 태풍의 길목에 놓여 '풍재風災[7)]'가 잦은 '삼재三災의 섬'이라 불렸던 척박한 환경에 전복 채취를 비롯한 가혹한 수탈이 더해지니 포작을 하는 많은 남성들은 오랜 고향인 제주도를 버리고 육지로 도망가게 된다.

출륙금지정책

사람이 떠나게 되면 부역이 줄어드는 것이 아니라, 남은 사람들이 그 몫을 떠맡아야 했고 남은 이들의 고통은 가중되어 제주를 떠나는 사람들이 계속해서 늘어나는 악순환이 발생했다. 이런 상황에 대해 1629년 조선정부가 강구해 낸 해결책은 '출륙금지정책'이었다.

> "제주에 거주하는 백성들이 집과 직업이 없이 이리저리 떠돌다 육지의 고을에 옮겨 사는 관계로 제주 세 고을의 군액이 감소되자 비국備局[8)]이 제주 사람들의 출입을 엄금할 것을 청하니 임금이 이를 따랐다."
>
> — 〈조선왕조실록〉 인조 7년 8월 13일

---

5) 수재水災 : 장마나 홍수로 인한 재난

6) 한재旱災 : 가뭄으로 인해 생기는 재앙

7) 풍재風災 : 바람으로 인한 재해

8) 비국備局 : 비변사, 조선후기 국방과 군사에 관한 기밀뿐 아니라 국정 전반을 총괄한 최고의 기구

제주 사람들이 육지로 이동하는 것을 금하는 정책이었으며 거기다 제주여성과 다른 지방 사람의 혼인을 금할 것을 국법으로 정하여 여성의 출륙은 더욱 엄격히 금하였는데, 다음과 같은 사건이 있었다.

정쟁에 휘말려 역모의 혐의로 스스로 목숨을 끊은 인성군仁城君[9]의 가족들이 1628년 5월 27일 제주로 유배를 오게 된다.

오랜 기간의 고된 생활 속에서 '인성군'의 아내 '해평윤씨'는 장남 '이길'과 차남 '이억', 사남 '이급'에게 제주 여인들을 골라 짝을 맺어주었고 그들은 이내 자식들을 낳고 살게 되었다.

이후 1635년 유배지를 강원도 양양으로 옮기라는 명을 받게 되는데, 출륙금지정책으로 인해 제주 출신 아내와 그 사이에서 낳은 자녀들을 데리고 나올 수가 없었다. 왕족의 처자식일지라도 제주 사람이기에 불가능할 정도였다.

1644년 4월 16일의 〈조선왕조실록〉에서는 다음과 같이 기록되어 있다.

인조가 하교하기를

"이길과 이억, 이급의 자녀가 제주에 살고 있다 하니 본도의 감사에게 하유하여 그들을 내보내게 하라"하고

또 하교하기를

"그 어미들까지 다 내보내 모녀로 하여금 서로 의지하여 살아

---

9) 인성군仁城君 : 1588~1628, 선조의 7남

가게 하는 것이 어떻겠는가?"하니

조정 대신들이 대답하기를

"제주의 인물이 육지로 나오는 것을 금한 것은 곧 조종조로부
터 내려온 고칠 수 없는 법입니다. 지금 성상의 하교가 아무
리 친족의 우의를 돈독히 하는 성대한 뜻에서 나온 것이라도
결코 그 어미들까지 육지로 내보낼 수는 없습니다. 국법이 이
와 같으므로 감히 함부로 의논드리지 못하겠습니다."

하니 인조가 따랐다.

'잠녀'들의 한이 담긴 음식

공물을 제대로 받기 위해 내린 것이 '출륙금지정책'이었고,
거기다 포작인 남성들이 계속 사라져가는 상황이었기에, 결국 전
복을 캐서 바치는 일을 잠녀들이 떠맡게 된다.

"섬 안의 풍속은 남자는 전복을 캐지 않고 그 책임이 잠녀潛女
에게 있을 뿐입니다. 여자가 관역官役에서 대답하는 경우는 유
독 제주만이 그러할뿐더러 … 남편은 포작鮑作에다 선격船格을
겸하는 등 힘든 일이 허다하며, 그 부인은 잠녀로서 일 년 내
내 진상할 미역과 전복을 마련하여 바쳐야 하니 그 고역이란
목자牧子보다 10배나 됩니다."

― 제주목사 이형상 〈탐라장계초〉(1702년)

이후 제주도로 유배 오거나 관리로 온 이들이 전복 캐는 잠녀를 보고 탄식하는 시, 수필, 풍토기 등의 다양한 기록들이 나타난다.

제주에서 유배 생활을 보낸 조선후기 문신 김춘택金春澤, 1670~1717이 지은 수필 '잠녀설'에서는 병에 걸린 잠녀와의 대화가 등장하는데, 당시 잠녀들이 전복을 잡는 과정이 다음과 같이 묘사되어 있다.

잠녀는 바다로 들어가기 전 갯가에서 땔감을 놓고 불을 지펴 몸을 빨갛게 달군 다음 도구들을 챙겨 물에 들어가는데, 도구들 중 빈 전복껍데기가 있다. 바다 밑바닥에 도달해서 한 손으로 바윗돌을 쓸어보면 전복이 있는 것을 알게 되는데, 이때 전복이 딱 엎드려 붙어버리면 바로 딸 수가 없고 또한 그 색이 바위처럼 검기 때문에 혼동을 하게 된다.

잠녀는 전복 바로 옆에 빈 전복껍데기를 올려다보게 놓고 물 위로 올라온 뒤 생기가 돌 때까지 기다린다. 숨을 고른 잠녀는 다시 잠수하여 전복을 찾는데, 아까 올려다보게 둔 빈 전복껍데기에서 반사되는 빛을 보고 그 위치를 다시 찾아낸다는 것이다. 물안경을 쓰지 않던 시절의 방법이었다.

병에 걸린 잠녀는 계속해서 '잠녀들은 물 밑의 날카로운 돌에 베여서, 독이 있는 생물에게 물려서, 그리고 차가운 수온에 얼어서 죽는 경우가 많다'고, 또한 '전복을 캐는 잠녀이

지만 전복을 구하는 것이 매우 어렵다'고 말하는데, 즉, 목숨을 걸고 전복을 채취해도 잠녀들이 먹을 것은 없었을 정도로 전복 징수가 과중했다는 것이다.

이어서 잠녀는

"오직 여러 관리들이 총애를 해주기는 합니다만, 오직 그 말에 따르지 못할까, 그 필요함에 충족시키지 못할까 걱정을 하게 됩니다. 그 천하고 비루함이란 나보다 못한 사람은 없을 것입니다. … 총애를 해주기 때문에 나는 전복을 따서 항상 모아두어야 하고 … 반드시 그것을 많이 모아 가득하게 해두어야 합니다."라며 구차하게 병이 들어 전복을 따지 못하는 자신을 책망하는 어조를 이어간다.

제주에 유배된 문신 조관빈趙觀彬, 1691~1757은 '잠녀를 탄식한다'는 글에서

"추위 더위 아랑곳없이 알몸으로 물에 드네. … 어제도 캐고 오늘도 캐고 보니 작은 전복 큰 전복 모아보니 백 개도 안 돼. … 나의 어진 마음 먹고 싶어도 곧 참을 수 있으니 전복이랑 제발 나의 소반에 올려놓지 마소"라고 적었고

조선 후기 문신 신광수申光洙, 1712~1775는 '잠녀가'에서

"인생에 하필이면 이처럼 험난한 업을 택해 한갓 그까짓 돈 때문에 죽음을 소홀히 한단 말인가. … 세상에서 제일 무서운 게 물만 한 게 또 있던가. 능한 여인 물길 속으로 백 척이나 들어간다 하니 가다가 굶주린 고래 떼의 고기밥이 되기도 하렷다."라고 적었다.

　이 외에도 관리들의 사리사욕을 위해 가녀린 몸으로 거센 파도 속으로 들어가 전복을 따오는 제주 여성들의 모습에 탄식하는 수많은 선비들의 글이 전해지며, '출륙금지정책'은 약 200년 동안 지속이 되었고 제주도는 돌, 바람, 여자가 많은 '삼다'의 섬으로 불리게 되었다.

18
캐비아 : 러시아 농부들이 즐겨 먹던 음식

　푸아그라, 트러플에 이어 세계 3대 진미라고 일컬어지는 것이 바로 캐비아이다. 캐비아는 철갑상어라고 불리는 물고기의 알인데, 상어의 피지컬에 철갑을 두르고 있는 최상위의 공격력과 방어력을 지닌 그 어떤 생물일 것 같지만, 사실 상어랑은 크게 관련이 없는 물고기이며, 이빨도 없기 때문에 주로 바닥을 훑고 다니며 벌레나 연체동물을 잡아먹는 온순한 물고기이다.

철갑상어의 절망적인 번식력

　철갑상어는 굉장히 특이한 물고기인데, 가장 오래된 화석이 약 2억 5천만 년 전에 나타나며, 그 형태가 지금까지 크게 변하지

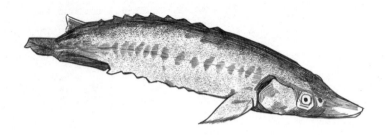

않았기에 '살아있는 화석'이라 불리는 원시 물고기이다. 또한 그 크기가 엄청난데, '벨루가'라는 종의 철갑상어는 8미터 50센치에 달했다는 기록까지 있다.

이렇게 거대한 크기를 자랑하는 철갑상어는 의외로 잡기가 굉장히 쉬운데, 워낙 소극적인 성격 때문에 사람이 잡고 들어 올려도 거의 저항을 하지 않으며, 헝가리의 한 인류학자는 철갑상어가 저항하는 힘에 대해 '해조류만 못하다'라고 표현할 정도였다.

철갑상어의 가장 중요한 특징으로는 진작에 멸종했어도 이상하지 않을 절망적인 번식력이다. 종에 따라 차이는 있지만 가장 작은 종류의 철갑상어도 알을 배려면 최소 6년 동안 자라야 하며, 가장 큰 종의 경우 15년, 때에 따라 20년의 세월이 필요하다.

다행히 철갑상어는 한 번에 수백만 개의 알을 품지만 이게 또 다행히 아닌 게, 자연상태에서는 이 수백만 개의 알들 중 성체의 철갑상어로 자라나는 것이 단 한 개뿐일 정도로 생존율이 매우 낮다고 한다.

즉, 철갑상어는 한번 개체 수가 크게 줄어버리면 원래 상태로 복구되기가 무척 어려우며, 이는 현재 캐비아가 엄청난 고가의 음식으로 자리 잡게 된 주요한 원인이 되었다.

왕실의 물고기, 철갑상어

철갑상어는 유럽, 아시아, 북아메리카 등 북반구 여러 지역의 강과 바다에 서식하고 있었는데, 고대 아테네에서 한 바구니의 철갑상어 고기는 양 100마리의 값어치였다고 하며, 고대 로마 연회에서는 철갑상어 요리가 들어올 때 트럼펫 소리가 울려 퍼졌다고 한다.

중세가 되면 유럽 군주들이 철갑상어를 탐하는 다양한 모습들이 나타나는데, 가령 14세기 영국의 '에드워드 2세'는 철갑상어를 '왕실 물고기'로 규정하고 영국에서 잡히는 모든 철갑상어를 자신에게 바치라고 선언했으며, 이후 덴마크, 스페인 왕들도 어부들이 잡은 모든 철갑상어에 대한 권리를 주장할 정도로 철갑상어 고기는 귀한 별미로 취급되었다.

이런 와중에 철갑상어의 알 '캐비아'에 대한 기록은 거의 나타나지 않는데, 캐비아가 고급스러운 음식으로 유럽에 퍼져 나가기 시작한 것은 19세기에 이르러서이며, 참고로 1860년대까지도 유럽의 어부들은 철갑상어를 잡은 뒤에 고기만 취하고, 알은 돼지에게 주거나 아니면 그냥 땅바닥에 버릴 정도였다. 그리고 이러한 취급을 받던 캐비아 식문화를 퍼뜨린 것은 철갑상어 자원이 풍부했던 러시아였다.

캐비아를 먹는 것은 소금과 파리, 그리고 똥을 먹는 것이다

러시아의 캐비아에 대해서는 다음과 같은 이야기가 전해진다.

러시아 공국들을 박살 내고 다녔던 칭기즈칸의 손자, '바투 칸'이 러시아를 거의 초토화시켰을 무렵 1240년 어느 날 그는 자신의 아내와 함께 러시아 볼가 강에 접해있는 한 수도원에 방문하게 된다.

수도원에서는 이 무시무시한 새로운 군주를 접대하기 위해 그들이 낼 수 있는 최고의 만찬을 내어 왔는데, 메인 코스에는 각종 생선이 들어간 수프와 구운 롤 파이를 비롯하여 거대한 철갑상어 통구이 등 호화로운 요리가 차려졌으며, 마지막 디저트로는 소금에 절인 철갑상어 알이 올라간 따뜻한 사과 절임을 냈다고 한다.

따뜻해진 생선 알이 내뿜는 독특한 향 때문에 바투 칸의 아내는 방을 뛰쳐나갔다고 하며, 한편 고된 전쟁을 통해 강한 비위를 가졌던 바투 칸은 이 생선 알 디저트를 매우 맛있게 먹었다고 한다.

*정확한 근거가 있는 이야기는 아니다.

러시아를 지배하게 된 몽골인들은 중국과 유럽을 잇는 실크 로드의 중간에서 활발히 교역 활동을 벌였고, 14세기 무렵 베네치아 상인들을 통해 러시아의 캐비아가 이탈리아로 건너가게 되었는데, 당시 캐비아는 고급스런 진미와는 거리가 상당히 먼 음식이었다.

바다를 건너는 긴 항해 과정 속에서 캐비아가 상하지 않도록 하기 위해서는 엄청난 양의 소금을 넣어 절였고, 그마저도 충분하지 않아 목적지에 도착했을 때 캐비아 대부분은 곰팡이가 피고 부패한 채로 도착하게 되었다. 참고로 당시 이탈리아에서는 "캐비아를 먹는다는 것은 마치 소금과 파리, 그리고 똥을 먹는 것과 같다."라는 속담이 전해진다.

금식일을 지키기 위한 음식, '캐비아'

15세기, 몽골의 세력이 쇠퇴하고 1556년 '이반 4세1530~1584'가 볼가강 하류 '아스트라한' 지역을 점령함으로써 러시아는 카스피해의 풍부한 철갑상어 자원을 다시 되찾았고 이후 철갑상어와 캐비아는 꾸준히 궁정으로 보내졌으며 러시아인들의 삶에 녹아들게 된다.

특히 가난한 농민들의 삶에 있어서 캐비아는 중요한 음식이었는데, 정교회의 영향력이 강했던 중세 러시아에서는 1년에 최대 200일 동안 고기를 삼가야 하는 금식 기간이 있었고, 이때 철갑상어는 금식일에 먹어도 되는 음식으로 정교회가 공식적으로 승인한 물고기였다.

그러나 가난한 러시아 농민들에게 철갑상어는 상당히 비싼 음식이었고, 고기 대신 훨씬 저렴하게 팔리던 철갑상어의 알, 즉 캐비아를 먹음으로써 러시아 농민들은 종교적 의무를 지켜나갈 수 있었다. 철갑상어와 캐비아는 러시아의 농민, 귀족 모두에게 중요한 음식이었다.

유럽에 알려지기 시작한 러시아산 캐비아

1682년 '표토르 대제1672~1725'가 차르로 즉위했을 때 철갑상어 어업은 러시아의 중요한 산업으로 자리잡은 상황이었으며 한편 그는 상대적으로 발전이 늦었던 러시아의 근대화를 위해 서유럽의 문화와 기술을 도입하기 위해 노력했다.

러시아의 청년들을 서유럽으로 보내 그들의 학문을 익히게 하였고, 귀족들을 보내 그들의 패션을 배우도록 하였으며, 한편 요리사들을 초빙하여 서유럽의 식문화를 받아들이기도 했는데, 이러한 교류 속에서 러시아의 문화 역시 서유럽으로 전달되었고 캐비아도 점차 알려지게 되었다.

이와 관련된 한 유명한 일화가 전해지는데 '표트르 대제'가 보낸 캐비아를 한 수저 먹은 프랑스의 루이 15세가 욕을 하며 우아한 베르사유 궁전 카펫에 캐비아를 뱉어버렸다는 썰이 전해진다. 참고로 당시 루이 15세는 어린 나이였기에 이것이 큰 문제가 되지는 않았다고 한다.

이후 예카테리나 대제1729~1796의 통치 시기에 들어 캐비아는 점차 궁정의 고급스러운 음식으로 자리 잡기 시작하는데, 금과 자개로 만든 숟가락, 정교하게 조각된 크리스탈 얼음 용기 등 캐비아를 신선하게 즐기기 위한 특별한 도구들이 만들어졌고, 상류층의 식탁에 올라가는 캐비아와 서민들이 술집에서 안주로 먹는 캐비아 간의 품질 차이가 벌어져갔다.

신선한 캐비아 수출의 시작

한편 이 시기 러시아 캐비아 수출을 크게 확대한 사람이 있었으니 요아니스 바르바키스Ioannis Varvakis, 1745~1825라는 그리스 출신 선장이었다. 일찍이 '예카트리나 대제'가 1768년 오스만 제국과의 전쟁을 벌였을 때, 그리스의 독립을 꿈꾸던 '요아니스 바르바키스'는 그의 전 재산을 털어 배를 무장하였고 러시아 측에서 열심히 싸우다 모든 배를 잃게 되었다.

그러나 전쟁의 결과는 그리스의 독립으로 이어지지 않았으며, 모든 것을 잃게 된 그는 1775년 상트페테르부르크를 찾아가 '예카테리나 대제'를 알현하게 된다. 여제는 막대한 양의 금화를 비롯하여 카스피해에서의 어업에 대한 무제한 면세를 보장하는 공식 문서를 건네며 감사를 표했다.

노련한 선원이었던 그는 카스피해에 있는 다른 어부들보다 철갑상어를 비롯한 값비싼 생선들을 수월하게 잡아냈고 그렇게 사업을 키워나가던 중 어느 날 빵과 함께 이상한 검정색 점성 물질을 먹고 있는 농부를 만나게 되었다. 지저분하게 생긴 음식의 정체에 대해서 묻자 농부는 한 입 맛보게 해주었는데, 캐비아의 뛰어난 풍미에 충격을 받은 '바르바키스'는 이내 캐비아를 유럽에 수출하기로 마음먹는다.

그러나 몽골과 베네치아 상인들이 겪었던 것과 같이 캐비아는 쉽게 상해버린다는 문제가 있었는데, 그는 오랜 연구 끝에 인근 코카서스 산맥에서 자라는 특정한 목재를 사용하여 캐비아의 신선도를 오래 유지할 수 있는 통을 개발해낸다.

이후 러시아의 캐비아는 상당히 좋은 품질을 유지한 채로 수출되었고 그는 떼돈을 벌게 되었으며 1788년에 이르면 철갑상어 알을 채취하고 포장하기 위한 직원이 3,000명에 달했다고 한다.

19세기에 이르러 증기선이 강과 바다를 오가고 냉장 기술이 발달하며 캐비아의 수출은 점차 편리해졌고 특히 철도가 개설되며 수송 속도가 비약적으로 빨라졌기에 이제 캐비아는 적은 양의 소금으로도 신선도를 유지할 수 있었으며, 캐비아의 진미가 유럽 전역에 전해질 수 있었다.

서유럽 곳곳에 등장하던 러시아 귀족들의 모습으로 캐비아에는 귀족적이고 이국적인 이미지가 더해졌고, 새로이 부상한 자본가 계급, 즉 부르주아들에게 이런 캐비아는 매혹적인 음식이었으며, 캐비아 가격이 얼마든 이를 마음껏 소비할 수 있는 여력도 있었다.

캐비아 소비는 급격하게 증가하기 시작했고, 철갑상어 자원이 풍부했던 독일의 '엘베 강'과 같은 일부 지역에서는 자체적으로 캐비아를 생산하기도 했으며, 이 캐비아 열풍은 철갑상어들이 풍부했던 아메리카 대륙에도 번지게 된다.

북아메리카에서 최초의 영국 식민지 '제임스타운'을 세운 존 스미스John Smith, 1580~1631의 초기 기록에는 "폭풍우 때문에 낚시를 할 수 없었다. … 대신 철갑상어만이 풍부하게 확보되어 있었다. … 우리는 개와 사람이 다 합쳐도 못 먹을 철갑상어를 가지고 있었다."라고 기록되어있다.

철갑상어 자원이 풍부했던 북아메리카에서는 이유는 명확하지 않지만 식민지 시대 이후로 철갑상어의 인기가 꾸준히 좋지 않았다. 오히려 날카로운 등딱지를 가진 거대한 철갑상어가 작은 배를 들이받거나 어망을 망가뜨리는 경우가 많았기에 욕을 얻어 먹던 생선이었으며, 다른 생선을 잡다가 딸려온 철갑상어들이 버려져 그 시체들이 통나무처럼 쌓여 있을 뿐이었다.

그러나 유럽에서 캐비아 붐이 일어나며 19세기 중반부터 북아메리카에서도 캐비아를 생산하기 시작하는데, 하나의 강줄기에서 연간 수백 톤의 캐비아를 뽑아낼 정도였으며, 미국, 캐나다 모든 지역을 아울러 철갑상어가 풍부한 강과 호수에서는 엄청난 양의 캐비아가 생산되었고, 유럽으로 흘러들어 가는 양이 러시아에서 생산된 캐비아와 맞먹을 정도였다.

그러나 초반에 말씀드렸던 대로 철갑상어는 한번 개체 수가 줄면 회복이 어려운 물고기였고 이러한 남획을 비롯하여 댐 건설 및 환경 오염 등으로 인해 북아메리카에서는 캐비아 산업이 시작되고 약 50년 만에 철갑상어들이 거의 전멸 상태에 이르렀으며 결국 거의 모든 북미 지역에서 철갑상어 어업은 금지되었다.

이제 러시아는 지구상에서 철갑상어 자원이 풍부히 남은 마지막 장소였고 소비에트 연방에서는 캐비아 생산을 엄격히 통제하여 철갑상어 개체 수를 보호하는 한편 캐비아가 사치품으로 유지될 수 있도록 수출량을 조절하기도 했다.

그러나 1991년 소련의 붕괴로 이란을 비롯하여 카스피해를 둘러싼 여러 나라들이 경쟁적으로 철갑상어를 포획하여 캐비아를 뽑아냈고 1998년 CITES[1]협약에 따라 모든 종의 철갑상어 및 관련 제품의 국제 무역은 규제되었다. 그리고 현재 생산되는 캐비아의 대부분은 양식된 철갑상어로부터 생산된다.

---

1)   the Convention on International Trade in Endangered Species of Wild Fauna and Flora, 멸종 위기에 처한 동식물의 국가간 교역에 관한 국제적 협약

19

파인애플 : 한 개에 1,000만 원에 달했던 '과일의 왕'

왕관을 쓰고 있는 과일

17세기 피에르 포메Pierre Pomet라는 한 프랑스 학자가 자신의 저서에 남기기를 "지구 상에 있는 그 모든 과일 중 가장 훌륭하고 최고이며, 신이 그 증표로서 왕관을 씌워두었기에 마땅히 과일의 왕이라 부를만하다."라고 평가했던 과일이 있었으니 바로 파인애플이다.

달콤하고 새콤하며 훌륭한 향까지 내뿜는 파인애플은 피자 위에만 올라가지 않으면 맛있게 즐길 수 있는 과일이며[1], 언제 어디서든지 통조림으로도 즐길 수 있는 간편하기까지 한 음식이다.

---

1) 편집자 주 : 저자의 개인적인 취향입니다.

샐러드든 주스든 아이스크림이든, 지금은 여러 가지 음식으로 쉽게 접할 수 있는 것이 파인애플이지만, 한때 파인애플은 서민층의 경우 평생 한 조각을 먹는 것이 소원일 정도로 선망받는 과일이었으며, 유럽에서는 한때 지금 기준으로 1,000만 원에 달하는 가격을 지불해야 겨우 파인애플 한 개를 구할 수 있을 정도였다.

현재 브라질과 파라과이에 해당하는 열대 남미 지역이 원산지인 파인애플은 이후 카리브 제도를 포함한 중남미 지역까지도 널리 퍼져 있던 식물이었다. 해당 지역의 원주민들은 신선한 과육을 즐겼을 뿐 아니라 파인애플로 술을 만들어 마셨고, 때로는 병을 치료하는 약으로 섭취하였으며, 심지어 매끈한 잎이 자라는 품종을 따로 재배하여 이 파인애플 잎으로 옷이나 해먹, 낚시 그물을 만드는 등 삶의 전반에 있어 파인애플을 활용하였다.

'파인애플'과 구대륙의 만남

이런 파인애플은 1493년 '콜럼버스의 2차 항해'를 통해 유럽 구대륙으로 전해지게 되었다. 카리브해의 '과들루프'라는 작은 섬에서 파인애플을 발견한 콜럼버스는 이 새로운 열매들을 스페인까지 싣고 와 '페르디난드 왕'과 '이사벨라 여왕'께 바쳤는데, 당시 스페인 궁정에 있던 이탈리아 역사학자 피터 마터Peter Martyr d'Anghiera는

"저 멀리서 온 파인애플을 처음 맛본 '페르디난트 왕'은 이 과일을 다른 무엇보다 좋아했으며, 참고로 나는 이 파인애플이란

것을 맛보지 못했는데, 긴 항해 동안 다 썩어버리고 오직 (왕에게 바친) 한 개 만이 온전히 스페인에 도착했기 때문이다."라는 개인적인 아쉬움과 더불어, 단번에 한 나라의 왕을 매혹시켜 버린 파인애플에 대한 역사적인 기록을 남겼다.

스페인의 왕뿐만이 아니라 신대륙으로 들어간 초기 유럽 탐험가들에게도 파인애플은 황홀한 음식이었다. 몇 달에 걸친 긴 항해 동안 말라 비틀어진 비스킷만 먹으며 버텨온 이들이 본토에서 가져온 식량마저 바닥이 나는 상황에 처했을 때 이제 남은 먹거리는 주변에 있는 것들뿐이었다.

주변의 원주민들이 어떤 음식들을 먹나 살펴보니 아르마딜로, 뱀, 이구아나 동물들을 잡아먹고, 강렬한 매운맛을 지닌 '고추'라는 생소한 식물, 심지어 제대로 처리하는 과정을 거치지 않으면 치명적인 독성을 품고 있는 '카사바'와 같은 음식들이 주식으로 사용되고 있었다.

평생 겪어보지 못한 낯선 음식들에 공포마저 느끼고 있던 상황에서 새콤달콤하고 즙이 뚝뚝 흐르는 맛있는 과육을 풍부히 지닌 파인애플은 마치 '구원의 음식'과도 같았을 것이며, 또한 오랜 기간 단조로운 식단에 매여 있던 이들에게 파인애플이라는 생전 처음 보는 과일이 주는 풍미는 그들을 황홀경에 빠뜨리기 충분했을 것이다.

이러한 파인애플은 초기 유럽 탐험가들에게 쉽게 받아들여졌고, '보물을 담고 있는 아름다운 캐비닛'이라 표현되었던 파인애플은 선박에 실려 긴 항해 동안 괴혈병을 예방해주는 귀중한 식량이 되기도 하였다.

그리고 스페인과 포르투갈인들의 항해를 통해 파인애플은 아프리카, 인도, 남태평양 등 여러 곳으로 퍼져 세계 열대 지역 각지의 음식 문화에 스며들게 되었다.

유럽인들의 욕망의 대상이 된 파인애플

다시 유럽으로 돌아와서, 단 한 번의 시식으로 단번에 왕을 매혹시켜버린. 파인애플에 대한 유럽인들의 찬사는 폭발적이었다.

1514년 카리브해 지역으로 파견된 스페인의 군인이자, 역사학자였던 곤살로 페르난데스 데 오비에도Gonzalo Fernández de Oviedo는 열렬한 파인애플 애호가였으며 다음과 같이 기록했다.

"완전히 익었을 때 파인애플은 다른 모든 과일들을 뛰어넘는 놀라운 향기로 후각을 만족시킨다. 파인애플의 맛은 너무나 섬세하기에 이를 진정으로 찬양할 수 있는 단어가 세상에는 당최 없으며, 내 생각에는 이 세상 어디에도 이렇게 아름답고 사랑스러운 모습을 지닌 것은 없을 것이다"

마젤란과 세계 일주를 했던 한 이탈리아 탐험가는 "설탕에 절인 어떤 과일보다도 파인애플이 훨씬 맛있다"라고 했으며, 한 프랑스 탐험가는 "이 과일은 오직 비너스의 손길에 의해 수확되어야 한다"라고 표현할 정도였다.

문제는 파인애플을 먹어보고 이렇게 찬사라도 보낼 수 있는 것은 유럽 바깥에서만 가능했다는 점이다. 일 년 내내 열대의 온기를 필요로 하는 식물인 파인애플은 유럽 내에서는 자라지 못했고, 또한 대서양을 건너는 오랜 항해를 견디지 못하고 상해버렸기 때문에 신선한 파인애플이 유럽에 도달하는 것은 무척 어려운 일이었다.

그나마 설탕이나 꿀 등으로 보존 처리가 된 파인애플이 유럽으로 어찌저찌 들어오긴 했지만, 대서양 건너편 아메리카 대륙에서는 갓 딴 파인애플의 황홀함을 담은 보고서가 끊임없이 전해졌고, 더욱이 그곳에선 가난한 노예들도 마음껏 파인애플을 먹는다는 이야기마저 전해졌기에 유럽 본토 사람들의 '신선한 파인애플'에 대한 욕망은 점점 높아져 갔다.

1,000만 원에 달했던 열매

신선한 파인애플을 얻기 위해 유럽 본토에서 강구해낸 해결책은 바로 '온실'이었다. 17세기 튤립 열풍이 불어 고도로 숙련된 재배 기술을 갖춘 네덜란드를 시작으로 이후 프랑스, 영국이 기술을 들여와 파인애플 온실 재배를 발전시키게 된다.

그러나 이 온실에 들이는 어린 파인애플의 가격이 개당 500~700만 원에 달했고, 최상의 조건에서도 파인애플이 열매를 맺기까지 2년 이상이 걸렸으며, 또한 온갖 전문적인 기술이 들어간 온실을 관리하고 유지하는 데 천문학적인 비용이 들어가기까지 했다.

이렇게 생산된 파인애플은 당연히 엄청나게 비쌌고, 웬만한 재력으로는 파인애플을 구하지도 못했으며, 설사 어떻게 구매했다 하더라도 파인애플을 썰어 먹는다는 것은 살 떨리는 선택지였기에, 욕망이 이끄는 대로 바로 먹어버릴 것인지, 아니면 장식물로 두고 자신의 사회적 지위를 뽐낼 것인지에 대한 딜레마에 빠지는 경우도 있었다.

최상위 엘리트들의 성대한 만찬에서는 은 접시에 쌓인 포도, 딸기, 오렌지 등의 '과일 피라미드' 꼭대기에 파인애플이 놓여 이것이 식탁 중앙에 전시될 정도였다. 이렇게 전시된 파인애플은 썩어서 악취를 풍기기 직전까지 연회에 연회를 거듭하여 장식물로 사용되거나, 혹은 이를 작은 조각으로 썰어 나눠줌으로써, 극도의 환대를 표현하는 수단이 되기도 했다.

나아가 상류층들이 소유한 정원에는 돌을 조각하여 만든 파인애플 조각상이 놓이고, 수많은 나무들이 파인애플 모양으로 다듬어지기까지 했다.

이렇게 엘리트들이 열광했던 파인애플은 곧 귀족 문화의 상징물이 되었고, 가구나 식기, 벽지 등은 파인애플 문양으로 꾸며졌고, 심지어 액세서리처럼 들고 다니거나 장식물로 사용하기 위해 파인애플을 대여하는 경우도 있었다.

그러나 파인애플의 이러한 엄청난 위상은 시간이 지나며 급속도로 무너지게 된다. 첫째, 19세기 초 증기선이 발명됨에 따라 보다 빠른 속도로 물건 수송이 가능해졌으며, 둘째, 설탕 가격의 하락, 그리고 노예제의 폐지로 인해 카리브 지역의 '사탕수수 대농장'의 운영이 힘들어지자 대농장들의 작물이 파인애플로 바뀌면서, 이렇게 대량으로 생산된 아메리카의 파인애플이 유럽에 들어오기 시작한다.

이렇게 들어온 파인애플은 대서양을 건너는 긴 항해 탓에 품질이 들쭉날쭉했고, 최상위 품질은 여전히 상류층의 차지이긴 했지만, 품질이 떨어지는 파인애플은 길거리 손수레에서 판매될 정도였다.

여기에 더해 냉장 시설을 갖춘 선박의 등장으로 전반적인 파인애플의 품질이 향상되고, 더욱이 카리브 지역뿐 아니라 미국의 '플로리다'를 비롯하여, 아메리카 대륙보다 훨씬 가까운 북대서양의 '아소르스 제도'에서도 파인애플이 재배되며, 이제 유럽에서 파인애플은 가난한 사람들도 얼마든지 먹을 수 있는 과일이 되었다.

이런 흐름에 더하여 통조림 기술의 발전으로 '파인애플 통조림'이 등장함으로써 이제 거리뿐 아니라 계절성까지 극복한 파인애플은 부패의 위험 없이 일 년 내내 사람들에게 공급될 수 있었으며, 이 '파인애플 통조림' 산업이 전성기를 맞이한 곳은 바로 '하와이'였다.

1778년 제임스 쿡에 의해 유럽인에게 발견된 하와이에 파인애플이 들어온 것은 다른 열대 지역에 비해서는 다소 늦은 시기였지만 파인애플 재배에 있어서는 이상적인 기후와 토양을 가진 천국과도 같은 섬이었다.

1899년 제임스 드러먼드 돌James Drummond Dole이란 남성이 이 하와이 섬으로 들어와 설립한 'Hwaiian Pineapple Company'는 1903년 1,893개의 파인애플 통조림을 생산해냈는데, 불과 4년 뒤에는 125,000개를 생산해낼 정도로 폭발적인 성장을 이루었으며, 그의 성공을 따라 여러 파인애플 통조림 회사들이 하와이에 들어서게 된다.

풍부한 파인애플 공급이 보장되어 있는 하와이 통조림 회사들은 수요를 늘리고자 '파인애플 통조림을 이용한 각종 요리법'과 같은 책자를 비롯하여 신문, 잡지와 같은 여러 매체를 통해 매우 공격적인 홍보 전략을 펼쳤다.

또한 제 1차 세계 대전 때는 연합국 측에 엄청난 양의 '하와이산 파인애플 통조림'이 공급되었는데, 1918년 '제임스 돌'은 "지금 하와이의 파인애플은 전 세계 거의 모든 문명 지역으로 배달되고 있다"라고 언급했으며, 이때 세계 각지에서 온 많은 군인들이 '파인애플 통조림'이란 것을 처음 먹어보고 이 다소 생소한 음식에 익숙해지기도 했다.

이렇게 '파인애플 통조림'은 곧 '하와이'라는 인식이 형성되었고, 1940년까지 전 세계 70%의 파인애플 통조림이 하와이에서 생산되었다.

이후 1962년 어느 날 캐나다의 한 요리사가 통조림 파인애플을 토핑으로 올린 피자를 개발해냈는데, 그가 사용한 파인애플 통조림 겉면에 'Hawaiian'이란 글자가 적혀있었고, 그렇게 이 피자는 '하와이안 피자'라 불리게 되었다.

20
코코넛 : 인류에게 가장 유용했던 열매

인류의 삶을 지탱한 열매

한 학자가 말하길 "열대 지역에서 인간의 확산에 있어서 코코넛 나무가 미친 영향은 식물계에서 유례가 없을 정도이다."라고 했다.

열대 지역에 살고 있지 않은 우리에게 코코넛이라 하면 '걸레 빤 물'이라는 오명이 붙은 '코코넛 워터' 정도가 친숙한 것일 텐데, 사실 코코넛은 이것이 자라는 지역의 사람들에게는 오랫동안 영양이 풍부한 음식과 음료를 제공해주었고, 이 열매에서 나는 기름은 식용유의 역할과 의약품으로서도 사용되었으며, 나아가 코코넛 껍질과 나무의 잎은 건축 자재, 가정용 접시와 도구 등을 공급해주는 소중한 식물이었다.

　그들은 코코넛에 대해 '생명의 나무', '자연이 준 가장 위대한 선물', '인류에게 가장 유용한 나무' 등으로 불렀으며, 이들 열대 지역 원주민들에게뿐만 아니라, 이후 코코넛은 산업 사회 이후에도 인류에게 풍부한 가치를 제공해준 가장 유용한 열매였다.

'코코넛' 열매의 구조와 쓰임새

　코코넛 열매의 구조는 생각보다 복잡한데, 일단 3개 층의 껍질 구조를 가지고 있으며, 가장 겉표면이 '외과피'라 불리고, 그 아래에는 상당히 두꺼운 섬유질 층인 '중과피'가 형성되어 있으며, 이 '중과피'를 다 걷어내면 단단한 '내과피'가 드러나는데, 이 둥그런 '내과피' 속에 소위 '코코넛 과육'이라 불리는 것과 우리가 친숙한 '코코넛 워터'가 자리잡고 있다.

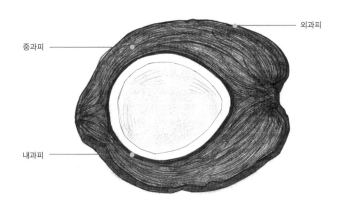

중과피

외과피

내과피

코코넛의 구조

두꺼운 섬유질층으로 이루어진 중간 껍질 부분인 '중과피'는 굉장히 유용하게 사용되었는데, 코코넛 자생 지역의 원주민들은 이 풍부한 코코넛 섬유질을 죽죽 찢어서 끈을 만들었고, 이를 이용해 고기를 잡거나, 해류와 바람을 견딜 수 있을 만큼 튼튼한 밧줄을 만들어 배를 타고 다녔으며, 깔개를 비롯한 각종 가구들, 그리고 집을 짓는데도 사용했다.

코코넛의 중간 껍질을 다 파내면 등장하는 내부 껍질, 즉 '내과피'는 자연적으로 둥근 모양을 지닌데다 또한 무지하게 단단하여 그릇이나 컵 같은 식기류로 사용하기에 적합했으며, 불을 지피기 위한 훌륭한 연료로 사용될 수도 있었다.

단단한 '내과피'를 깨면 '내과피' 벽에 붙은 소위 '코코넛 과육'을 얻을 수 있으며, 또한 과육과 함께 열매 중심에 보관되고 있는 '코코넛 워터'는 언제나 안전하게 마실 수 있는 '생명수'가 되었으며, 인류가 육지나 바다를 이동할 때 코코넛을 꼭 들고 다니게 하는 가장 큰 요인이었다.

귀중한 생명수인 '코코넛 워터'에 대해 괌에서는 다음과 같은 재미있는 전설이 전해져 내려온다.

섬에 살던 어느 부족에 한 아름다운 소녀가 있었다. 부족 사람들의 모든 사랑을 한 몸에 받고 자라던 소녀는 어느 순간 극심한 질병에 걸려 점점 쇠약해지게 되었는데, 이때 소녀는 자신을 치유할 수 있는 특별한 음료가 있다며 이를 부족 사람들에게 설명해준다.

부족 전체가 이 특별한 음료라는 것을 찾기 위해 사방을 찾아 다녔지만 어디에서도 음료를 구할 수 없었고, 결국 소녀는 죽음을 맞이하게 되었다.

소녀는 부족원들이 모두 볼 수 있는 언덕 위에 묻히게 되었는데, 어느 날 마을 사람들은 소녀의 무덤 위에서 이상한 식물이 자라나는 것을 보았고, 이내 엄청난 높이의 나무로 훌쩍 자라더니 얼마 후 나무에서 둥그런 열매 하나가 땅바닥으로 떨어지게 되었다.

부족 사람들은 그 열매를 소녀의 어머니에게 가져갔고, 소녀의 어머니는 열매를 깨뜨려 그 안의 주스를 마셨는데, 맛이 달콤하고 몸이 치유되는 것을 느꼈으며, 이것이 바로 그녀의 딸이 생전에 찾던 신성한 음료였음을 알게 되었다고 한다.

즉, 코코넛은 마실 수 있고 먹을 수도 있고 재활용까지 가능한데다 들고 다니기도 편한 '필수 휴대용품'과 같은 것이었으며, 누군가 "인류라는 집 문앞에 놓인 우유병"이라 표현했을 정도로, 코코넛은 인류의 오랜 역사에서 중요한 음식이었다.

이게 끝이 아니라 3미터에 달하는 코코넛 나무의 거대한 잎으로는 바구니나 모자를 짤 수도 있었으며, 나무의 기둥 역시 유용하게 사용되었기에 남태평양 지역의 모든 섬나라에서 코코넛 나무는 "생명의 나무"로 알려져 있으며,

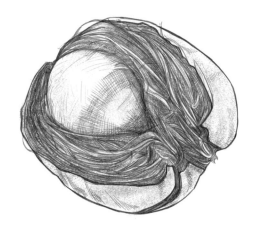

"코코넛 나무를 심는 자는 먹을 것과 마실 것, 그리고 그릇과 의복을 심는 것과 같으며, 나아가 그 자신을 위한 거처를 심는 것이고, 자식을 위한 유산까지 심는 것이다."라는 속담이 전해지기도 한다.

'코코넛'이 제공한 정신적인 가치

코코넛은 물질적인 가치를 제공하는 것을 넘어, 사람이 세상을 바라보는 사고의 틀에 영향을 주었는데, 남태평양의 '쿡 아일랜드'에 전해지는 창조 신화에 따르면 우리의 세계는 속이 텅 빈 코코넛 껍질처럼 생겼는데, 껍질 안쪽은 지하 세계이며, 껍질 바깥쪽은 우리가 사는 지상 세계로 구성되어 있다고 한다.

말레이인들은 "코코넛 껍질 아래에 있는 개구리는 다른 세상은 존재하지 않는다고 믿는다."라는 속담을 통해 인간이 지닌 편협한 사고를 비유하는 데에 코코넛을 사용하기도 한다.

인도에서는 의식용 제물에 코코넛이 사용되는데, 이때 코코넛의 두꺼운 껍질층은 인간의 욕망에 해당하고, 단단하고 둥근 속껍질은 인간의 머리, 즉 '에고'를 뜻하는 것이며, 속껍질 안의 하얀 과육은 인간의 뇌, 즉 우리의 시기심, 분노, 이기심과 같은 부정한 감정을 나타내는 것으로 여긴다.

따라서 제물로 바치기 전에 코코넛을 깨뜨려 열고 그 속의 '코코넛 워터'를 따름으로서, 인간 자아의 단단한 껍데기를 파괴하고, 부정한 생각을 떨침으로서 신성한 본질과 연결될 수 있다고 믿으며 겸손하고 이타적인 자세로 의식에 임한다고 한다.

'코코넛' 열매의 기원에 대한 전설들

인도에서는 코코넛의 기원에 대해 다음과 같은 흥미로운 전설이 전해진다.

"고대 인도의 대현자 '비슈바미트라'는 참회를 위한 수행을 떠나고자 가족을 두고 먼 땅으로 향하게 되었다.

현자가 떠나 있는 동안 그의 가족들이 머물고 있는 지역에 심한 기근이 들게 되었는데, 이 지역을 통치하던 왕 '사티야브라타'는 현자의 남은 가족들이 힘든 나날을 보내고 있다는 소식을 듣고 그들을 극진하게 보살펴준다.

대현자 '비슈바미트라'가 고행을 마치고 집으로 돌아왔을 때,

그는 가족들로부터 이 소식을 듣게 되었고 큰 행복을 느껴 보답을 하고자 왕을 찾아간다. 왕은 현자에게 자신을 육신과 함께 신들이 있는 천상으로 보내달라 요청했고, 현자는 그의 소원대로 왕을 하늘로 올려보내게 된다.

영혼만이 들어올 수 있는 천상의 세계에 인간의 모습을 지니고 하늘로 올라오려 하는 것을 본 천상의 신 '인드라'는 이에 분노하여 왕을 밀어서 땅으로 떨어지게 만든다.

이를 본 현자는 주술을 걸어 떨어지고 있는 왕을 멈추었고, 기둥을 세워 왕을 공중에 고정시켰는데, 이 기둥이 나중에 코코넛 나무로 변했고, 왕의 얼굴은 코코넛 열매가 되었다고 한다."

세계 여러 지역에서 코코넛의 기원에 대한 다양한 이야기들이 전해지는데, 재미있는 것은 위와 같은 사람의 '머리'와 관련된 이야기가 많다는 것이다.
남태평양에서 전해지는 코코넛 기원에 대한 전설은 다음과 같다.

"달의 여신 '이나'와 뱀장어 신 '투나'는 절친한 관계를 맺고 있었는데, 어느 날 뱀장어 신 '투나'가 달의 여신 '이나'를 찾아와 조만간 찾아올 대홍수에 대해 경고해주면서 자신이 그녀 곁을 떠나게 될 것임을 알린다.

뱀장어 신은 대홍수가 일어나게 되고 물이 차오르게 되면 그녀의 집으로 헤엄쳐 갈 테니 자신을 죽이고 그 시신을 땅에 묻으라 일러준다.

며칠 뒤 그의 예언대로 폭우가 쏟아지기 시작하고, 뱀장어 신이 달의 여신을 찾아왔을 때 그녀는 '투나'를 죽이고 시체를 땅에 묻음으로써 대홍수를 막아내게 된다.

시간이 흐르고 '투나'의 무덤에선 묘한 나무가 자라기 시작하더니, 이후에 나무는 열매를 맺게 되었는데, 뱀장어 신 '투나'의 숭고한 희생을 기리고자 모든 코코넛 열매 속에는 그의 얼굴 형상이 새겨지게 되었다고 한다."

　사람의 머리와 관련된 이런 기괴한 이야기가 전해지는 것은 바로 코코넛의 생김새 때문인데, 코코넛의 내부 껍질, 즉 '내과피'의 표면에는 홈이 파진 3개의 동그란 홈이 있고, 멀리서 보면 사람의 머리와 비슷해 보이기 때문인데, 참고로 coconut의 어원에 관해서도

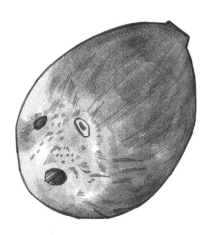

'원숭이 얼굴'이란 뜻의 포르투갈어 'coco'에서 비롯되었다는 설이 있다.

'코코넛'의 자연적인 전파력

아무튼 코코넛의 더욱 신비로운 점은 열매가 스스로 바다를 건너 다른 섬이나 지역에 뿌리를 내릴 수 있는 능력을 지녔다는 것이다.

이는 바닷물의 염분에 대한 내성을 갖추고 물에 둥둥 뜨게 만드는 코코넛의 두꺼운 껍질 덕분에 가능한데, 내부에 저장된 씨앗은 장기간 바닷물에 노출된 상황에서도 안전하게 보관되며, 몇몇 연구에 따르면 코코넛은 바다 위에서 4개월 동안 둥둥 떠다녀도 좋은 땅을 찾기만 하면 뿌리를 내릴 수 있다고 한다.

1883년 인도네시아의 '크라카타우'라는 화산이 크게 폭발하는 사건이 있었다. 그 규모가 얼마나 큰지 반경 16km 내에 있는 사람들은 귀머거리가 되었을 것이라고 보고가 되었으며, 그 여파로 대규모의 쓰나미가 발생하여 약 36,000명의 사람들이 목숨을 잃고 섬의 생태계가 완전히 파괴되었는데 불과 7년 뒤 섬의 해안에서 코코넛 나무들이 스멀스멀 자라기 시작하는 것이 관찰이 되었다.

또한 1946년부터 약 10년 동안 핵폭탄 실험 장소로 사용되었던 '비키니 섬'에서는 핵폭탄 실험이 끝나고 도저히 생명체가 살아남지 못했을 것 같은 환경에서 불과 9년 만에 코코넛들이 자라기 시작했는데, 두 케이스 모두 해류를 타고 외부로부터 흘러

들어온 코코넛이 척박한 땅에 뿌리를 내리고 자라난 것이다.

이런 엄청난 전파력과 유용성 때문인지, 무인도 이미지에는 섬이 얼마나 작든 코코넛 나무가 한두 그루쯤은 꼭 심어져 있는 것으로 표현되기도 한다.

인류가 세계적으로 전파시킨 '코코넛'

코코넛은 자연적인 전파뿐 아니라 사람에 의해서도 세계 각지로 확산되었다.

뛰어난 항해술을 바탕으로 태평양 일대에서 활동하던 고대 폴리네시아인들은 여러 식량과 더불어 코코넛을 배에 싣고 다니며 곳곳에 코코넛 나무를 전파하였으며, 오래전부터 아랍 상인들은 무역로를 통해 코코넛을 아프리카, 유럽 등지로 전파하였는데, 거리상의 문제 때문인지 이 상인들이 유럽으로 들고 온 코코넛은 온전한 열매가 아니라 '내과피', 즉 코코넛 껍데기뿐이었다.

유럽에서는 이 이국적인 열매의 껍데기마저도 희귀하고 귀중한 물건으로 취급되었는데, 둥글고 단단한 코코넛 껍데기는 귀금속으로 장식된 화려한 잔으로 가공되었고, 성당에서는 의식에 사용되며 교황이나 추기경, 대주교들의 소유물이 되었으며, 이후 '코코넛 껍데기 잔'은 유럽 전역의 왕과 귀족들 사이에서 보편화될 정도였다.

13세기 이탈리아의 탐험가 마르코 폴로에 의해 코코넛 열매 자체에 대한 다소 디테일한 정보들이 유럽에 전달되었는데, 〈동방견문록〉에 나타난 코코넛의 기록은 다음과 같다.

"이 열매는 우유와 같이 새하얗고 달콤하고 맛이 좋은 식용 물질을 담고 있다. 이 과육 속에는 물처럼 맑고 시원한 액체가 담겨 있는데, 와인이나 혹은 다른 어떤 종류의 음료보다 그 맛이 뛰어나고 섬세하다."

이후 대항해 시대가 열리며 세계 각지를 탐험하는 유럽인들에 의해 코코넛에 대한 정보들이 본격적으로 유럽에 들어오기 시작하고, 여러 기록들이 전해진다.

이탈리아 출신 귀족이자 탐험가였던 루도비코 디 바르테마Ludovici de Varthema, 1470~1517는 "코코넛이 자라기 시작하면 내부에서 물이 생성되기 시작하고, 완전한 상태가 되면 물이 가득 차게 되어 네다섯 잔을 채울 수 있을 정도가 되는데, 이 물은 마시기에 가장 훌륭한 것이다."라고 기록했으며

영국의 예수회 선교사로서 인도에 파견되었던 토마스 스티븐스Thomas Stephens, 1549~1619는 "코코넛의 물이 너무 풍부해서 하나

의 코코넛을 다 마시고 나면 더 마실 필요가 없다."라는 기록을 남겼다.

이탈리아 학자이자 항해가였던 안토니오 피가페타Antonio Pigafetta, 1480~1531는 "우리에게 빵, 포도주, 기름, 식초 등이 있는 것처럼 그들은 코코넛 나무로부터 이 모든 것을 얻는다. 이 코코넛 나무 두 그루만 있으면 열 식구가 충분히 먹고 살 수가 있다."라는 기록을 남겼고 영국의 군인이자 탐험가이자 전설적인 해적이었던 프랜시스 드레이크Francis Drake, 1540~1596의 일지에는 다음과 같이 코코넛에 대한 자세한 정보가 담겨있다.

"우리가 찾은 것들 중 'Cocos'라고 불리는 과일이 있는데, 이는 영국에 잘 알려져있지 않은 만큼 이에 대한 기록을 남기는 것이 좋다고 생각한다. … 코코넛 나무의 맨 꼭대기에는 단단하고 사람 머리만 한 열매가 무성하게 열리며, 이 열매의 바깥 껍질을 걷어내면 그 속에 끈 같은 것들로 가득 차 있다. 그보다 안쪽에는 단단한 껍질이 또 나타나는데, 이 속에는 매우 하얗고 아몬드 만큼 맛있는 과육이 있다. 또 그 안에는 투명한 술이 담겨 있는데, 그 맛이 매우 섬세하고 달콤하며, 이를 마시면 편안하고 따뜻한 느낌을 받게 된다."

안전한 식수 공급원에다 범선의 밧줄로서 훌륭한 재료, 거기다 과육까지 먹을 수 있는 코코넛은 순식간에 유럽인들의 마음을 사로잡았고, 이들은 항해를 할 때 코코넛을 싣고 다녔으며, 동부 및 서부 아프리카 해안, 카리브해, 브라질, 그리고 필리핀 등 지구의 수많은 열대 지역에서는 코코넛 농장들이 들어서게 된다.

이후 코코넛은 열대 지역에서 그러했던 것처럼 유럽인들에게도 엄청난 존재감을 뿜어내는데, 특히 코코넛에서 추출하는 기름이 그러했다.

'코코넛 오일'의 유용성에 대해서 중세 아랍의 탐험가 이븐 바투타Ibn Battuta, 1304~1369는 "잘 익은 코코넛 과육을 햇볕에 말린 뒤 가마솥에 끓여 기름을 추출할 수 있으며, 이것으로 조명을 키거나 빵에 찍어 먹을 수 있으며, 또한 여자들은 그것을 머리에 바르기도 한다."라고 기록했다.

이처럼 코코넛 오일, 그리고 이를 추출하기 위한 말린 코코넛 과육의 상업적 수출을 위해 남태평양 지역에서는 대규모의 코코넛 재배가 이루어졌고, 코코넛 오일은 음식을 조리하는 데 쓰이고 램프를 밝히는 기름, 나아가 비누의 대량 제조 공정에도 사용될 정도였다.

또한 다양한 형태의 코코넛 껍질은 국자, 스푼, 버튼 등의 재료로 사용되었고, 옷을 짜거나 숯을 제조하는 데에도 쓰였으며, 심지어 제1차 세계 대전 당시 코코넛으로 만든 숯은 화학 무기 전쟁에 휩싸인 군인들의 방독면으로서 훌륭한 성능을 보여주기도 하며, '인류에게 가장 유용한 열매'로써 계속 이어져 오고 있다.

21
키위 : 뉴질랜드에 존재하는 세 가지 키위 이야기

우리나라에도 자생하던 '키위'

키위라는 과일은 외국 어딘가에서 온 과일 같지만 사실 오래 전부터 한반도를 비롯한 동북아시아 지역에서 자생하던 과일이다. 우리나라에서 부르는 이름은 '다래'인데, 고려가요 〈청산별곡〉 "살어리 살어리랏다 청산靑山애 살어리랏다 / 멀위랑 다래랑 먹고 청산애 살어리랏다 / 얄리 얄리 얄랑셩 얄라리 얄라"의 다래가 바로 키위이다.

중국에서는 이 '다래'에 대한 여러 기록들이 나타나는데, 이를 '미후도獼猴桃'라 부르며, 원숭이들이 아주 좋아한다고 설명한다.

중국 송末대에 완성된 본초학의 권위서 '중수정화경사증류비용본초重修政和經史證類 備用本草'에서는 "미후타오는 산골짜기에서 자라며 나무를 타고 감겨 올라가는 성질이 있다. 잎은 둥글고 털이 있으며 열매는 크기와 모양이 달걀과 비슷하고, 껍질에는 갈색 털이 있다."라고 기록하고 있다.

서기 1116년에 간행된 '본초연의本草衍義'에 따르면 지금의 간쑤성, 산시성, 허난성 등 중국 여러 지역의 외딴 산에 매우 흔하게 자라고 있었으며, "가지는 가늘고 유연하며, 식물은 나무 위에서 자라면서 스스로를 지탱하는데, 깊은 산 속의 언덕길을 따라 발견되며 과일은 원숭이가 많이 먹는다."라고 했으며, 이후에도 "모양은 배와 같고, 색은 복숭아와 같으며, 원숭이가 좋아해서 미후도라 부른다." 혹은 "산속에서 풍부하게 자라는데, 농민들이 이를 따서 마을 시장에 가져와 팔곤 한다."는 기록 등이 나타난다.

그러나, '다래'의 원산지인 중국에서는 이 과일을 체계적으로 재배하기보다는 야생에서 자라는 과일로 여겼으며, 정작 이것을 대규모로 재배하고 상업화시킨 것은 뉴질랜드에서였고, 그 이름이 '키위'였다. 그리고 이 키위라는 명칭은 뉴질랜드에 서식하는 날지 못하는 새 '키위'로부터 비롯되었다.

다래는 18세기 이후 중국으로 들어온 선교사와 식물학자 등 일부 서양인들에게 알려지기 시작했는데, 이 다래에 대해 '크기는 호두 정도의 크기에 맞은 잘 익은 구스베리[1]를 닮았다'고 묘사했으며, 따라서 다래는 '차이니즈 구스베리'라고 불리게 되었다.

영국 출신의 어거스틴 헨리Augustin Henry, 1857~1930는 약 20여 년의 세월 동안 중국 해상 관세청에서 근무하였고, 1882년부터 1889년까지 중국 중남부 후베이 성에 있는 양쯔강의 작은 항구였던 '이창Yichang'이란 곳에 머무르게 된다.

당시 '이창'은 유럽 인구가 적은 곳이었기 때문에 매우 외롭고 쓸쓸한 삶을 보내던 '어거스틴 헨리'는 점차 식물학에 관심을 갖게 되었다. 그는 중국에서 재배되는 식물의 경제적 용도와 그 기원에 대해 관심이 많았는데, "식물을 수집하는 것은 나에게 있어서 운동과 같으며, 이 외딴곳에서 정신적으로나 육체적으로나 나의 건강을 유지시켜 주었다."라고 말할 정도였다.

그렇게 열심히 식물을 탐구하던 와중 그는 '다래'를 발견해 내는데, "눈에 띄는 하얀 꽃과 자두 크기만 한 과일이 달리는 매우 큰 덩굴성 관목으로, 이 과일은 구아바 풍미가 나는 맛있는 잼으로 만들 수 있으며, 또한 경작을 통해 훨씬 개선될 수 있을 것이다."라는 기록과 더불어 "이 과일을 통해 큰 이득을 볼 수 있을 것이다."라는 평가를 내렸다.

---

1) 유럽, 북아프리카, 서남아시아 등지에서 재배되는 초록빛의 작고 둥그런 열매

이후 본격적으로 이 '다래'란 것을 서양에 전파시키는 중요한 인물이 있었으니, 영국의 유명한 종묘 사업 회사 'James Veitch & Sons'에 고용되어 중국으로 파견된 '어니스트 헨리 윌슨Ernest Henry Wilson, 1876~1930'이란 식물 수집가였다.

영국에서 상업적인 가치를 지닐 것으로 판단되는 식물을 탐구하고 수집하기 위한 임무를 갖고 온 '윌슨'은 중국 식물 탐구의 선배 격인 '어거스틴 헨리'를 만나서 큰 가르침을 받게 되었는데, "헨리 박사는 수많은 지식을 가진 훌륭한 사람이었다. 내가 만난 사람들 중 가장 상냥했으며, 그는 그가 할 수 있는 모든 방법으로 내게 가르침을 주었고, 앞으로 이룰 어떠한 성과든 모두 그의 덕분일 것이다."라고 말할 정도였다.

헨리 박사에게 가르침을 받은 윌슨은 '이창'으로 이동하여[2] 향후 2년 동안 머무르게 되는데, 그는 수많은 식물 종자를 수집하여 영국에 있는 회사로 보냈고, 여기에는 다래의 종자도 있었다.

1904년 'James Veitch & Sons' 회사의 카탈로그에는 이 다래에 대한 항목이 실렸는데, "최근 윌슨이 보내온 중국 후베이 지방에서 채집된 종자에서 자라났으며, 매우 튼튼하고 성장이 빠릅니다. 또한 이 식물은 호두 크기의 식용 과일을 생산해내는데, 잘 익은 구스베리의 풍미를 가지고 있습니다."라고 설명하는 한편 "꽃이 피고 열매를 맺는 특성과는 별개로, 아주 멋지게 생긴 식물이

---

2) 당시 윌슨이 '어거스틴 헨리'를 만난 장소는 '윈난성 시마오'라는 곳이었다.

며, 정원의 기둥을 꾸미거나 '퍼걸러[3]' 식물로서 매우 큰 가치를 지니고 있습니다."라고 소개했다.

무슨 이유에선지 영국에서 '다래'는 식용할 수 있는 과일보다는 정원을 장식하는 식물로서 더욱 관심을 받았고, 그 관심마저도 오래 지속되지는 않았던 것 같다.

한편 '어니스트 헨리 윌슨'은 '이창'에 머무르면서 많은 서양인들에게 '다래'를 전파하였는데, "1900년 나는 이창의 외국인 거주자들에게 기쁜 마음으로 이 과일에 대해 가르쳐주었으며, 보여주는 족족 사람들은 이 과일을 좋아했고, 이는 현재 '이창 구스베리'로 알려져있다."는 기록을 남겼다.

뉴질랜드에 전해진 '차이니즈 구스베리'

이렇게 '다래'라는 과일이 중국이든 그 밖에서든 갈피를 잡고 있지 못하는 와중, 1903년 메리 이사벨 프레이저Mary Isabel Fraser, 1863~1942라는 뉴질랜드 여성이 중국의 '이창'을 방문하게 된다.

뉴질랜드 왕가누이 여자 대학교Whanganui Girls' College의 학장이었던 '이사벨 프레이저'는 중국 '이창'에서 선교사로 활동 중이던 그의 여동생을 만나러 온 것이었는데, 1904년 다시 뉴질랜드로 돌아갈 당시 그녀는 '이창'에서 얻은 다래의 씨앗을 들고 귀국하게 된다.

그리고 이 다래의 씨앗을 식물에 많은 관심을 가지고 있던

3) 덩굴성 식물을 올리는 서양식 정자

'알렉산더 앨리슨'이란 자에게 주었고, 이후 그는 다래의 열매를 얻는 것에 성공한다.

알렉산더 앨리슨의 조카는 당시 상황에 대해 "내가 왕가누이 여자 대학교를 다닐 때 이사벨 프레이저 학장이 중국으로 휴가를 갔다가 '차이니즈 구스베리'라는 씨앗을 가지고 돌아왔다. 그녀는 이 씨앗을 '알렉산더 앨리슨' 삼촌에게 주었고, 삼촌은 이를 잘 길러냈다."고 회고하였다.

이렇게 뉴질랜드에 들어온 '다래', 즉 '차이니즈 구스베리'는 1910년대와 1920년대를 거치며 많은 뉴질랜드 원예가들의 관심을 끌었고, 묘목 카탈로그에 등장하였으며 소위 센세이션을 일으켰다는 기록도 전해진다.

뉴질랜드 각지의 사람들이 '다래'를 기르던 와중 1925년 헤이워드 라이트Hayward Wright라는 원예가가 풍미가 좋고 열매가 커다랗게 달리는 품종을 개발해냈는데, 이것이 현재 세계 각지에서 가장 널리 재배되고 있는 그린키위 '헤이워드' 품종이었다.

뉴질랜드에서 개량된 '차이니즈 구스베리'는 제2차 세계 대전 당시 뉴질랜드에 주둔했던 영국과 미국 군인들에게 큰 인기를 끌었고, 이후 영국, 캘리포니아 등지로 수출되기 시작한다.

'키위'라 불리게 된 과일

문제는 당시 '구스베리'란 과일은 탄저병균에 쉽게 걸리는 과일이었기에 마케팅을 하기에 적합하지 않은 이름이었고, 따라서 뉴질랜드 수출업자들은 이를 대체하기 위한 다른 이름을 물색하기 시작한다.

이를 대체하기 위해 뉴질랜드 수출업자들이 첫 번째로 낸 아이디어는 작은 멜론이란 뜻의 '멜로네트'라는 귀여운 이름이었는데, 이것도 문제가 있었으니, 미국에서 '멜론' 수입에 엄청난 관세를 매기고 있었다는 점이다.

'멜론'이라는 명칭을 피하고 다음으로 낸 아이디어가 바로 'kiwifruit'이었는데, 이는 뉴질랜드에 서식하는 갈색에 털이 복실복실한 '키위'라는 새에서 따온 것이었다. 1959년 이후 뉴질랜드의 다래는 'kiwifruit'이란 이름으로 전 세계에 수출되기 시작했고, 이를 줄여서 '키위'라 부르게 되었다.

뉴질랜드의 '키위 아이덴티티'

왜 하필 키위라는 날지도 못해서 땅을 배회하며 살며 괴상하게 생기기까지 한 새 이름이 선택된 것일까? 사실 '다래'에 키위라는 이름이 붙었을 무렵 뉴질랜드에서 '키위'는 새뿐만 아니라 뉴질랜드 사람들을 지칭하는 단어였다.

뉴질랜드에는 세 가지의 키위가 존재하는데, 키위 새, 과일 키위, 그리고 뉴질랜드인을 뜻하는 키위이다. 단지 사람을 뜻하는 것을 넘어 '뉴질랜드의 어떤 것'을 지칭하는 폭넓은 단어가 '키위'인데, 가령 뉴질랜드의 음식은 '키위 푸드', 뉴질랜드 달러는 '키위 달러', 뉴질랜드식 영어는 '키위 영어'라고 불리는 식이다.

뉴질랜드인들은 일명 '키위 정체성'이란 것을 지니고 있으며, 뉴질랜드의 모든 '키위'는 바로 '키위 새'로부터 비롯되었다.

키위가 땅에서 살게 된 전설

땅을 걸어 다니며 보잘것없어 보이는 '키위'는 뉴질랜드의 원주민 마오리족에게는 매우 귀한 새였는데, 그들은 키위를 '타네 신의 숨겨진 새'라 불렀다.

마오리족의 신화에 따르면 숲의 신 타네 마후타Tāne-mahuta는 어느 날 숲 속을 걷고 있었는데, 나무들이 벌레에 갉아 먹혀 죽어 가고 있는 모습을 보았다. '타네 마후타'는 형제이자 새들의 신인 타네 호카호카Tāne-hokahoka에게 새들을 불러 모아달라 하고, 모인 새들 앞에서 '타네 마후타'는 이렇게 말한다.

"무언가가 내 아이들을 파먹고 있다. 너희들 중 누군가가 숲의 지붕에서 내려와 바닥에 살면서 내 아이들을 구하고 너희들의 집도 지켜내야 하는데, 누가 내려오겠느냐?"

새들이 침묵을 지키자 '타네 호카호카'는 일대일로 질문을 던지기 시작한다.

"튜이새야, 네가 내려오겠느냐?"

튜이새는 나뭇잎 사이로 비치는 햇빛을 올려다본 다음, 온통 차갑고 어두컴컴한 숲 바닥을 내려다본 뒤 몸서리를 치며 이렇게 말한다.

"타네 호카호카시여, 저 아래는 너무 어두운데, 저는 어둠이 두렵습니다."

타네 호카호카는 '푸케코'라는 새에게 질문을 던진다.

"푸케코야, 네가 내려오겠느냐?"

푸케코 새 역시 차갑고 축축한 땅바닥을 내려다보고 몸서리를 치며 이렇게 말한다.

"타네 호카호카시여, 저 아래는 너무 축축한데, 저는 제 발이 젖는 것이 싫습니다."

여전히 어떠한 새도 입을 열지 않았고 '타네 호카호카'는 청동 뻐꾸기에게 다시 묻는다.

"청동 뻐꾸기야, 네가 내려오면 어떻겠느냐?"

청동 뻐꾸기는 나무 위를 올려다보고, 자신의 가족과 아이들을 둘러본 뒤에 말한다.

"타네 호카호카시여, 저는 지금 둥지를 짓느라 너무 바쁩니다."

모든 것이 조용했고, 한 마리의 새도 입을 열지 않았다.

'타네 호카호카'는 자신의 자녀들 중 누구도 숲 바닥에 내려오지 않게 된다면 그의 형제 '타네 마후타'는 나무들을 잃게 될 것이고, 또한 새들도 집을 잃어버릴 것이기에 마음 속에서 깊은 슬픔을 느꼈다.

'타네 호카호카'는 키위를 바라보며 물었다.

"키위야, 네가 숲의 지붕에서 내려오겠느냐?"

키위는 햇살이 비치는 나무 위를 올려다보았다. 주위를 둘러보았고 자신의 가족들을 보았다. 또한 차갑고 축축한 땅바닥을 내려다본 뒤 고개를 들고 이렇게 말한다.

"그렇게 하겠습니다."

자그마한 새가 주는 희망에 '타네 호카호카'와 '타네 마후타'

는 마음 속에서 큰 기쁨을 느꼈다. 그러나, '타네 마후타'는 앞으로 키위에게 일어날 일에 대해 경고해 줄 필요가 있었기에 다음과 같이 말한다.

"키위야, 네가 내려가게 된다면 몸집이 커질 것이고, 땅의 통나무를 찢을 수 있으려면 두 다리는 굵어질 것이며, 아름다운 빛깔의 깃털과 날개를 잃게 되어 다시는 숲의 지붕으로 올라올 수 없고, 세상의 빛을 보지 못할 것이다."

"키위야 숲의 지붕에서 내려오겠느냐?"

키위는 나무 사이로 비치는 햇살을 마지막으로 바라보며 조용히 작별인사를 했다. 키위는 마지막으로 다른 새들과 그들이 가진 날개, 아름다운 깃털들에 조용히 작별인사를 보냈다. 다시 한 번 주위를 둘러보며 '타네 호카호카'를 향해 말했다.

"그렇게 하겠습니다."

'타네 호카호카'는 다른 모든 새들에게 이렇게 말했다.

"튜이야, 너는 숲의 지붕에서 내려오는 것을 너무 두려워했기에 지금부터 겁쟁이의 표시로 목에 흰 깃털 두 개를 달게 될 것이다."

"푸케코, 너는 발이 젖는 것을 싫어했기에 앞으로 영원히 늪에서 살게 될 것이다."

"청동 뻐꾸기는 네 둥지를 짓느라 너무 바빴기에 앞으로는 둥지를 짓지 않고, 다른 새들의 둥지에 알을 낳게 될 것이다."

그리고 키위를 바라보며 말했다. "너의 위대한 희생이 있었기에, 너는 앞으로 가장 널리 알려지고, 세상에서 가장 사랑받게 될 것이다."

키위

키위는 일반적인 새와는 다른 특징을 지닌 특이한 조류인데, 길쭉한 부리 끝에 콧구멍이 달려 있어 부리로 땅을 쿡쿡 찌르고 다니면서 벌레들을 찾아 먹고, 튼튼한 다리로 사람만큼 빨리 뛰어다니며, 새의 깃털보다는 포유류와 같은 덥수룩하고 복슬복슬한 털을 가지고 있다.

이런 독특한 새인 키위는 초기 유럽 정착민들에게도 큰 흥미를 불러일으켰는데, 1835년 뉴질랜드의 선교사 윌리엄 예이트William Yate , 1802~1877는 "키위는 뉴질랜드에서 가장 놀랍고 또한 흥미로운 새이다."라고 했으며, 1851년에는 살아있는 키위 새가 런던의 동물원으로 보내지기도 했다.

한편, 키위를 식용한 한 유럽인도 있었는데, 뉴질랜드를 광범위하게 탐험했던 찰스 더글러스Charles Edward Douglas, 1840~1916는 탐험 중 극심한 배고픔에 시달렸던 상황에 대해서 다음과 같이 기록했다.

"배가 너무나 고팠기 때문에 키위 새 두 마리를 먹었다. 만일 마지막 도도새가 내 앞에 있었다면 기꺼이 잡아먹었을 정도로 배가 너무 고팠다. 다만, 이 키위 새의 고기에 대해서 내가 전해 들었던 가장 좋은 평가는 '오래된 관짝에 삶은 돼지고기 조각 같은 맛'이라는 것이었다."

특이하게 생겼지만 또 단순하게 생겨서 그리기가 쉬운 키위는 19세기 후반 각종 뉴질랜드의 트레이드마크로 쓰이기 시작하는데, 뉴질랜드의 지폐, 동전, 우표 등에 키위 아이콘이 새겨졌으며, 뉴질랜드라는 국가를 상징하는 것으로 키위가 표현되기도 했다.

키위는 일부 군부대의 상징으로도 쓰였는데, 제1차 대전 당시 뉴질랜드군의 몇몇 연대들이 키위가 그려진 배지를 달고 참전하였으며, 1918년 제1차 세계 대전이 끝난 후 본국으로 이송되기를 기다리며 영국에 머무르던 뉴질랜드 군인들은 그들의 캠프 근처 언덕에 키위 형상을 새겨두기도 했다.

유럽인들은 뉴질랜드 군인들을 '키위'라 부르기 시작했으며, 또한 1차 대전 당시 군인들에게 인기를 끌었던 한 구두약 덕분에 '키위'라는 단어가 유럽, 미국으로 널리 퍼지기도 했다.

호주 '멜버른'에 살던 윌리엄 램지William Ramsay, 1868~1914는 1906년 한 구두 광택제를 만들어내 이를 'Kiwi'라는 이름으로 상품화하며, 키위 새의 아이콘을 새겨 브랜드화했다. 호주 태생인 그가 생소한 뉴질랜드의 새 이름을 상표로 정했던 것은 아내가 뉴질랜드 출신이었기 때문에 그녀의 고향을 기리기 위함이었다.

더욱 성능이 개선된 '키위 구두약' 제품을 내놓았을 1908년 무렵, 호주산 구두 광택제는 세계에서 최고로 여겨지게 되었고, 제1차 세계 대전 당시 영국군과 미군에 의해 사용된 이후로 전 세계로 수출되며 '키위'라는 단어를 널리 퍼뜨리게 되었다.

2차 대전까지 거치며 '키위'는 뉴질랜드 군인들, 나아가 뉴질랜드 사람들을 뜻하는 광범위한 단어로 자리 잡게 되었으며, 또한 1960년대 후반부터 뉴질랜드의 '키위' 과일 수출량이 폭발적으로 증가하면서 뉴질랜드에는 키위 새, 사람 키위, 그리고 과일 키위의 세 가지 키위가 존재하게 되었다.

22

아보카도 : 거대한 씨앗을 품은 독특한 과일의 역사

거대한 씨앗의 비밀

오랜 옛날 중앙아메리카에서 신이 주신 선물이라 불리며, 엄청난 최음 효과가 있고 그 이름이 '불알'을 뜻하기도 했던 과일이 있으니 바로 아보카도이다. 숭한 생김새와 더불어 달콤함, 상큼함은 1도 없이 오히려 짠맛이 나는 아보카도의 신비로운 특징은 엄청난 열량을 지닌 열매라는 점과, 열매 속에 거대한 씨앗이 들어있다는 것이다. 그리고 이 거대한 씨앗 때문에 아보카도는 멸종될 위기에 처하기까지 했다.

아보카도 열매를 반으로 갈라보면 탁구공만 한 크기의 씨앗이 나오는데, 아보카도가 종의 확산을 이루기 위해선 어떤 생물이 이 커다란 씨앗을 그대로 삼킨 뒤 그 모양 그대로 배출해낼 수 있어야 한다. 일단 저는 해낼 자신이 없고 지금 시대의 코끼리나 소, 말 정도라면 가능할 텐데, 문제는 이 동물들이 아보카도가 자라던 아메리카 대륙에는 없었다는 것이다.

다만, 지금으로부터 약 1만 3천 년 전까지 아메리카 대륙에는 엄청난 숫자의 거대 포유류들이 살고 있었는데, 가령 어깨높이가 3미터에 달했던 거대한 낙타, 트럭만 한 크기에 키가 6미터에 달했던 땅늘보 등을 비롯하여 지금의 승용차 정도는 가뿐하게 넘는 크기의 동물들이 널려 있었다고 한다.

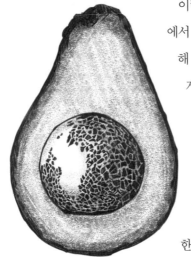

이런 거대한 동물들과의 관계 속에서 아보카도는 씨앗을 크게 형성해 나갔다. 이렇게 씨앗이 커지게 되면 어린 아보카도는 당분간 씨앗 속에 들어있는 영양분만으로도 일정 높이까지 자랄 수 있었는데, 이는 햇빛이 거의 닿지 않는 울창한 숲 속 환경에서 살아남기 위한 훌륭한 전략이 되었다. 그리고 울창한 숲 속으로 거대한 동물들을 끌어들이기 위해 아보카도는 높은 칼로리의 과육을 지닌 과일이 되었다.

이렇게 아보카도가 잘 지내던 와중 약 1만 3천 년 전에 이르러 아메리카 대륙의 수많은 거대 포유류들이 갑작스레 멸종되었고, 이제 커다란 씨앗을 운반해 줄 파트너가 사라진 아보카도는 부모 나무 밑에 툭 떨어져 썩어버리는 수밖에 없었다.

간혹 아보카도의 지방질 과육에 끌려온 재규어들이 씨앗을 통째로 삼키고 잘 뿌리고 다니긴 했으나, 애초에 육식 동물인 재규어가 먹는 아보카도의 양이 많지 않았기에 기존 거대 포유류들을 대체할 순 없었고 그렇게 아보카도가 멸종의 길을 걷고 있었을 무렵, 배링 해협을 통해 아메리카 대륙으로 들어와 기존 그 어떤 동물보다도 아보카도 씨앗을 널리 퍼뜨릴 능력을 지닌 새로운 동물이 있었으니 바로 사람이었다.

거대 포유류들을 매혹했던 높은 퀄리티의 아보카도 과육은 초기 인류에게 역시 매력적이었을 것이고, 이내 사람과 아보카도는 깊은 관계를 맺기 시작한다. 멕시코 중부 지역의 한 동굴 유적지에선 최소 9,000년 이상 된 아보카도 씨앗이 발견되었으며, 이후 주요 문명들에서도 아보카도는 중요한 음식으로 자리 잡게 되었다.

'불알'을 닮은 열매

7세기 중반 지어진 마야 문명의 위대한 왕 '파칼'의 석관에는 그의 조상 중 한 명이 아보카도 나무와 함께 땅에서 돋아나오는 형상으로 새겨져 있으며, 아즈텍 제국의 도시 중 하나였던 아와카틀란Ahuacatlan이란 곳은 '아보카도가 풍부한 곳'이란 명칭이었다.

아보카도는 숭한 생김새를 지니고 있는데, 때문에 아즈텍에서 아보카도를 가리켜 이르던 '아와카틀'이란 단어는 '불알'을 지칭할 때도 사용되었으며, 때문에 아보카도를 먹으면 고환이 아주 건강해질 것이라는 믿음이 있었다고 한다.

이런 맥락에서인지 잘 익은 아보카도가 내뿜는 아로마에는 강력한 최음 효과가 있다고 여겨졌으며, 때문에 아즈텍 귀족 집안 여성들은 아보카도 수확 시기가 되면 집 밖을 나가는 것이 금지되었다는 이야기도 전해진다.

아무튼 아보카도는 중남미 원주민들이 광범위하게 즐기던 과일이었으며, 이들은 과육을 즐겼을 뿐만 아니라 아보카도 잎을 고기에 문질러 바비큐에 향을 더하기도 했다. 또한 아보카도 씨앗을 짓이기면 뿌옇고 하얀 액체가 나오는데, 이것이 공기 중에 노출되면 어두운 적갈색으로 변하며, 원주민들은 이 액체를 잉크처럼 사용했고, 이후 이곳에 들어온 스페인인들도 이 액체를 이용해 문서를 작성하기도 했다.

유럽인들과 아보카도의 만남

아메리카에 들어와 온갖 새로운 동식물에 매료된 스페인인들은 아보카도에 대한 여러 기록을 남겼다.

1519년 스페인 지리학자 마르틴 페르난데스 데 엔시소Martín Fernández de Enciso는 "과육이 마치 버터와 같고 놀라운 맛을 지니고 있어 미각을 즐겁게 한다"라는 아보카도에 대한 최초의 기록을 남겼다.

이어 1526년 스페인 식물학자 곤살로 페르난데스 데 오비에도Fernández de Oviedo는 조금 더 자세히 기록하고 있다.

"'배 나무'라 불리는 것이 있는데, 스페인의 것과는 좀 다르다. 나무는 거대하고, 여기에선 '배'가 열리는데, 그 열매는 무게는 대략 450g정도 되고, 그 모양과 색은 '진짜 배'(서양배)와 유사하며, 열매 한가운데에는 '밤톨'처럼 생긴 씨앗이 자리 잡고 있다. 또한 이 열매의 씨앗과 껍질 사이에 있는 부분을 먹을 수 있는데, 마치 버터와 같은 반죽 형태이며, 그 맛이 매우 훌륭하고 또한 풍부하다"

나아가 17세기 스페인 선교사 베르나베 코보Bernabé Cobo는 "내가 살면서 본 과일 중 가장 큰 씨앗을 담고 있다. 그 과육은 굉장히 부드러운데, 어떤 사람들은 설탕과 소금을 쳐서 먹기도 하지만, 그 과육 자체가 어떤 양념을 칠 필요도 없이 너무 맛있기에 나무에서 바로 따서 먹기도 한다."라며 아보카도의 커다란 씨앗과 '버터'와 같은 식감을 기록하고 있다.

중남미의 넓은 지역에 걸쳐 풍성히 자라던 아보카도는 이내 이곳에 들어온 유럽인들의 입맛에도 사랑받게 되는데, 이들은 과육을 꺼내 갈아서 식초와 후추를 약간 섞어 지금의 '과카몰리'와 같은 형태로 일찍이 즐겼으며, 그 풍성함 때문인지 유럽인들이 들여온 가축들도 아보카도를 먹고 다닐 정도였다.

프랑스 식물학자 장 밥티스트 라밧Jean-Baptiste Labat, 1663~1738은 "이곳에서는 돼지들이 나무에서 떨어진 잘 익은 아보카도를 주워 먹고 다닌다. 또한 이렇게 아보카도를 먹고 자란 고기의 풍미가 아주 뛰어나다"라고 기록했으며, 또한 "개와 고양이들이 닭을 잡아먹고 나서 아보카도를 씹어 먹는데, 마치 풍성한 고기를 먹은 사람이 후식으로 올리브를 집어 먹는 것 같다."라는 기록도 나타난다.

계곡 곳곳에 풍부히 자라며 기르기 쉽고 거기다 높은 열량까지 지닌 아보카도는 식민지 지배자들이 값싸게 노동력을 부릴 수 있는 훌륭한 식량 자원이 되었고, 카리브 해의 사탕수수 농장들에선 노예들에게 아보카도가 빈번히 제공되었다고 한다.

이후 미국으로 들어온 아보카도는 플로리다를 거쳐 캘리포니아에서 커다란 산업으로 발전하게 된다. 산업 초기 아보카도는 상당히 비싼 과일로 출발했는데, 1905년 캘리포니아에서 아보카도 한 개의 가격은 30~50센트였다고 하며, 당시 미국 노동자의 평균 시급이 22센트 정도였다고 한다.

1915년에는 캘리포니아의 아보카도 재배자들이 모여 'California Ahacate Association'이란 협회를 결성하기도 했는데, 이때 협회의 명칭이 '아보카도Avocado'가 아닌 '아후아카테Ahuacate'였던 이유는 당시 미국에서 아보카도가 'Avocado'라 불리지 않고 멕시코식 이름인 'Ahuacate'로 불렸기 때문이다.

그러나 이 'Ahuacate'라는 멕시코식 명칭이 히스패닉 계열 사람들에게만 시장을 한정시킬 것을 우려한 'California Ahacate Association' 협회가 했던 첫 번째 행동은 이 과일의 명칭을 'avocado'라는 고급스러운 단어로 통일시킨 것이었다. 이후 자기들 협회 명칭도 'California Avocado Society'로 바꾸면서 아보카도 산업의 발전을 이끌어나갔고, 캘리포니아는 미국 아보카도의 90% 이상이 생산되는 지역으로 변모하게 되었다.

아보카도는 캘리포니아라는 지역적 특색을 담고 있음과 동시에 특이한 식재료였기에 새로운 시도를 추구하는 많은 셰프들에게 흥미를 끌었고, 이내 캘리포니아에선 아보카도를 이용한 샌드위치, 샐러드 등등 여러 독창성이 가미된 음식들이 등장하게 되었다.

    그리고 1900년대 20세기 중반, 날 생선을 꺼리던 미국인들을 끌어들이고자, 로스앤젤레스의 한 일본인 셰프가 오이, 게살, 아보카도 등으로 속을 채우고 김, 밥으로 겉을 감싸 만들어낸 것이 '캘리포니아 롤'이었다.

23
고추 : 후추를 찾다 발견한 새로운 식물

매운맛의 정체

매운맛을 너무나 사랑하는 우리나라 사람들의 거의 모든 식단에는 고추라는 음식이 포함되는데, 김치는 말할 것도 없고, 각종 국이나 찌개에도 들어가며 심지어 고기를 구워 먹을 때도 생마늘과 함께 생고추를 곁들여 먹는다. 이마저도 성에 안 차는 우리는 고추를 고추장에 찍어 먹는 기염을 토하기도 한다.

매운맛은 굉장히 독특한 맛인데, 사실 '매운맛'이란 미각은 없고, 매운맛은 혀를 강렬하게 자극해 만들어지는 통각, 즉 일종의 통증인 것이다. 본래 인간이 맛을 느끼는 것은 살아가는 데 필요한 정보를 얻기 위함인데, 예를 들어 단맛은 '이 음식은 좋은 에너지원이다'라는 신호, 신맛은 '상했을 수도 있으니 신중하게 씹어보고 이상하면 뱉어라'라는 신호, 쓴맛은 '독이 있으니 당장 뱉어라'라는 식이다.

단지 통증일 뿐인 매운맛은 단맛, 신맛, 짠맛, 쓴맛과는 질적으로 다른 감각이다. 우리가 아무리 맛있는 음식일지라도 계속 먹게 되면 결국 질리게 되지만, 매운 음식의 경우 계속 먹더라도 고통만 점점 심해진다는 사실을 알 수 있다.

다른 감각 수용체와 달리 통증 수용체는 자극에 빨리 순응하지 않기 때문인데, 우리가 뜨거운 국물을 계속 먹는다 해서 그 뜨거움에 적응하지 못하는 것과 마찬가지이다. 물론 장기간에 걸쳐 매운 음식을 먹다 보면 매운맛에도 점차 순응할 수도 있기는 하다.

매운 고추가 혀에 닿게 되면 통증의 원천인 고추를 빠르게 소화하기 위해 위장이 활발히 움직이게 되는데 따라서 갈증을 느끼게 되고, 우리 몸이 고통을 느끼는 것을 정상적이지 않은 상태로 판단한 뇌가 천연마약이라는 '엔도르핀'이라는 물질을 배출해 통증을 완화해주는 역할을 한다. 이로써 우리는 고추를 먹으며 잊을 수 없는 쾌감을 맛보는 것이다.

한편으로 고추가 지닌 매운맛 때문에 대다수 동물들은 고추를 먹지 않는데, 식물의 입장에선 자신의 씨앗을 널리 퍼뜨려 줄 중요한 파트너가 자신을 쳐다보지도 않는 눈물 나는 상황인 것이다. 그럼에도 고추가 매운맛을 지니고 있는 이유는 억울한 식물이어서가 아니라, 새들만이 자신을 먹을 수 있도록 하기 위함이다.

새에게는 고추의 매운맛 성분인 캡사이신을 느끼는 수용체가 없기 때문에 매운맛을 느끼지 못하며, 이빨로 씨앗을 으스러트리는 포유동물과 달리 조류는 씨앗을 통째로 삼키는 데다 소화기관도 짧기 때문에 씨앗은 온전한 형태로 다시 세상 밖으로 나오게 된다.

거기다 날아다니기까지 하는 새는 더 넓고 빠르게 씨앗을 퍼뜨릴 수 있으며, 따라서 고추는 새를 자신의 파트너로 삼기 위해 매운맛을 발달시켰다는 설이 전해진다.

고추가 전 세계에 퍼진 시기는 옥수수, 감자와 마찬가지로 콜럼버스의 신대륙 발견 이후이다. 사실 고추가 처음 발견되었을 때는 후추의 일종으로 알려졌으며, 때문에 후추와는 아예 다른 식물인데도 불구하고 고추를 뜻하는 영어 'hot pepper', 'chili pepper'에는 후추를 뜻하는 'pepper'가 들어간다.

후추로 대표되는 향신료는 중세 유럽에서 우리가 상상하는 것 이상의 엄청난 가치와 매력을 지니고 있었는데, 음식의 보존성을 높이고 향을 첨가하는 실용적인 측면뿐 아니라 신비로운 동방 지역에서 온 매혹적인 물건이었다. 중세 유럽인들에게 그 신비로움은 향신료가 자라나는 곳이 에덴의 정원, 즉 파라다이스일 것이라는 신념으로까지 이어진다.

향신료의 원산지는 인도, 멀리는 인도네시아까지였으며, 여기서 생산된 향신료들은 사막을 지나고 바다를 건너는 매우 멀고 복잡한 루트를 통해 지중해에 도달했다. 당시 향신료 교역의 전체 과정을 파악할 수 있던 사람은 아무도 없었으며, 때문에 향신료의 신비로움은 부풀려졌고 유럽에 도달했을 때 향신료는 천문학적인 가격을 형성하게 되었다.

직접 향신료가 나는 곳으로 찾아가면 해결될 문제였지만, 당시 향신료의 무역 루트 전체에 걸쳐 있던 이슬람 세력들이 교역을 통제하고 있었으며, 또한 아득히 먼 이국이라는 점에서 오는 위험성은 유럽인들에게 큰 장애물이 되었다.

이때 이탈리아 출신 탐험가 '크리스토퍼 콜럼버스'는 상당히 멋진 아이디어를 내놓는데, "동방의 물건이 꼭 동쪽에서 오란 법은 없다. 지구는 둥그니까 서쪽으로 계속 나아가면 언젠가 향신료 원산지, 인도에 도착하지 않겠는가."라는 것이었다.

콜럼버스의 이런 원대한 계획은 의외로 여러 번 거절당하는데, 그 이유 중 하나는 콜럼버스가 제시한 조건 때문이었다. 그는 자신과 후손들에게 귀족의 칭호와 제독의 계급을 요구했고, 새로 발견된 모든 땅에서 얻는 수입의 10분의 1, 모든 무역 거래의 8분의 1을 자신의 지분으로 요구했으며, 또한 자신이 발견할 모든 땅의 총독으로 임명할 것, 그리고 이런 모든 권리가 후손들에게 세습되어야 한다는 조건이었다.

까이는 것이 당연해 보이는 이런 조건을 왠지 스페인의 '이사벨 여왕'이 받아들이고, 콜럼버스는 자신이 인도로 가는 신항로를 개척하여 향신료 무역의 독점권과 더불어 황금의 섬까지 찾아내 바치겠다는 확언을 남기고 1492년 대서양으로의 항해를 시작한다.

후추였어야 했던 고추

약 2개월 뒤 아메리카 해안의 한 섬에 상륙한 콜럼버스는 그곳이 인도 제도라 믿고 주님께 감사드리며, 그곳의 원주민들을 인도인이라는 뜻의 스페인어 '인디오'라 칭했다.

이 '인디오'들에게 황금과 후추 등의 샘플을 보여주고 온갖 손짓, 몸짓을 동원하여 물어보는데, 이때마다 '인디오'들은 "내가 이걸 잘 알고는 있는데, 여기엔 없고 저쪽, 다른 섬에, 많더라" 혹은 "저기 동남쪽으로 내려가면 있다"라는 식으로 답변을 한다. 항해 일지에는 인디오들이 알려준 방향으로 계속 돌아다니며 황금과 후추를 찾아 헤매는 콜럼버스의 모습이 나타난다.

당연히 그곳은 향신료의 산지 인도가 아니었고, 또한 황금의 섬 같은 것도 없었기에 콜럼버스는 결국 원하는 것을 찾지 못하고 스페인으로의 귀항 준비를 하게 된다.

떠날 준비를 하던 콜럼버스는 떠나기 직전 1493년 1월 15일 '히스파니올라 섬'에서 다음과 같은 기록을 남긴다.

"이곳에는 '아히Ají'라는 것이 풍부하다. 이는 원주민들의 후추이며, 건강에 아주 좋다고 여기기 때문에 모든 음식에 넣어 먹는다. 우리 유럽의 후추보다 훨씬 뛰어난 것이며 이 에스파뇰라 섬에서는 1년에 캐러벨[1] 기준으로 50척의 분량을 생산해낼 수 있다."

이 '아히'라는 것은 바로 고추였으며, 결론부터 보자면 너무 매운맛 때문에 고추는 유럽에서 후추를 대신할 향신료가 되지 못했다.

이와는 별개로 고추는 유럽인들의 식단에 빠르게 오르기 시작하는데, 스페인 군인이자 식물학자였던 곤살로 페르난데스 데 오비에도Gonzalo Fernández de Oviedo y Valdés, 1478~1557는 1526년 그의 서적에서

"스페인과 이탈리아를 비롯한 많은 지역에서 고추는 일상적인 음식재료로 사용되고 있다. 아주 훌륭한 향신료로 취급되는데, 특히 겨울에 사용하면 그 효과가 더 뛰어나며, 고기와 생선과의 궁합에 있어서는 '좋은 품질의 검은 후추'보다 더욱 좋다."라고 적었다.

스페인 예수회 선교사이자 박물학자였던 호세 데 아코스타José de Acosta, 1540~1600는 "고추를 적당히 섭취하면 소화를 돕고 위를 편안하게 한다."라고 했으며 이어서 그는 고추 섭취에 대한 경고문을 남기기도 했는데,

---

1) 중세 스페인, 포르투갈의 작은 범선

"고추를 너무 많이 먹으면 좋지 않다. 고추는 그 성질이 매우 뜨겁고 불끈거리고 쿡쿡 찌르기 때문에 정욕을 자극하며 따라서 젊은이들의 영혼에 해롭다."라고 적었다.

아무튼, 죽을 때까지 자신이 인도에 도착했다고 믿었던 콜럼버스에겐 자신이 온갖 고생을 해서 찾아낸 이 고추가 후추이어야만 했을 것이며, 그가 '후추'라고 명명하여 가져온 이 새로운 식물을 스페인에서는 '후추'를 의미하는 기존 단어 '피미엔타pimienta' 보다 훨씬 더 강하다는 의미로 '피미엔토pimiento'라고 부르게 되었다. 이렇게 고추는 자신과 전혀 상관이 없는 식물인 후추와 연관이 되어 pepper라 불리게 되었다.

24
감자 : 세상을 뒤바꾼 음식

우리 주변에는 언제나 감자라는 음식이 있으며, 다양한 형태로 먹는다. 감자는 전 세계에서도 찾아볼 수 있는 음식이며, 밀, 쌀, 옥수수와 함께 오늘날의 4대 작물로 칭해진다.

척박한 환경에서도 주렁주렁 열리는 감자는 인류 역사상 사람들을 가장 많이 구한 작물로도 명성이 높은데, 감자가 인류에 널리 퍼진 것은 300년도 채 되지 않았으며, 발견된 것도 16세기가 되어서이다.

남아메리카 안데스 고지에서 재배되고 있던 감자는 스페인 정복자들이 잉카제국을 정복하며 처음 유럽인들에게 알려지게 되었다.

감자의 원산지로 알려진 중앙 안데스 고지는 비가 자주 오는 우기와 비가 거의 오지 않는 건기가 반복되는데, 이런 환경에서 적응하는 식물 생태 중 하나가 땅속줄기나 뿌리에 영양분을 저장하는 것이고, 감자와 같은 덩이줄기 식물의 출현에 큰 영향을 미쳤다.

감자가 출현했던 곳은 해발 4,000m에 달했으며, 수목이 없고 과실을 거의 얻을 수 없는 환경이었기에 그 지역 원주민들에게 감자는 귀중한 식량원으로 사용되었다. 이들은 감자를 몇 년 동안이나 보관할 수 있는 신박한 기술까지 가지고 있었다.

많은 수분을 함유하고 있는 감자는 상하기 쉽고, 오랜 기간 저장하기가 어려웠는데, 원주민들은 지역의 특이한 기후를 이용해 감자를 밖에 널어 놓아 얼었다, 녹았다를 반복하게 한 뒤 발로 밟아 수분을 제거하고 또 건조시키는 복잡한 과정을 통해 '추뇨'라고 불리는 말린 감자 음식을 만들었다.

고고학자들은 볼리비아의 한 유적지에서 2,200여년 전의 추뇨를 발견했으며, 상태만 좋으면 6년도 보관이 가능한 이 추뇨는 가볍고 운반이 편리해 원주민들의 사회에서 중요한 거래품으로도 사용되었다.

스페인의 군인이자 가톨릭 사제였던 후안 데 카스텔라노스 Juan de Castellanos, 1522~1606는 콜롬비아 내륙을 탐험하는 원정대에 참가하여 안데스 산맥 북부 고도의 지역에서 감자를 재배하는 원주민들을 발견하게 되었는데, 이때 만난 새로운 식물 감자에 대해서 그는 '트러플[1]'이라 칭하며 다음과 같이 기록했다.

"원주민들의 모든 집에는 옥수수와 콩, 그리고 트러플이 저장되어 있다. 이는 둥근 뿌리를 지니고 있으며 … 그것들은 땅 아래에서 자라고 크기는 달걀 정도이며 어떤 것은 둥글고 어떤 것은 길쭉하다. 흰색, 보라색, 노란색 등 다양한 색이 있으며 그 맛이 훌륭한데, 원주민들은 이것을 진미로 여기며 심지어 스페인인들에게도 맛있는 음식이었다."

안데스 산맥을 광범위하게 탐험했던 스페인 정복자 페드로 시에사 데 레온Pedro Cieza de León, 1520~1554은 감자라는 식물을 비로소 '감자'라고 칭하며 다음과 같이 기록했다.

"옥수수 외에도 원주민들의 주요 식단을 이루는 두 가지 다른 음식이 있다. 하나는 '감자'라고 불리는데, 땅속에서 자라는 견과류 같은 것이며 이를 삶으면 익힌 밤처럼 부드러우며 한편 트러플보다 껍질이 적다."

이어서 그는 다음과 같은 기록도 남겼는데 "많은 스페인 사람들은 단순히 '추뇨'를 가져와 '포토시 광산'에서 일하는 수천 명의 일꾼들에게 팔아 큰 부자가 되었다."

---

1) 울퉁불퉁하고 둥그런 모양의 서양송로버섯

1545년 볼리비아 남부 지역의 포토시 산에 어마어마한 양의 은이 묻혀 있는 것이 확인되어 스페인인들은 원주민들을 데려와 광산에서 일을 하도록 만들었다. 1592년에는 400톤이 넘는 정제된 은이 생산될 정도로 매장량이 엄청났으며 이렇게 채굴된 은은 스페인으로 수송되어 막대한 부를 안겨주었고, 스페인은 한동안 유럽에서 지배적인 위치에 설 수 있었다.

이때 광산 노동자들은 거의 추뇨로만 식사를 배급받았으며, 또한 스페인은 식민지를 건설하는 과정에서 노동자들에게 배급하기 위한 추뇨를 세금의 형태로 거두기도 하였다.

유럽에서 분란을 일으킨 감자

아무튼 남미에서 잘 자라고 있던 감자는 이내 유럽으로 들어오게 되는데 여기에는 영국의 군인이자 전설적인 해적이었던 '프랜시스 드레이크Sir Francis Drake, 1540~1596'와 관련된 재미있는 썰이 전해진다.

1853년 독일의 오펜부르크라는 마을에는 왼손에 주렁주렁 열린 감자를 움켜잡고 서 있는 '프랜시스 드레이크'의 동상이 세워졌는데, 동상의 하단 받침대 부분에는 감자 덩이들이 떼를 이루어 장식되었고 비문에는

"하느님이 주신 소중한 선물을 경작하게 되어 쓰라린 궁핍에 맞설 수 있게 된 수백만 명의 가난한 자들이 보내는 축복으로 그는 영원히 기억될 것이다."라고 적혀 있었는데, 그가 바로 유럽

에 감자를 전한 인물이었다는 것이다. 참고로 이 동상은 제2차 세계대전 중 파괴되어 사라졌다.

프랜시스 드레이크 동상

전해지는 썰에 따르면 '프랜시스 드레이크'는 어느 날 자신이 탐험하는 과정에서 얻어 온 감자를 친구에게 건넸고 그 친구는 감자를 성공적으로 길러 냈다. 친구는 이 감자의 열매를 가지고 요리를 해서 드레이크와 나눠 먹었는데, 문제는 땅속의 뿌리에서 열린 감자 열매가 아니라 땅 위의 감자 꽃에서 열린 요상한 열매를 요리했다는 것이었다.

그 맛이 너무 끔찍했기에 드레이크는 정원에 있는 모든 감자를 뿌리째 뽑아 불에 태우라는 명령을 내렸고, 그렇게 모든 감자가 불 속에서 잘 익어가던 와중 감자 한 알이 데굴데굴 굴러와 드레이크의 발 앞에 멈춰 섰다. 이를 집어보니 고소한 냄새가 났으며 한 입 먹어보니 맛이 기가 막혔기에 감자를 유럽에 들여오게 되었다고 한다. 사실일 가능성은 희박한 이야기이다.

아무튼 유럽에 들어오게 된 감자는 16세기 중반부터 스페인, 이탈리아, 독일, 프랑스 등 여러 지역에서 재배되었다. 감자는 북유럽의 토양 조건에서도 쉽게 기를 수 있는 식물이었고 영양가가 높은데다 열매가 성숙하는 데까지 3~4개월 정도밖에 걸리지 않는 매우 생산적인 음식이었다.

그러나 이 가능성 높은 새로운 작물은 지금의 위상과는 달리 그다지 인기를 끌지 못했으며 한편으로는 분란을 일으키기까지 하는데, 땅 속에서 울퉁불퉁한 것들이 주렁주렁 열리는 기괴함 때문이었다.

당시 유럽의 식물학계에서는 '약징주의' 혹은 '특징설'이라 번역되는 'Doctrine of Signatures'라는 관점이 부상하고 있었다. 이는 사람의 몸에 어떠한 약효가 있는 식물은 해당 부위의 모습 혹은 특성을 지니고 있다는 관점이다.

예를 들면 빈혈이 있는 여성은 새빨간 비트 주스를 마시는 것이 좋고, 수명이 긴 식물을 먹으면 수명이 연장된다고 믿었으며, 사람의 머리와 그 속의 뇌를 꼭 닮은 호두는 머리에 난 상처에 효과적이다라는 식이었다.

시체를 매장하듯 감자를 잘라 땅에 묻으면 이내 어둠 속에서 수십 여 개의 온전한 형태로 자라나는 소름 끼치는 생태에 더해 제각각 다른 모양의 울퉁불퉁한 알맹이들은 당시 가장 혐오스러운 질병인 문둥병 환자들의 기형적인 손, 발의 모습을 꼭 닮은 것이었다.

성경에 언급되어 있지 않은 감자에 대해 성직자와 사제들은 만일 신께서 인간들에게 먹일 수 있는 식물로 창조하셨다면 반드시 성경에 적혀 있었을 것이라 주장하며 사람들이 감자 심는 것을 금지하였고, 프랑스 일부 지역에서는 정부 차원에서 감자 재배를 금하기도 했다.

감자가 지닌 독성의 문제도 있었는데 감자는 싹과 잎, 줄기 등에 '솔라닌'이라는 독성을 지니고 있으며, 지금도 싹이 난 감자는 먹지 말라고 하는 이유이다. 감자를 처음 접한 유럽인들은 이를 먹고 탈이 나는 경우가 빈번했을 것이며 따라서 감자는 독성을 지닌데다 나병을 비롯한 여러 질병을 일으키는 식물로 여겨지기도 했다.

일부 지역에서는 소작인과 지주 사이에 수확된 감자의 분배를 놓고 소송이 일어날 정도로 주요한 작물로 자리 잡는 경우도 더러 있었지만 감자는 대개 가난한 사람들, 혹은 동물에게나 적합한 음식으로 여기는 경향이 이어졌다.

이렇게 무미건조한 느낌의 감자라는 음식은 그 진가를 인정받고 점차 중요한 작물로 자리 잡게 되는데 여기에는 기근과 전쟁이라는 두 가지 주요한 요인이 있었다.

유럽 내에서 비교적 기후가 안정된 프랑스에서도 16세기 13번, 17세기 11번, 18세기에는 16번의 기근이 발생했는데, 이는 국가 전체적으로 발생한 기근의 횟수이며, 지역별로 해마다 발생했던 국부적인 기근은 포함시키지 않은 수치이다.

즉, 가난한 농민들은 10년에 한 두 번 꼴로 심각한 굶주림에 시달려야 함을 염두에 두고 살아가는 상황에서, 1770년에는 특히 혹독한 기근이 발생했는데, 이때 수많은 농민들이 감자를 먹었고 목숨을 건질 수 있었다.

한편 전쟁터가 된 지역은 경작지가 초토화되고 또한 군대에서는 전쟁이 끝나면 보상액을 지불하겠다는 어음을 주고 농민들이 창고에 저장해둔 식량을 홀랑 챙겨가는 경우가 빈번했기에 전쟁이 나면 농민들은 굶주림에 허덕였으며, 그 어음마저도 전쟁에서 패할 경우 받을 수가 없는 불안정한 것이었다.

이러한 상황에서 농민들은 빠르게 기를 수 있는 영양가 높은 음식인 감자를 재배하였고 잦은 전쟁으로 인해 유럽 곳곳에서 감자를 주요한 작물로 자리 잡기 시작한다.

감자의 중요성이 점차 인식되어가는 와중 왕이 직접 나서서 적극적으로 감자 재배를 장려하는 경우도 있었는데, 바로 '감자 대왕'이라는 별명을 가진 프리드리히 대왕Frederick the Great, 1712~1786 이었다.

일찍이 전쟁에서 감자의 유용성을 파악한 그는 1744년 씨감 자를 무료로 배포하여 프로이센 전역에 감자 재배 방법을 알리도 록 명령했다. 일부 지역 농민들은 "아무 맛도 안 나며 심지어 개도 안 먹는 이걸 우리가 심어서 어쩌라는 것이냐?"라고 반발했는데 전해지는 이야기로는 감자 재배 명령에 불복하는 자들에게는 귀 와 코를 자르는 형벌로 대응했다고 한다.

오늘날 감자는 독일을 대표하는 음식으로 자리 잡고 있다. 참고로 프리드리히 대왕의 공적을 기리기 위해 그의 묘소를 방문 할 때 감자를 두고 오는 독일인들이 많다고 한다.

한편 프랑스에서도 일생을 바쳐 감자 재배를 널리 장려한 인 물이 있었으니 앙투안 파르망티에Antoine-Augustin Parmentier, 1737~1813라 는 농학자였다.

7년 전쟁1756~1763 중에 프랑스군에 복무하던 '파르망티에'는 프로이센군 포로로 잡히게 된다. 주로 감자로만 끼니를 때우며 5년 동안의 포로 생활을 보냈으나 풀려날 당시 컨디션이 매우 좋았던 '파르망티에'는 인류를 위해 감자를 전파하는 데 주력 한다.

그는 감자의 영양적 가치를 알리기 위해 〈감자의 화학적

분석Examen chymique des pommes de terre, 1773〉, 〈감자로 빵 만드는 방법 Manière de faire le pain de pommes de terre, 1778〉과 같은 책을 냈으며, 루이 16세의 생일에는 그와 그의 아내 마리 앙투아네트에게 감자 꽃으로 만든 꽃다발을 선물했다고 전해진다.

참고로 파르망티에가 건넨 꽃다발이 너무나 아름다웠기에 국왕은 감자 꽃가지를 옷깃에 걸었고 왕비는 화환을 만들어 썼다고 하며 이에 프랑스 상류층에서는 감자 꽃 붐이 일었다는 설이 전해진다.

무엇보다 유명한 이야기가 전해지는데, 바로 사람들이 감자를 훔쳐가게 만드는 것이었다. 파르망티에는 왕실로부터 승인을 받아 파리 서쪽 지역의 약 49,000평에 달하는 농장에 감자를 심었는데 이곳에 군인들을 배치하여 순찰하도록 하고 들어온 사람들을 쫓아내라는 명령을 내렸다.

파르망티에는 낮에는 엄중히 보초를 세우고 밤이 되면 철수시켰는데, 이에 궁금증이 극에 달한 많은 사람들이 밤중에 농장으로 몰래 들어와 감자를 서리해 갔고 이렇게 서민들에게 감자가 퍼지기 시작했다는 이야기가 전해진다.

1813년 76세의 나이로 세상을 떠난 그의 묘지에는 해마다 감자를 심는 것이 한때 관례였고, 파리 지하철에는 '파르망티에'라는 역이 존재하며, 또한 식당에서는 '포타주 파르망티에'라는 이름의 감자 수프가 팔리고 있다.

19세기가 되면 유럽에서 감자는 오늘날과 같은 지위를 얻게 되었고 가장 널리 소비되고 영양이 풍부하며 값싼 음식으로 자리 잡게 된다.

역사학자 윌리엄 맥닐William H. McNeill은

"감자가 없었다면 1848년 이후 독일이 주요 산업 및 군사 강
국이 될 수 없었을 것이고 1891년 이후 러시아가 독일의 동부 국
경에서 위협적으로 어렴풋이 모습을 드러낼 수 없었다는 것은 확
실하다. 즉 유럽의 해외 제국 쟁탈전, 미국 또는 다른 지역으로의
이민을 비롯하여 1750년부터 1950년 사이 2세기 동안 나타난 주
요 특징들은 근본적으로 감자가 북유럽의 식량 공급을 늘려주었
다는 사실로부터 영향을 받았다."라며 감자가 세계를 바꾸었다고
적었다.

25

옥수수 : 신대륙의 문명을 세운 음식

'세계 3대 작물'이라 하면 밀, 벼, 옥수수를 뜻하고, 이중 가장 많이 생산되는 것은 빵, 면류, 만두 등에 사용되는 밀, 아니면 밥을 만드는 벼 중 하나이지 절대 옥수수는 아닐 것 같은데, 의외로 옥수수가 가장 많이 생산되고 있다.

우리 몸의 절반을 구성하는 옥수수

각종 시리얼을 비롯하여 팝콘, 강냉이, 콘치즈 등 다양한 옥수수 음식들을 생각해보면 납득이 어려운 사실은 아니지만, 옥수수가 가장 많이 생산되는 이유는 사람이 많이 먹어서라기보다는 가축 사료나 다른 가공식품 및 공업원료로 사용되기 때문이다.

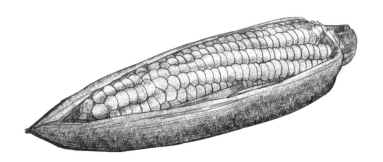

　예를 들면 옥수수로는 기름이나 마가린, 위스키가 만들어지고 또한 사탕, 과자, 음료 등에 들어가는 액상 과당이 옥수수로 만들어진다. 식품뿐만 아니라 공업용 알코올, 접착제도 옥수수로 만들어지며 종이상자, 심지어 레코드판을 만드는 데에도 옥수수가 쓰인다.

　특히 전 세계에서 인간이 섭취하는 옥수수보다 가축의 사료로 쓰이는 옥수수가 훨씬 많은데, 일단 쌀과 밀보다 저렴하고 또한 사람이 먹기에는 적합하지 않은 옥수수도 여전히 영양이 풍부해 훌륭한 가축 사료로 쓰일 수 있기 때문이다.

　즉, 우리가 직접 옥수수를 먹지 않더라도 소고기, 돼지고기를 먹거나 우유를 마시게 되면 간접적으로 옥수수를 섭취하는 셈이며, 일설에는 우리 몸의 절반이 옥수수 성분으로 이루어졌다고 한다. 한편 옥수수는 우주에서 온 것이 아닌가 싶을 정도로 신비로운 식물이다.

옥수수의 신비로움을 보자면 우선 마치 외계인이 고대 인류에게 '식량으로 쓰십쇼' 하고 전해준 듯한 식물이다.

신비로움 첫 번째. 많은 식물들은 바람을 이용하거나 동물에게 먹히거나 혹은 스스로 열매를 터뜨리는 등의 온갖 전략을 구사하여 씨앗을 퍼뜨리기 위해 노력한다. 그런데 옥수수는 씨앗, 즉 우리가 알맹이로 먹는 부분을 겉껍질로 꽁꽁 싸매고 있으며, 심지어 겉껍질이 벗겨져 알맹이가 밖으로 드러나더라도 여전히 알맹이들을 꼭 붙들고 있다.

땅에서 낟알들을 줍는 등의 복잡한 과정 없이 잘 매달려 있는 옥수수를 따서 겉껍질을 벗기기만 하면 온전히 보호된 옥수수알들을 얻을 수 있는 것이며, 달리 말하면 인간이 껍질을 벗겨 알을 꺼내 땅에 심어주지 않으면 옥수수는 자랄 수 없다는 뜻이다.

신비로움 두 번째는, 현재 자연에서 자라는 어떤 식물 중에서도 옥수수 비스무리한 것이 없다는 점이다. 옥수수의 원시식물체라고 강력히 추정되는 것은 중앙아메리카의 '테오신트'라는 야생 풀인데, 이렇게 생겼다.

이게 옥수수의 조상이 맞나 싶으실 것인데, 워낙 다른 생김새 때문에 과학자들도 처음에는 테오신트가 옥수수의 기원종이라는 점에 대해 부정적이었다고 한다.

테오신트

'테오신트'와 '옥수수'는 여러모로 다른 특징을 보이는데, 일단 옥수수는 하나의 줄기로 크게 자라는 반면, 테오신트란 식물은 가지가 여러 개 뻗는다. 또한 옥수수는 알맹이가 크고 노출되어 있는 반면 테오신트의 알맹이들은 작고 제각각 딱딱한 껍질에 싸여 있다. 마지막으로 알맹이를 꼭 붙들고 있는 옥수수와 달리 테오신트 알맹이들은 성숙하게 되면 땅으로 후드득 떨어지게 된다.

이런 '테오신트'가 어떻게 지금의 옥수수로 변모했나라는 점에 대해서는 유전적 변화도 있지만 무엇보다 '테오신트'가 특정 환경에 적응할 수 있는 잠재력이 뛰어나기 때문이었다.

한 고식물학자가 테오신트를 가져다가 두 기후 조건으로 구분된 온실에서 길렀는데, 한 온실은 지금과 같은 현대의 기후, 다른 온실은 빙하기 말의 기후를 재현한 것이었다. 현대의 기후를 재현한 온실에서 자란 테오신트들은 그냥 원래의 모습대로 자랐는데, 흥미로운 것은 빙하기 말의 기후를 재현한 온실에서는 다섯 중 하나의 테오신트가 옥수수와 매우 비슷하게 변했다고 한다.

더욱 신기한 것은 이 옥수수 비슷하게 자란 테오신트의 씨를 받아 약 1만 년 전의 기후에 맞춰 심으니 이번에는 절반가량이 옥수수와 비슷한 특징을 가지고 자라났다는 것이다.

이런 뛰어난 적응성을 지닌 옥수수는 남쪽, 북쪽 할 것 없이 아메리카 전역으로 퍼져나갔고 서로 다른 환경에 적응하여 저지대이자 고지대 식물, 또한 열대식물이자 온대식물이 되었다.

지금도 옥수수는 북위 58°에서 남위 40°에 이르는 광범위한 지역에 걸쳐, 또한 저지대 평원에서부터 해발 3,000m가 넘는 고지대까지, 그리고 연간 강우량이 2.5cm 미만의 반건조지역부터 연간 강우량이 1,000cm 이상에 달하는 지역에서까지 자라고 있다.

신비로움 마지막 세 번째는 옥수수의 엄청난 생산성이다. 옥수수가 유럽, 아시아 등 전 세계로 퍼진 것은 1492년 콜럼버스가 아메리카 해변에 발을 디딘 이후였다. 당시 유럽의 주 곡물이었던 밀의 경우 18세기까지도 파종량과 수확량[1]의 비율이 1:5 정도에 불과했으며, 이는 보리, 귀리, 호밀 등의 다른 곡물들도 비슷했다.

그런데 아메리카에서 발견된 옥수수의 경우 파종량과 수확량의 비율이 1:70~150, 심지어 800에 달했다는 식민지 시대의 기록이 있으며, 지금도 농업에서 옥수수보다 많은 양이 수확되는 식물은 없다고 한다. 그리고 옥수수의 엄청난 생산성은 마야 문명, 아즈텍 제국, 잉카 제국 등의 성립을 가능하게 한 중요한 요인이었다.

이 문명들을 보면 금속을 다루는 기술이 보잘것없었고, 수송의 효율성을 비약적으로 높이는 바퀴도 사용하지 않았으며, 또한 사람의 노동력을 대신할 소나 말 같은 힘이 센 동물도 없었다. 그런 와중에도 이들은 20~30층 높이의 건물들을 세우고 당시 유럽 도시들과 비교해도 손색이 없는 거대한 도시를 건설해냈는데, 때문에 전설의 도시 아틀란티스의 후예 썰, 외계인들의 문명 썰 등의 주장이 있었다.

---

1) '파종량 : 수확량 = 면적당 뿌리는 씨의 양 : 면적당 수확하는 곡물의 양'

한편 많은 학자들은 옥수수 덕에 이런 문명 성립이 가능했다고 설명한다. 옥수수의 엄청난 생산성에 더하여 라틴 아메리카 원주민들이 옥수수를 재배하는 데에는 1년에 50일 정도의 노동이 필요했다고 한다. 산술적으로는 1주일에 한 번만 일하면 충분했다는 것이며, 따라서 금속, 바퀴, 가축의 도움이 필요한 일들을 그냥 사람이 직접 해버릴 정도의 노동력이 남았던 것이다.

거의 저절로 자라다시피 하며 풍요와 여유로움을 선사해 주는 옥수수는 신으로 모셔지기도 했다. 마야 신화에 따르면 신이 인간을 만들 때 처음에는 흙으로 만들었더니 부서져 버렸고, 두 번째로 나무로 만들었더니 뻣뻣해서 멍청했고, 세 번째로 옥수수 반죽으로 만들었더니 그제야 제대로 된 인간이 완성되었다고 한다.

신화뿐 아니라 일상생활에서도 옥수수는 특별한 대접을 받았다. 원주민들은 옥수수를 삶기 전에 입김을 불어 넣었는데, 이는 삶아지는 것을 두려워하지 말라고 힘을 주기 위함이었으며, 또한 땅에 떨어진 옥수수 알은 얼른 주워야 했는데, 얼른 줍지 않으면 옥수수 알이 한탄하며 신들에게 일러바치기 때문이라고 한다.

역사학자 '페르낭 브로델'은 옥수수가 주는 풍요로움과 그에 따른 농촌의 여유로움으로 인해 이를 재배하던 중앙아메리카, 안데스 지역이 신정 국가, 지나치게 전제적인 국가에 이르게 되었다고 설명한다.

한편 아메리카 원주민들에게 옥수수는 식량만큼 중요한 다른 가치를 제공했는데, 바로 취함의 즐거움이었다.

스페인 예수회 선교사 호세 데 아코스타José de Acosta, 1540~1600는 옥수수로 만드는 원주민들의 술 '치차Chicha'에 대해 다음과 같이 기록했다.

> "인디언들은 옥수수를 이용해 빵을 만들고 또한 이것으로 술을 만드는데, 이를 마시면 포도주보다 훨씬 빨리 취한다. 이 옥수수 술은 페루에서는 '아수아azúa'라고 부르지만 일반적으로는 '치차chicha'라고 부른다."
>
> …
>
> "이를 만드는 첫 번째 방법은 옥수수 알갱이를 물에 적셔 싹이 트도록 만든 뒤 일련의 과정을 거쳐 술로 만드는 것인데, 워낙 독해서 조금만 마셔도 쓰러질 정도이기에 페루 지역에서는 이를 금지하고 있다."
>
> …
>
> "아수아 또는 치차를 만드는 두 번째 방법은 옥수수를 씹어 누룩을 만드는 것이다. 인디언들은 못생긴 늙은 여인이 씹어야 훌륭한 품질의 누룩을 만들 수 있다고 믿으며, 이 과정이 역겹다고 느끼는 사람들은 이 술을 마시지 않는다."
>
> …
>
> "가장 깨끗하고 건강에도 좋으며 사람을 당황스럽게 만들지 않는 세 번째 방법은 구운 옥수수로 치차를 만드는 것이다."

스페인 예수회 선교사 베르나베 코보Bernabé Cobo, 1580~1657 역시 원주민들의 옥수수 술에 대해 다음과 같이 자세히 기록했다.

"치차라는 것은 이곳 신대륙의 원주민들이 와인의 용도로 마시는 것이며, 이들을 취하게 하는 모든 음료를 뜻한다. … 치차는 각 지역에서 풍부히 나는 여러 씨앗이나 과일들로 만들어지는데 … 이 땅의 원주민들이 가장 널리 마시고 또한 뛰어난 품질의 치차는 옥수수로 만들어진 것이다."

…

"페루의 인디언들이 가장 흔하게 마시는 것은 옥수수를 씹어서 만든 치차이다. 때문에 많은 지역에서는 늙은 원주민 여성과 어린 원주민 소년들이 둘러앉아 옥수수를 질겅질겅 씹는 광경을 목격할 수 있는데, 스페인 사람들에게 역겨움을 선사한다."

…

"옥수수로 만든 모든 종류의 치차를 섭취하면 소변이 나오지 않는 증상을 비롯하여 방광과 신장의 건강에 효능이 뛰어난데, 따라서 인디언들은 젊던 늙던 그 나이에 상관없이 이러한 질병에 걸리지 않는다."

옥수수와 유럽인들의 만남

아무튼, 옥수수는 콜럼버스 1차 항해를 통해 처음으로 유럽 대륙에 알려지게 된다. 1492년 11월 2일 콜럼버스는 황금과 향신료에 대한 정보를 얻고자, 또한 선교의 목적을 위해 두 명의 선원을 쿠바 추장에게 보냈고, 사흘 뒤 복귀한 둘은 마을에서 보고 들은 것에 대해 설명하는데, "원주민들은 조粟를 닮은 곡물을 사용하며, 이를 'mahiz'라고 부르는데, 훌륭한 맛을 내며 삶거나 굽거나 혹은 가루로 만들어 먹는다."라며 옥수수에 대한 최초의 정보를 전해준다.

이후 스페인인들은 옥수수에 대해 여러 흥미로운 기록을 남겼다. 스페인 군인이자 식물학자였던 페르난데스 데 오비에도 gonzalo fernández de oviedo y valdés, 1478~1557는 다음과 같이 기록했다.

"옥수수Maize는 가위 모양을 최대한 크게 만들었을 때의 엄지손가락 끝에서 검지손가락 끝까지 정도의 길이이며, 그 두께는 손목 정도의 넓이이며, 병아리콩처럼 생긴 알맹이들이 가득 들어차 있다."

...

"옥수수 줄기는 보통 사람의 키보다 훨씬 높이 자라며 … 각줄기는 최소 하나에서 두 세 개의 이삭이 열리는데, 각 이삭에는 200~300개의 낱알이 들어있으며, 이삭의 크기에 따라 많게는 400개, 어떤 경우는 500개의 알맹이들이 들어 있는 경우도 있다."

...

"3~4개의 잎이 옥수수를 감싸고 있는데, … 알맹이들은 이 잎들로 철저히 보호되어 태양 빛이나 바람으로부터 해를 입지 않고 내부에서 잘 익어간다."

스페인 사제이자 작가였던 카벨로 발보아miguel cabello de balboa, 1535~1608는

"신은 이 소박한 신세계의 삶의 입구에서 원주민들에게 옥수수 씨앗을 주셨고, 그들은 이것을 다른 어떠한 물건보다도 유익하게 사용하고 있다. … 이곳을 제외한 세계의 다른 어떤 지역에서도 이와 같은 식물은 없으며 … 스페인에 이 식물이 있었다면 일부 지역에서 발생하는 극심한 기근과 같은 것은 없었을 것이다."라는 찬사를 남기기도 했다.

한편, 옥수수를 재배하는 원주민들의 신비로운 방법도 기록으로 전해지는데, 스페인 정복자 시에사 데 레온Cieza de León, 1520~1554은 비가 거의 오지 않는 특정한 지역의 옥수수에 대해서 다음과 같이 적었다.

"이곳의 원주민들은 옥수수 재배에 필요한 습도를 유지하기 위해 아주 깊게 구덩이를 파서 씨앗을 심는다. 이슬과 습기로 인해 신께서는 옥수수를 자라도록 하시며, 한편 바다에서 잡은 정어리의 대가리를 한 두 개 정도 같이 넣어두지 않으면 옥수수는 자라지 않는다."

…

"따라서 원주민들은 옥수수를 심을 때 정어리 대가리를 몇 개 넣으며, 이런 방식으로 옥수수는 싹을 틔우고 풍성하게 자라난다. 약간의 이슬 외에 하늘에서 내리는 것이 아무것도 없는 이러한 땅에서 사람이 살아가는 모습은 참으로 기이하고 한 번도 본 적이 없는 광경이다."

옥수수는 신대륙에서 그러했던 것처럼 유럽에서도 엄청난 생산성을 보이며 이내 빠르게 퍼져 나갔고, 수많은 사람들을 굶주림으로부터 벗어나게 해주었다.

18세기 영국의 농업가 아서 영Arthur Young, 1741~1820은 옥수수에 대해

"옥수수가 없는 곳에는 휴경지가 있고, 휴경지가 있는 곳에서는 사람들이 굶주린다. 한편 옥수수가 있는 곳에서는 밀과 함께 사람들이 삶을 의지할 수 있으며, 동시에 그 잎사귀로는 가축을 먹여 기를 수도 있기에 옥수수를 기르는 것은 보물을 소유하는 것과 같다."라고 평했다.

또한 북아메리카에서는 제임스타운을 세운 영국 이주민들과 메이플라워호를 타고 건너온 청교도들의 목숨을 구한 것이 원주민들이 전해준 옥수수였으며, 옥수수의 풍요로움을 바탕으로 식민지 개척자들은 강력한 국가를 건설해 나갈 수 있었다.

이주민들에게 옥수수는 매우 유용했는데, 겉껍질을 엮어서 깔개나 실을 만들 수 있었고, 잎과 줄기는 가축의 사료로 쓸 수 있었다. 또 옥수수 속 같은 경우는 연료로 쓰거나 화장실 휴지 대용으로도 쓸 수 있었는데, 때문에 미국에서는 항문을 뜻하는 속어로 'corn hole', 즉 '옥수수 구멍'이라는 단어가 전해진다.

26

꿀 : 인류 역사상 가장 완벽한 음식

어느 날 아침 눈을 떴을 때 평소에는 들리지 않던 종류의 새 소리가 들리고 유난히 햇살이 따사롭고 몸이 개운한 경우가 있는 데 이것을 늦잠이라고 한다. 시계를 보고 나면 마음은 심란해지 지만 기분은 여느 때와 비교할 수 없을 정도로 상쾌한 데 따라서 이를 꿀잠이라고 표현하기도 한다.

우리는 '꿀'이라는 말로 어떤 좋은 것의 가치를 나타내는데, 가령 쓸모있는 노하우는 꿀팁, 맛있는 사과는 꿀사과, 재미있거 나 흥미로운 것에 대해서는 꿀잼, 꾸르잼 등의 표현이 사용된다.

꿀을 채취하여 집에 모아두는 벌은 우리나라 토종꿀벌Apis. cerana을 비롯하여 여러 종이 있지만, 꿀 생산량이 많고 전 세계적으로 가장 널리 사육되는 종은 영어로 'honeybee'라 불리는 서양꿀벌Apis. Mellifera이다.

'서양꿀벌'의 벌집은 하루에 2,000개까지의 알을 낳을 수 있는 한 마리의 여왕벌을 중심으로 일을 하지 않고 놀고먹는 소수의 수벌과 더불어 무리의 약 99퍼센트를 차지하는 일벌들로 구성되어 있는데, 꿀과 관련된 일은 오직 일벌들이 담당한다.

일벌은 태어난 후 약 3주 동안은 여왕벌을 돌보거나 꿀을 넣을 방을 만드는 등 벌집 내부의 일을 하다가 이후 벌집 밖으로 나가서 꿀을 따오는 외부의 일을 담당하게 되는데, 밖의 고된 일을 담당하기 시작한 일벌은 짧게는 1주, 길게는 3주 정도밖에 살지 못하게 된다. 참고로 겨울과 같이 할일이 없어서 벌집 내부에만 있는 경우 일벌은 약 3개월 반 정도까지 살 수 있다.

일벌은 평균적으로 하루에 약 100km 정도를 비행하며 이리저리 꽃을 찾아다니며 꿀을 모으는데, 1kg 정도의 꿀을 모으기 위해서는 일벌이 빨아야 할 꽃의 수가 500만 개 이상에 달할 정도이며 일벌 한 마리가 죽을 때까지 모으는 꿀의 양은 대략 티스푼의 12분의 1 정도에 불과하다.

밖에서 활동하는 일벌이 꽃에서 꿀을 빨아 벌집으로 가져오면 본격적으로 '벌꿀'이 만들어지는 과정이 이루어지는데, 이 과정이 생각보다 복잡하다. 꽃꿀을 건네받은 벌집 안의 일벌들은 꿀을 빈방에 옮긴 뒤 그 위에 서서 꿀을 마시고 뱉었다 하는 작업을 20분에 80회 정도 반복한다.

동시에 액체 위에서 빠르게 날갯짓을 하는데 이 과정에서 기존의 30~40퍼센트 정도였던 꽃물의 당도는 80퍼센트까지 높아지게 된다. 수분이 충분히 날아가고 꿀이 농축되면 벌은 계속해서 날개로 부채질을 하는데, 벌집 속의 높은 온도와 더불어 꽃물은 더욱 걸쭉해지고 숙성되며 비로소 '벌꿀'로 거듭나게 된다.

여기서 끝이 아니라 일벌들은 밀랍과 꽃가루를 섞어 꿀이 담긴 방을 밀봉까지 해버리는데, 박테리아가 생존할 수 없는 80퍼센트에 달하는 높은 당도와 더불어 덮개까지 완성된 벌꿀은 벌집이 파괴되어 비가 새는 등의 외부 요인이 없는 이상 변질되지 않아 영구보존이 가능하게 된다.

신이 인간에게 내린 완벽한 음식

이집트 유적을 발굴하던 고고학자들은 무덤에서 약 3,000년 된 꿀단지를 발견했는데, 이는 충분히 먹어도 괜찮았을 정도이며, 또한 전해지는 이야기로는 피라미드 근처의 무덤에서 보물을 찾고 있던 사람들이 봉인된 항아리를 발견했는데, 그것을 열어보니 꿀이 들어 있었다고 한다.

꿀에 빵을 찍어 먹던 한 일행이 어느 순간 자신의 손가락에 웬 머리카락이 붙어 있는 것을 보고 이내 항아리 속을 들여다보니 꿀 속에는 여러 장신구를 걸치고 있는 잘 보존된 어린아이의 시신이 들어 있었다라는 썰이 전해진다.

　달콤함은 인류에게 매혹적인 맛이지만 자연계에서는 쉽게 찾을 수 없는 맛이다. 이런 와중에 자연상태에서 온전히 보관되고 있으며 소화도 쉽게 되고 심지어 아무런 처리 과정 없이 그냥 바로 손으로 집어 먹어도 맛있는 벌꿀은 인류가 최초로 먹었던 음식 중 하나이자 신의 선물과도 같은 신비로운 것이었다.

　영국의 음식학자 '비 윌슨Bee Wilson'은 "꿀은 아주 기이한 것이었는데, 그냥 먹어도 완벽했기에 어떤 음식들과도 닮지 않은 특별한 음식이었다. 밀이나 돼지, 소와 비교해서 벌집이 즉각적으로 제공하는 영양분과 맛을 비교해본다면 꿀은 하늘에서만 만들어질 수 있는 음식 같았다."라고 평했다.

1만 년 전 스페인의 동굴 벽화

　약 1만 년 전 만들어진 스페인의 한 동굴 벽화에 사람이 벌집에서 꿀을 채취하는 최초의 그림이 나타나며,

　고대 이집트에서는 꿀이 태양신 '라'로부터 나온다고 믿었는데, 오래된 파피루스의 한 구절에서는 "태양신 '라'가 울면 그의 눈물이 땅에 떨어져 꿀벌로 변하게 된다. 이렇게 탄생한 꿀벌들은 온갖 종류의 꽃들과 나무를 돌아다니며 밀

랍과 꿀을 만들어낸다."라고 적혀 있다.

한편 고대 이집트에서는 남편이 부인을 맞이할 때 "나는 그대를 아내로 맞이할 것이며, 매년 12개의 꿀단지를 가져다준다는 것을 약속합니다."라며 서약하기도 했다.

성경에서 하나님이 가라고 명한 가나안 땅은 젖과 꿀이 흐르는 곳으로 묘사되며 그리스 신화에서는 "자신이 낳을 아이들로부터 폐위될 것이라"는 저주를 받아 자식들을 자꾸 잡아먹는 아버지 크로노스 때문에 산속에 숨어 자라야 했던 어린 제우스를 키운 것이 양젖과 꿀이었다.

고대 그리스에서 꿀은 거의 완벽한 음식으로 칭송받기도 했는데, '피타고라스'는 꿀을 꾸준히 섭취함으로써 장수했다고 알려져있으며, 2세기 무렵 인물인 고대 그리스의 작가 '아테나이오스'는

"피타고라스 학파에서 주요하게 먹던 두 가지 음식이 빵과 꿀이었다고 하며, 아침으로 이를 먹는 사람은 평생 질병에 걸리지 않는다고 한다. 또한 사르데냐 섬 근처에 사는 한 민족은 수명이 아주 긴데, 이는 그들이 꿀을 지속적으로 먹기 때문으로 알려져 있다."라고 기록했다.

아테나이오스는 꿀로 수명을 연장시킨 철학자 '데모크리토스'에 관한 일화도 기록해두었다.

"데모크리토스는 너무 오래 살아서 그 삶을 끝내기 위해 매일 음식을 줄여나가기 시작했다. 그런데 이 무렵 '테스모포리아 축제[1]'가 다가오고 있었기에 집안 여성들은 축제 기간 동안은 살

---

1) 테스모포리아 축제 : 곡식의 여신 데메테르와 그녀의 딸 페르세포네를 기리기 위한 고대 그리스의 축제

아있어 달라고 간청했다.

데모크리토스는 꿀이 가득 담긴 항아리를 가져오라 명령했고 이 꿀 항아리를 곁에 두고 먹으며 여러 날을 더 살았으며 꿀 항아리가 치워지자 며칠 뒤 죽음을 맞이했다."

벌꿀과 꿀벌의 미스터리한 출처

이렇게 신성해야만 하는 꿀이 원래는 벌들이 먹었다 게워내는 짓을 수십 번 하여 만들어진 토사물이었다는 점, 거기다 또 이런 토사물을 하찮은 존재인 곤충으로부터 사람이 빼앗아야 한다는 것은 인간으로서의 위엄이 너무 떨어지는 사실들이었다.

때문인지 고대인들은 꿀의 출처를 매우 신비로운 것으로부터 찾았는데, 벌을 직접 관찰해서 기록을 남긴 아리스토텔레스는 다음과 같이 적었다.

"꿀벌은 밀랍을 만들어내지만 꿀은 만들어내지 않는다. … 꿀은 공중에서 떨어지는데, 주로 별이 떠오를 때, 무지개가 땅 위에 머무를 때 많이 떨어진다."

이후 로마의 박물학자 플리니우스는 꿀의 정체에 대해 '별이 내뿜는 침', '하늘이 흘리는 땀' 등으로 표현했으며 심지어 하늘에서 만들어진 꿀은 매우 순수한 상태인데 땅으로 떨어지게 되면 땅의 숨결에 의해 오염되기 시작하며, 이후 벌들이 꿀을 먹고 뱉어내며 더더욱 오염이 심각해진다고 탄식하기까지 했다.

사실 꿀벌들이 꿀을 직접 만들어내는 것인지, 아니면 그냥 어디서 꿀을 가져오기만 하는 것인지에 대한 혼동은 근대까지도 이어졌는데 생물 분류학의 아버지 '칼 폰 린네'가 1758년 꿀벌에 붙인 라틴명은 'Apis mellifera'였고 이는 '꿀을 옮기는 벌'이라는 뜻이었다.

그런데 양봉업을 하는 형제를 두고 있었던 린네는 이내 자신의 실수를 깨닫고 3년 뒤 '꿀을 만드는 벌'이란 뜻의 'Apis mellifica'로 새로 명명하려 했지만 이미 처음 것이 고착화되어, 현재 전 세계에서 사육되고 있는 서양꿀벌의 학명은 'Apis mellifera'로 쓰이고 있다.

고대의 꿀의 신비로운 출처에 이어 꿀벌의 탄생에 대해서도 상당히 기괴한 믿음이 17세기까지 이어져 왔는데, 바로 꿀벌은 자연적으로 번식할 수 없는 무성 생물이었다는 것이다.

구약성경에서는 다음과 같은 구절이 나온다.

"삼손이 그 여자를 아내로 맞이하려 다시 그곳으로 가다 길을 벗어나 죽은 사자가 있는 곳으로 가 보았더니 사자 시체에 꿀벌들이 모여 있는데, 그 안에 꿀도 고여 있었다."

로마의 시인 '오비디우스'는 그리스 신화의 아폴론과 님프 키레네 사이에서 태어난 아들이자 양봉의 신인 아리스타이오스 Aristaeus에 대한 이야기에서

"어느 날 '아리스타이오스'가 키우던 모든 꿀벌들이 미완성의 벌집을 남긴 채 죽었고 이에 슬퍼하고 있을 때 그의 어머니 '키레네'가 찾아와 아들을 위로하며 '프로테우스²⁾'를 찾아가면 꿀벌

---

2) 바다의 신들 중 하나로 어떠한 모습으로든 자유자재로 변신할 수 있었다.

들을 얻을 수 있는 방법을 알려줄 것이라 말한다.

　낮에 나일 강 어귀 근처의 섬에서 자고 있던 '프로테우스'를 발견한 둘은 그가 변신해서 도망가지 못하도록 족쇄로 묶었고, 포로가 된 '프로테우스'는 꿀벌을 얻을 수 있는 방법을 상세히 알려주는데, 도살된 소의 사체를 땅에 묻으면 사체가 썩으며 이내 벌 떼가 나올 것이니 원하는 만큼 얻으면 된다는 것이었다."

　또다른 로마의 시인 '베르길리우스'는 보다 디테일한 방법을 적었는데

　"작은 밀폐된 공간에 사방으로 4개의 창문이 뚫린 지붕 덮인 건물을 짓고 그 안에 2년 이상 자란 수소를 때려잡아 죽인 뒤 건물 안에 넣는데, 이때 수소의 콧구멍과 입을 막고 가죽이 찢어지지 않도록 주의하여 때려야 한다. 소의 몸에 백리향과 계수나무를 흩뿌려두면 9일이 지나 연약해진 뼈가 발효되고 이내 꿀벌 떼들이 건물 안을 날아다니고 있을 것이다."

　이러한 서양의 '꿀벌 시체 발생설'은 1637년 네덜란드의 생물학자 얀 스밤메르담Jan Swammerdam, 1637~1680이 여왕벌을 해부하여 알을 발견함으로써 꿀벌 역시 다른 동물과 마찬가지로 짝짓기를 통해 번식한다는 것을 증명함으로써 사그라들게 되었다.

아무튼 꿀은 그 자체로서 맛있는 음식이었을 뿐 아니라 오랜 역사에서 음식에 단맛을 더해주는 최고의 감미료였다. 물론 감미료가 꿀만 있었던 것은 아니고 각종 과일의 시럽이나 맥아당 같은 여러 종류의 감미료들이 있었지만 깔끔한 단맛을 내는 것은 꿀이 가장 뛰어났다.

꿀은 고대 로마에서는 거의 모든 종류의 요리법에 들어갔으며 고기를 보존하는 데에도 쓰였고 심지어 중세 유럽에서 꿀은 악마가 도사리고 있는 특정한 음식을 정화하는데 사용되기까지 했다.

이렇게 전성기를 맞이했던 꿀은 점차 사람들 곁에서 멀어지게 되는데 그 이유는 다름 아닌 설탕의 대량생산 때문이었다. 대항해 시대를 기점으로 신대륙 식민지에서의 흑인노예 노동력을 이용한 사탕수수 대농장들이 등장한 것과 더불어 19세기가 되면 사탕무에서도 설탕을 뽑아내기 시작하며 설탕의 가격은 떨어졌고 최고 감미료 자리는 설탕이 차지하게 되었다.

한편 꿀이 설탕에 패배한 것은 오히려 꿀이 지닌 음식으로서의 완벽함 때문이기도 했다. 사실 꿀은 단지 단맛을 내는 성분뿐 아니라 꽃의 종류에 따른 특유의 아로마 향, 비타민, 벌의 몸에서 나온 효소 등의 다양한 것들 그리고 적은 양의 수분으로 완성되는 끈적끈적하고 복잡한 물질이다.

이러한 특성으로 인해 꿀은 설탕에 비해서는 상대적으로 요리에 사용하기가 까다로우며 다른 관점에서 보면 요리에 꿀을 사용하는 것은 오히려 꿀을 망가뜨리는 일인데, 수십 년 동안 꿀벌을 연구했던 한 과학자는 "꿀의 가장 향기로운 아로마 성분들은 끓는점이 낮기 때문에 쉽게 사라지며 따라서 꿀은 벌집에서 바로 땄을 때가 가장 맛있다"라고 했다.

즉 꿀은 그 자체로 이미 완성된, 그 자체로 완벽한 맛을 내는 음식이었기에 설탕의 대량생산 이후 대중성은 잃어버리게 되었지만 이제는 그 어떤 것보다도 특별한 하나의 음식으로 새로 자리 잡게 되었다.

27
바닐라 : 아름답고 비극적인 향을 담은 열매

매우매우 까다로운 바닐라 생산 과정

1900년 미국의 한 조향사가 말하길 "화학자들이 멋대로 실험하게 두어라. 그들이 아무리 애써도 자연이 빚어낸 그 작품의 맛과 향에 대한 비밀 공식을 빼앗을 순 없을 것이다."라고 평한 식물이 있었으니 바로 '바닐라'였다.

'사프란' 다음으로 두 번째로 비싼 향신료로 알려져 있는 '바닐라'는 채취하기가 굉장히 까다로운 열매인데, 우선 식물이 성숙하게 자라는 데까지 3~4년 정도의 긴 시간이 필요하고, 꽃이 피었을 때는 이를 사람이 손으로 하나하나 수분해 시켜 주어야

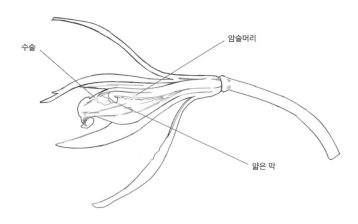

수술

암술머리

얇은 막

바닐라 꽃의 구조

비로소 열매를 맺을 수 있기 때문이다.

바닐라는 덩굴에서 피어나는 꽃 하나당 열매 한 개를 맺을 수 있는데, 바닐라 꽃의 암술머리와 수술의 꽃밥 사이에는 얇은 막 같은 게 있어 가만히 내버려둬서는 수분이 이루어지지 않는다. 바닐라 꽃이 수분 되려면 곤충의 도움이 필요한데, 일반적인 꿀벌들은 몸집이 너무 커서 작업을 수행할 수 없고, 중앙아메리카에 서식하는 특정한 종의 벌Eulaema, 속이 있어야 한다.

해당 벌이 서식하지 않는 중앙아메리카 외 지역의 바닐라 농장에서는 작업자들이 조그마한 막대기를 사용하여 꽃을 열고 수술의 꽃밥을 손가락으로 눌러 암술머리에 닿게 함으로써 하나하나의 꽃들을 직접 수분 시켜주어야 한다.

문제는 바닐라 꽃은 한번 피고 나면 하루가 지나기 전에 시들어버리기 때문에 꽃이 피면 12시간 내에 수분 작업을 해주어야 한다는 것이다. 바닐라는 약 6주~2달 사이의 개화 기간을 가지면서 덩굴 곳곳에서 꽃을 피워내는데, 따라서 개화 기간 동안 농장의 작업자들은 피어나는 꽃들을 일일이 체크하며 하루에 수백 개의 꽃을 수분 시켜야 하는 초긴장 상태로 지내게 되는 것이다.

어려운 수분 작업을 잘 수행해냈다고 끝나는 것이 아니라 바닐라 열매가 충분히 자라기 위해서는 6개월~9개월 정도가 지나야 하며, 꽃의 수분이 제각각 이루어진 만큼 열매가 성숙하는 것도 제각각이기에 농장 작업자들은 육감을 발휘하여 알맞게 성숙한 바닐라 열매들을 수확해낸다.

수확된 약 20~30cm 정도의 길쭉한 바닐라 열매는 이후 뜨거운 물을 붓고, 천에 감싼 채로 며칠 동안 놔두고, 잘 주물러주고, 햇볕 아래에서 말리는 등 여러 복잡한 과정을 거쳐 전체 무게의 80%를 손실한 새까만 꼬투리로 만들어진다.

이때에서야 비로소 열매는 강력한 바닐라 향을 내뿜으며, 이 꼬투리 속에는 소위 '바닐라 캐비어'라 불리는 검은 씨앗들이 가득한데 이 씨앗들이 케이크, 아이스크림을 비롯한 각종 요리에 사용되며 간혹 바닐라 아이스크림에 까만 점들이 콕콕 박혀 있는 이유이다.

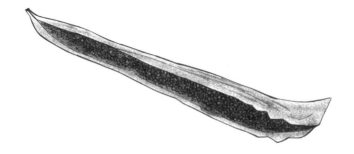

중앙아메리카 지역이 원산지인 바닐라는 수천 년 전부터 이곳의 원주민들이 사용해왔던 식물이며, 바닐라가 자생하던 지역에 정착해 살아가던 '토토낙Totonac' 부족민들에게는 신성시되던 식물이었다.

바닐라의 기원, 그리고 그 매혹적인 향기에 대해서 '토토낙 부족'에는 다음과 같은 이야기가 전해진다.

아주 오랜 옛날 토토낙 부족의 왕과 왕비 사이에서 딸이 한 명 태어났는데, 그 외모가 워낙 아름다웠기에 금성, 즉 샛별이라는 이름을 지어주었다.

아름다워도 너무 심하게 아름다운 딸을 평범한 인간 남성과는 결혼시킬 수 없다고 판단한 왕실 부부는 공주를 '풍요의 여신'을 모시는 사원으로 보내 평생을 여사제로 지내도록 했다.

여신께 바칠 꽃과 비둘기를 구하러 공주가 숲속을 거닐던 어느 날 다른 부족의 젊은 왕자가 우연히 그녀의 모습을 보게 되었고 그 아름다움에 빠지게 되었다.

사제였던 그녀를 사랑하면 참수형에 처해질 것이기에 매일 아침마다 덤불에 숨어 숲을 걷는 공주를 지켜만 보던 젊은 왕자는 어느 날 자신의 욕망을 누르지 못하고 덤불에서 뛰쳐나와 공주에게 사랑을 고백한 뒤 그녀의 팔을 잡고 깊은 산 속을 향해 내달렸다.

갑작스런 전개와 낯선 남정네의 뜨거운 열정에 공주는 적잖이 당황했지만 운명의 엇갈림에 홀려 이내 그와 함께 사원으로부터 멀리 도망치기 시작했다.

산의 초입에 다다랐을 무렵 동굴에서 불을 뿜는 무시무시한 괴물이 나타나 길을 막아섰고, 이때 사원의 사제들이 쫓아와 둘을 에워쌌다. 젊은 왕자가 말을 꺼내기도 전에 사제들은 그의 목을 쳤고, 이내 공주도 참수되었으며 사제들은 둘의 심장을 꺼내 사원으로 가져와 여신의 제단에 바침으로써 사건은 마무리되었다.

얼마 지나지 않아 공주와 왕자가 살해된 그 장소에서 주위 풀들이 마르기 시작했고 땅이 메마르게 되었다. 몇 달이 지나니 메마른 땅에서 관목이 빠르게 자라나며 순식간에 두꺼운 잎사귀들로 뒤덮이게 되었다.

이후 땅에서 에메랄드 빛 녹색 덩굴이 돋아나며 나무의 줄기와 가지를 타고 자라기 시작했는데, 나무와 덩굴이 얽힌 모습이 마치 사람이 포옹하는 모습과 같았다. 이후 덩굴 전체에 새하얀 꽃들이 피어났고 이 수많은 꽃들이 열매를 맺었을 때 그 지역 일대는 세상에서 가장 아름다운 향으로 가득 차게 되었다.

사제들과 토토낙 부족 사람들은 샛별 공주와 젊은 왕자의 피로부터 이 식물이 자라난 것을 깨달았으며, 이후 바닐라를 신성하게 여기게 되었다고 한다.

아무튼 이후 '에르난 코르테스'가 아즈텍 제국을 정복하며 바닐라의 존재가 유럽인들에게 알려지게 되었는데, 바로 중앙아메리카의 신의 음료 '초콜릿'에 들어가는 재료로서였다.

고추와 더불어 바닐라는 고대 마야 시대부터 '초콜릿'에 첨가되던 전통적인 재료였으며, 나아가 신들의 사원에 피우는 향으로서, 또는 해독 작용을 하는 약으로서도 사용되었다.

1529년 뉴스페인에 방문하여 약 50년 동안 아즈텍의 문화를 연구했던 프란치스코회 수사 베르나디노 데 사아군Bernardino de Sahagún, 1499~1590이 남긴 〈누에바에스파냐 문물일반사Historia general de las cosas de la Nueva España〉에서는

"이 식물은 끈처럼 가늘며 나무를 올라타며 자란다. 녹색을 띠는 콩을 생산하는데, 이를 말리면 까맣게 변한다. 기분 좋은 냄새가 나고 향기롭고 귀하고 매우 놀라운 것이며, 초콜릿에 넣어 마실 수 있다."라고 기록했으며

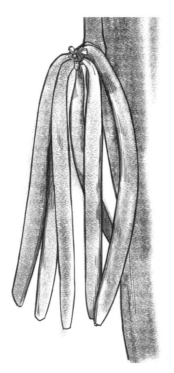

스페인의 궁정 의사이자 식물학자인 프란시스코 에르난데스 데 톨레도Francisco Hernández de Toledo, 1514~1587는 다음과 같이 기록했다.

"바닐라 빈을 달여 먹으면 소변이 아주 잘 나오며, 위장을 따뜻하게 하고 또한 기능을 강화시킨다. 또한 여성들에게 좋으며 독이 있는 생물에게 물린 상처에 좋다고 알려져있다."

이렇게 바닐라는 '초콜릿'에 들어가는 재료로서 유럽에 전해지게 된다.

1701년 영국인 출신 탐험가 'E. Veryard'가 프랑스, 이탈리아, 스페인 등의 나라를 여행한 편찬한 책에서는 "스페인인들은 유럽에서 초콜릿을 완벽하게 만드는 평판을 지닌 유일한 사람들이다."라며 그들이 카카오로부터 초콜릿을 만드는 디테일한 과정

들을 기록하였는데, 설탕, 시나몬 등의 재료와 비롯하여

"25개의 바닐라(사람 입맛에 따라 개수는 다소 다를 수 있음)를 추가한다."라는 내용이 나타난다.

스페인의 초콜릿 음료는 이후 프랑스, 이탈리아, 독일 등 유럽 전역으로 퍼져 나갔고, 이와 함께 바닐라도 확산되었다. 단지 초콜릿을 만들기 위한 재료 중 하나에 불과했던 바닐라는 그 쓰임새가 점차 다양해지게 되었는데, 아이스크림, 셔벗과 같은 디저트를 비롯하여 귀족들의 호화로운 요리에 바닐라가 사용되었고, 프랑스에서는 바닐라를 향수 산업으로까지 확대하기도 했다.

한편, 바닐라에는 관능적인 요소도 포함되었는데, 바람둥이의 대표격으로 알려진 18세기의 인물 '자코모 카사노바'의 회고록에 따르면 그는 연인의 머리카락을 유대인 과자 장수에게 전달하며, 머리카락을 갈아서 설탕과 바닐라를 포함한 다양한 재료들과 함께 섞어서 과자 상자에 보관해 두었다고 전해진다.

프랑스 루이 15세의 애첩 '마담 퐁피두르'는 저녁 식사 때 '바닐라와 용연향이 첨가된 초콜릿'을 먹었으며, 1762년 한 독일 의사는 자신의 논문에 "342명 이상의 발기부전 남성이 바닐라를 달여 마심으로써 적어도 342명 이상의 여성들의 훌륭한 연인으로 변모할 수 있었다."라고 발표하기도 했다.

17세기 후반 유럽에서는 초콜릿, 디저트, 약, 심지어 최음제로서도 바닐라에 대한 수요가 점차 증가했고, 중앙아메리카 지역 곳곳에서도 바닐라 농장들이 세워졌지만 바닐라의 공급량은 상대적으로 부족했고 따라서 매우 값비싼 향신료였다.

유럽의 상류층과 귀족들은 중앙아메리카로부터 바닐라 식물을 들여와 온실에서 길렀고 한편 열대 지역 곳곳에 바닐라를 가져다 심어 보기도 했는데, 기후와 토양이 적절한 환경에서 바닐라의 덩굴은 무성히 자라났지만 그 어디에서도 열매를 맺는 경우는 없었다.

과학자들을 비롯한 그 누구도 이 미스터리한 상황을 해결하지 못하던 와중 1840년 무렵 동아프리카의 '레위니옹'이라는 작은 섬에서 12살의 흑인 노예 소년이 바닐라가 열매를 맺도록 만드는 것에 성공한다.

프랑스 식민지 개척자들은 1819년 바닐라 생산의 희망을 품고 '레위니옹 섬'과 인근 '모리셔스 섬'에 바닐라 씨앗을 들여왔지만, 다른 지역과 마찬가지로 중앙아메리카의 특정한 곤충이 서식하지 않던 두 섬에서 바닐라는 열매를 맺지 않았다.

레위니옹 섬에 살던 아마추어 식물학자 벨리에 보몽Bellier-Beaumont은 자신이 운영하던 농장에서 약 20년 동안 바닐라를 길러왔지만 당연히 어떠한 열매도 맺지 않고 있었다.

그에게는 '에드몽'이라는 이름의 어린 흑인 노예가 한 명 있었는데, 소년은 주인을 따라 농장을 돌아다니며 '벨리에 보몽'이

바닐라

식물을 돌보는 것을 지켜보며 자라게 된다. '벨리에 보몽'은 꽃을 수정하는 방법을 비롯하여 식물학의 기초를 어린 '에드몽'에게 가르쳐주었는데, 추후 다음과 같이 회고하였다.

"나를 졸졸 따라다니던 이 흑인 소년은 내가 가장 아끼던 아이였으며 변함이 없는 나의 동반자가 되었다."

1841년 어느 날 이른 아침 '에드몽'과 함께 농장을 거닐던 '벨리에 보몽'은 바닐라 덩굴 중 두 개의 과일이 자라고 있는 것을 보고 매우 놀랐는데, 이에 옆에 있던 12살의 '에드몽'이 자신이 바닐라 꽃을 직접 수정했다는 말을 꺼냈다.

믿기지 않는 놀라운 사건에 '에드몽'에게 설명을 요구하니 작은 나무 조각을 이용해 수술의 꽃밥과 암술머리 사이에 있는 얇은 막을 들어 올린 뒤 엄지손가락으로 수술의 꽃밥을 눌러 암술머리 표면에 닿도록 하는 방법을 설명했다. 단지 몇 초 만에 끝나는 아주 간단한 작업이었으며 이는 지금도 세계 곳곳의 바닐라 농장에서 사용하는 방법이다.

며칠 뒤 '벨리에 보몽'은 다른 농장의 주인들을 불러모아 '에드몽'을 시켜 바닐라 꽃을 수분시키는 방법을 보여주었고 이 방법이 다른 바닐라 농장들에도 적용되었다. 1848년 '레위니옹'에선 50kg 정도의 숙성된 바닐라를 프랑스에 수출하였고, 10년 뒤에는 약 3,000kg의 바닐라를 생산해냈으며, 1895년에는 무려 200톤에 달하는 바닐라를 생산하여 정점을 기록하였다.

1848년 프랑스에서 식민지의 노예 제도를 금지하며 자유인이 된 '에드몽'은 바닐라 꽃의 하얀 색과 관련하여 'albius'라는 성을 갖게 되었다. 한편 그가 바닐라 인공 수정법을 발명해낸 것을 통해 벌어들인 수입은 없었으며 1880년 가난 속에서 사망하였고, 1981년 '레위니옹'의 중심도시 '생드니'에 그를 기리는 투박한 석고상이 하나 세워졌을 뿐이었다.

효과적인 인공 수정법이 발명된 이후 마다가스카르, 인도네시아, 필리핀, 남태평양 등 열대 지역 곳곳에서 바닐라 생산이 이루어지면서 중앙아메리카의 바닐라 독점은 무너졌고, 귀족을 비롯한 상류층의 전유물이었던 바닐라는 쿠키, 케이크, 아이스크림과 같은 형태로 거의 모든 사람이 맛볼 수 있게 되었다.

이후 유럽의 화학자들이 숙성된 바닐라의 가장 중요한 성분 '바닐린'을 인공합성하는 방법까지 발견해내며 바닐라는 우리 곁에서 가장 흔하게 풍겨오는 향이 되었다.

28
번데기 : 누에가 주는 최후의 선물

어릴 때 컵에 담긴 번데기를 맛있게 먹었거나 혹 먹지 않았더라도 한 번쯤은 보셨을 것이다. 톡 터지는 식감과 특유의 고소함 때문에 먹었다가 정체를 알고 손절하셨던 분들이 많을 텐데, 번데기의 정체는 '누에'라는 애벌레이기 때문이다.

비단을 생산하는 누에

알에서 갓 깨어난 '1령 누에'는 0.5mg 정도의 무게에 마치 개미처럼 작고 까맣게 생겨 '개미누에'라 불리는데, 열심히 뽕잎을 먹고 탈피하여 약 2주 만에 '5령 누에'까지 자라나며 그 무게는 5~6g 정도로 '개미누에' 때의 10,000배에 달하게 된다.

'5령 누에'는 약 일주일 정도 일생 동안 먹는 뽕잎의 90퍼센트 이상을 먹고 7~8센티미터의 크기로 자란 뒤 점차 온몸에 비단실로 가득 차게 되며 이내 뽕잎을 끊고 고치를 짓기 시작한다.

한 마리 누에가 고치를 만들기 위해 토해내는 실의 길이는 1,500~1,700미터 가량이나 되는데 몸의 40% 가량을 채우고 있던 이 실들을 토해낸 누에는 몸이 많이 작아지게 되고 고치 속에서 번데기가 된다. 이 고치를 삶아 실로 뽑아낸 것이 바로 비단의 재료가 되는 명주실이며, 이때, 동시에 삶아진 고치 속 번데기가 바로 우리가 먹는 번데기인 것이다.

참고로 삶아지지 않고 정상적으로 번데기에서 우화하면 귀여운 누에나방이 고치를 뚫고 나오는데, 그렇다면 굳이 죽이지 않고 누에나방이 나올 때까지 기다렸다가 버려진 고치를 사용하면 되지 않냐는 의문이 들 수 있다. 하지만 누에나방이 뚫고 나온 구멍이 생긴 고치는 실을 뽑아낼 때 뚝뚝 끊겨 명주실의 생산성이 떨어진다고 한다.

누에치기의 오래된 역사

비단을 생산하기 위해 위해 누에를 사육했던 것은 중국에서 아주 오래전부터 시작되었는데, 다음과 같은 이야기가 전해진다.

'삼황三皇'에 이어 고대 중국을 다스린 '오제五帝'의 첫 번째 전설적인 군주 '황제 헌원씨[1]'의 첫 번째 부인인 '누조螺祖[2]'는 어느

---

1) 황제 헌원씨 : 재위, 기원전 2698년경 ~ 기원전 2598년경
2) 누조螺祖 : 서릉씨西陵氏라고도 불림

날 뽕나무 밑에서 차를 마시고 있었는데, 누에고치가 뜨거운 차 속으로 떨어져 실이 천천히 풀리는 것을 보았다. '누조'는 이 실로 옷을 만들어보았고, 이내 '양잠술'을 개발해냈다고 한다.

비단을 얻기 위해 누에를 사육하는 것을 '양잠養蠶'이라 하는데, 이때 '잠蠶'은 누에를 뜻한다.

양잠은 우리나라에서도 삼국시대부터 국가적으로 매우 중요한 사업이었으며, 특히 조선시대에는 여러 왕들이 누에고치 생산을 적극적으로 권장하였다.

태조 1년(1392년) '도평의사사'가 상언하길

"농상農桑[3]은 의식衣食의 근본이니 농상을 권장하여 백성을 잘 살게 할 것"이라 했으며

태종 10년(1410년) '사헌부'에서 뽕나무를 심도록 청하는 상소를 올리는데,

"〈서경〉에 '5묘五畝[4]' 가량의 집에 뽕나무를 심으면, 나이 50이 된 자가 비단을 입을 수 있다고 하였으니, 이것은 성인聖人이 제정한 백성의 상산常産의 법입니다."

라며 당시 백성들이 뽕나무를 잘 심지 않는 문제를 해결하고자 벌금을 물리는 법령을 시행하려 하니

---

3) 농상農桑 : 농사일과 누에치는 일
4) 5묘五畝 : 260평 가량

"임금이 그대로 따라, 뽕나무 심는 법을 금년 안에 행이하라
고 명하였다."라고 기록되어 있다.

또한 태종 16년(1416년)에는 경기도 가평과 양근에 '잠실'
을 설치하여 백성들에게 양잠을 장려하였는데, 이 '잠실'은 이후
전국 각 도에도 확대, 설치되었으며 참고로 서울 송파구 잠실동,
서초구 잠원동의 이름이 여기서 유래하였다.

특히 잠업을 강력하게 장려하여 민간 농가에까지 양잠을 널
리 퍼뜨릴 수 있는 계기를 마련한 것은 세조 때였는데, 〈조선왕조
실록〉 1459년(세조 5년)에는 아래와 같은 기록이 남아있다.

"임금이 호조戶曹에 명하여 양잠하는 조건을 갖추어 조정과 민
간에 반포하도록 하니, 호조戶曹에서 아뢰기를

금년부터 오디(뽕나무 열매)가 익거든 매 때마다 여러 고을
에서 2, 3두씩 따서 땅을 가려 모종을 하였다가 … 만약 나무
의 그루 수를 과장하고 뽕나무를 잘 배양하지 못한 지방관이
있으면 죄를 심문하여 처단하도록 하소서."

"부지런하고 태만한 사람을 조사하여 그중에 누에를 잘 쳐서
명주실을 많이 뽑은 자로서 '잠모蠶母5)'에게는 쌀과 천으로 상
을 주고, '감고監考6)'에게는 조세나 그 밖의 부담을 면제해주거

---

5) 잠모蠶母 : 누에 치는 여자
6) 감고監考 : 관아에서 금곡이나 물품을 관리하는 사람

나 혹은 소원에 따라 포상하고"

"한편 누에를 잘 치지 못해서 명주실을 얻은 것이 가장 적은 자는 '잠모'와 '감고'를 아울러 규율에 의해 죄를 처단하게 하고, 또 지방관이 근실한지, 태만한지에 대해서는 '관찰사'가 중앙에 보고토록 하소서."

"민간에서 뽕나무를 심는 것은 '대호大戶[7]'는 3백 그루, '중호中戶[8]'에서는 2백 그루, '소호中戶[9]'에서는 1백 그루로 하되, 이렇게 하지 못한 자는 가장과 지방관을 아울러 죄를 처단하소서."

봄이 되면 조선시대 왕이 '선농단'에서 농사의 신에게 제사를 지내며 백성들에게 직접 농사를 짓는 시범을 보이는 의식을 올렸는데, 이때 왕비는 '선잠단'에서 누에의 신 '서릉씨西陵氏'에게 제사를 올리며 백성들에게 뽕을 따서 누에를 사육하는 시범을 보이곤 했다.

이러한 '선잠제先蠶祭[10]'와 '친잠례親蠶禮[11]'는 '종묘 제례'와 '사직 제례'와 같은 최고 권위를 지니는 제사 '대사大祀'에 다음가는 '중사中祀'로서 정기적으로 행해지는 중요한 의식이었다.

---

7) 대호大戶 : 지방에서는 토지 50결 이상, 서울에서는 가옥 40간 이상의 민호
8) 중호中戶 : 20결 이상 / 30간 이상
9) 소호中戶 : 10결 이상 / 10간 이상
10) 선잠제先蠶祭 : 선잠단에서 서릉씨西陵氏에게 지내던 제사
11) 친잠례親蠶禮 : 양잠을 장려하기 위하여 왕후가 친히 누에를 치는 의식

　아무튼, 누에를 친 역사는 오래되었지만 번데기를 식용하게
된 것은 그닥 오래되지 않았다. 1933년 동아일보의 "사람이 흔히
먹지를 않지만 먹으면 보신 될 것 멧가지"라는 제목의 기사에서
"'벌색기(벌의 애벌레)', '개고리(개구리)', '뱀' 등과 더불어
'번덱이' 항목에는 "단백질이 55%나 됨으로 소고기의 세배에 달
한다. … 번데기의 지방에서 이상한 냄새가 나는 것이 결점이라
고 하겠다."라고 되어 있는 것을 보아 당시까지도 번데기는 널리
즐겨 먹는 음식은 아니었던 것 같다.

　광복 이후 경제개발을 목적으로 수차례의 '잠업증산계획'이
수립되었지만 1950년의 6·25전쟁, 여러 여건상의 문제로 큰 성
과를 내지 못하던 와중 1962년부터 1976년까지 추진된 '제1차 잠
업증산5개년계획(1962년~1966년)', '제2차 잠업증산5개년계획
(1967년~1971년)', '제3차 잠업증산계획(1972년~1976년)'을 통
해 우리나라의 잠사업이 크게 발전하게 되었다.

　이 기간에 뽕밭의 면적은 전체 밭면적의 약 10%에 달할 정
도였으며, 역사상 가장 많은 고치 실을 뽑아낸 시기였고 1970년
대 전반기 누에 실의 수출액은 총수출액의 4% 내외, 총 농림수산
물 수출액의 40% 내외를 차지할 정도였다고 한다. 그 결과 우리
나라는 중국, 일본에 이어 세계 3대 양잠국으로 성장하게 되었다.

　이때 공장에서 엄청나게 나오는 번데기를 활용할 방법을 찾
다가 조리해 먹기 시작한 것이 오늘날의 번데기이다. 전후 상황
에 1960년대까지 아시아 최빈국이며 먹을 것이 없던 우리나라에

서 번데기는 훌륭한 단백질 공급원이 되었으며, 대중적인 음식으로 거듭나게 되었다.

한편, 1978년 번데기와 관련하여 비극적인 사건이 발생하는데, 번데기를 먹는 어린이들 37명이 중독증세를 일으켜 무려 10명의 사망자를 낸 안타까운 사건이었다. 다만 번데기 자체에 문제가 있었던 것이 아니라 번데기를 담았던 포대에 맹독성 농약이 묻어 있었고, 때문에 농약 중독이 사건의 원인이었다. 이와 관련된 유통업자들은 체포되었으며, 이 사건 이후 번데기를 비롯한 길거리 식품들의 수요가 크게 줄어들게 되었다.

번데기 음식과 관련된 문제는 유통과정이나 조리과정에 있지, 사실 번데기 자체는 매우 위생적인 식재료이다. 일단 누에는 환경에 매우 민감한 생물인데, '누에 다루기를 갓난아이와 아침을 거른 시어머니 다루듯 신경을 써야 고운 색과 질이 좋은 실을 빼낼 수 있다'는 이야기뿐 아니라 '누에는 냄새에도 민감하여 생리 기간 중의 여인은 누에를 키우는 잠실 출입을 금하였다'는 이야기도 전해진다.

살충제, 모기향, 담배 연기에도 매우 약한 예민충이기에 누에를 키우는 시설은 당연히 무농약에, 매우 위생적으로 관리된다. 이렇게 깨끗한 누에는 그 똥마저 동의보감에 한방약으로 기록되어 있으며 술로 담가 먹는다고도 한다. 또한 우리 주변의 일부 녹차 아이스크림이나 초록색의 민트껌에 색깔을 낼 때 누에의 똥이 원료로 사용되기도 한다.

29

타조 : 전 세계적으로 타조를 먹기 시작한 이유

세상에서 가장 거대한 새, 타조

현존하는 세계에서 가장 커다란 새는 '타조'라는 동물이다. '낙타 타駝'자에 '새 조鳥'자를 써서 '타조駝鳥'라고 하며, 1758년 스웨덴 식물학자 '칼 폰 린네'가 붙인 학명은 'Struthio camelus'로서, 이를 해석하면 '새-낙타' 정도가 된다.

땅에 디딘 발부터 쭉 편 머리까지의 높이가 약 3미터에 달하고, 무게는 150kg까지 도달할 수 있는 육중한 새인 타조는 아프리카의 건조한 지역에 서식하여 왔다.

문제는 이런 환경에서 타조는 나무를 오르지도 못하고, 날지도 못했기에, 자칫 넓은 초원 지대에 널려 있는 수많은 맹수들을 위한 양질의 단백질 공급원이 될 뻔했으나, 이런 혹독한 환경에서 살아남기 위해 타조는 치열하게 진화하였고, 그 결과 여러 가지 독특한 특징을 지니게 되었다.

우선, 날기 위해 몸의 무게를 가벼이 할 필요가 없는 타조는 근육질의 거대한 다리를 갖게 되었는데, 이 거대한 다리로 타조가 맘먹고 달리게 되면 최고 속력에 도달했을 때 그 보폭이 5미터에 달한다고 하며, 이렇게 달리는 타조를 쫓아갈 수 있는 동물은 거의 없으므로, 타조는 포식자들의 위협으로부터 유유히 빠져나가게 된다.

이런 빠른 속도에도 불구하고, 만일 타조가 포식자로부터 구석으로 몰리게 되면, 타조는 발길질을 시작하는데, 타조의 가운데 발가락에는 10cm까지 자라는 날카로운 발톱이 자리잡고 있으며, 이것이 강력한 다리의 힘과 맞물리게 되면, 타조의 킥 한 방에 웬만한 동물들은 갈비뼈가 활짝 열린다고 한다.

이런 거대한 다리 못지않게 타조는 또한 길쭉한 목을 지니고 있는데, 몸 전체 길이에서 목이 차지하는 비율이 기린보다 높다고 한다. 당연히 새 중에선 가장 긴 목을 가지고 있을뿐더러 이 목 위에는 놀랍도록 정교하고 뛰어난 시력을 지닌 커다란 두 눈이 탑재되어 있는데, 이 눈은 타조의 뇌보다 크다고 하며, 시력은 25.0으로 40m가 넘는 거리에서 기어가는 개미를 포착할 수 있을 정도라고 한다.

이렇게 뛰어난 시력으로 인해 타조는 건조한 지역에서도 틈

성듬성 자라는 식물들을 잘 찾아 먹으며, 또한 넓은 초원에서 위험 신호를 빠르게 감지할 수 있는 타조 곁에는 얼룩말이나 물소, 기린 등의 여러 초식 동물들이 모여들고는 한다.

날지 못하는 새이지만, 타조는 독특한 모습으로 진화함으로써 주변 어떤 포유동물들보다도 환경에 잘 적응해 살아가는 동물이었으며, 이런 독특한 진화로 인해 타조는 근대 이후에 가축화된 유일한 동물이 되기도 하였다.

인류에게 풍부한 자원이었던 타조

인류의 초기 기원이 아프리카에서 시작된 만큼, 타조는 아주 오래전부터 사람 곁에 있어온 동물인데, 남아프리카에서는 약 6만 년 전 인류가 어떤 알 수 없는 패턴들을 새겨 놓은 타조 알껍데기가 발견되었고, 또한 수천 년 전에 새겨진 암각화에는 여러 타조 문양들이 발견되기도 한다.

남아프리카뿐 아니라 타조는 이집트, 중동, 지중해 문명권에도 오래전부터 알려진 동물이었는데, 그 명칭은 '사막의 여식', '사막의 아버지' 등의 멋들어진 표현으로 불렸으며, 또한 고대 그리스 때부터 타조는 '낙타 새'라 불리기도 했다.

아무튼, 사슴만 한 크기의 커다란 몸집을 지니고 있으며, 황량한 지역에서도 잘 번식하는 타조는 아프리카 원주민들에게 풍부한 고기를 제공할 수 있는 군침 도는 사냥감이었다. 군침 도는 사냥감인 건 좋은데, 문제는 타조가 뛰기 시작하면 이 속도를 도

저히 따라갈 수가 없다는 것이었고, 따라서 원주민들이 택한 방식은 바로 '타조 코스프레'였다.

다리를 제외한 몸 전체에 타조 가죽을 뒤집어쓰고, 오른팔을 타조 목 가죽에 쏙 집어넣은 뒤 팔을 올려 손을 까딱거리면 영락없는 타조의 형상이 되는데, 이렇게 완성된 '타조 인간'은 남는 왼손으로는 곡물을 뿌리면서 천천히 타조들을 유혹하고, 이제 기다리고 있던 다른 사냥꾼들이 화살을 쏘아 타조를 사냥하는 방식이었다.

숙련된 헌터들의 경우 타조의 몸짓뿐 아니라 타조의 소리도 기가 막히게 흉내 냈다고 하며, 또한 이 '타조 코스프레'는 다른 동물들의 경계심을 쉽게 누그러뜨릴 수 있었기에 얼룩말 등의 다른 초식동물들을 사냥할 때도 효과적이었다고 한다.

이렇게 사냥 된 타조의 고기뿐 아니라, 거대한 타조의 알 역시 매우 훌륭한 음식으로 취급되었는데, 지름 약 15cm에 무게는 2kg에 달하는 타조의 알은 달걀 24개에 달하는 내용물을 담고 있으며, 이 내용물을 요리하면 여덟 명의 사람이 먹기에 충분할 정도이다.

아프리카 원주민들은 타조 알 윗부분에 구멍을 내 막대기를 집어넣어 내용물을 휘젓고, 이를 잿불 위에 천천히 익혀 오믈렛과 같은 형태로 즐겨 먹었으며, 또한 단단한 타조 알은 음식을 담는 용기로서도 아주 훌륭했는데, 가령 아프리카의 한 부족은 빈 타조 알껍데기에 물을 담아 사막 곳곳에 묻어둔 뒤 이후 사냥을 위한 긴 여정을 떠날 때 이 묻어둔 타조 알들을 꺼내 수분을 보충했다고 한다.

고대 로마 시대에는 타조 고기 요리를 위한 몇몇 레시피들이 존재했고, 로마의 한 황제는 연회에 600개의 타조 뇌 요리를 내놓았다고는 하지만, 로마에서 타조 고기는 특이한 음식이었을 뿐이며, 일상적인 음식으로 타조를 먹었던 것은 아프리카 원주민들, 그리고 한때 타조가 널리 서식하던 아랍 지역 사람들뿐이었다.

타조가 전 세계적 규모로 인간과 깊은 관계를 맺기 시작한 것은 음식으로서의 가치가 아니라 바로 깃털 때문이었다.

독특한 타조의 깃털, 그리고 약탈의 시작

타조의 깃털은 다른 많은 새들의 깃털과는 다른 독특한 모양을 지니고 있는데, 일반적으로 새의 날개깃은 깃털 축을 중심으로 좌우 비대칭 형태에, 수많은 깃가지들이 서로 얽혀 공기역학적인 뻣뻣한 깃털 면을 구성하는 반면, 날 필요가 없는 타조의 경

좌 : 타조 깃털 / 우 : 일반적인 새의 깃털

우 이 깃가지들이 서로 얽혀 있지 않아 깃털 사이로 바람이 숭숭 통하며, 이 공기의 흐름에 따라 깃가지들 하나하나가 우아하게 나풀거리는 좌우 대칭 형태의 아름다운 깃털을 갖게 되었다.

이런 아름답고 거대한 타조 깃털은 오래 전부터 장신구로서 착용되었는데, 고대 이집트에서는 타조 깃털이 진실과 정의 등 '어떠한 진리'를 나타내는 상징물이었으며, 왕족들이 이 타조 깃털을 착용하였고, 또한 유럽에서는 고대부터 전사들이나 군사 지휘자의 투구에 장식되어 이들의 위엄을 보여주는 데에 사용되었으며, 타조 깃털의 형상은 한 가문의 문장으로까지 사용되기도 했다.

이후 타조 깃털은 남녀 성별을 가리지 않고 유럽 엘리트층의 모자를 장식하는 패션으로서 점차 자리 잡더니 19세기에 이르러서는 유럽뿐만 아니라 미국의 엘리트 여성층에서 타조 깃털로 장식된 부채, 모자, 옷 등이 패션으로서 유행하게 된다.

　이 럭셔리한 패션 아이템인 타조 깃털을 위해 아프리카에 살던 수많은 타조들이 사냥 되고 죽어나가며 털이 뽑혔고, 타조 깃털의 수요가 계속 늘어감에 따라 야생에서의 타조 개체 수는 점차 감소하였다.

　깃털을 얻을 타조가 점점 부족해지자 이후에는 타조를 죽이지는 않고 대신 산 채로 깃털만을 뽑아내는 방식으로 바뀌긴 했는데, 이 방식은 타조에게 극심한 고통을 주었고 또한 모낭을 손상시켜 타조 깃털의 품질을 떨어뜨린다는 한계가 있었다. 따라서 이에 대한 해결책으로 고안된 것이 바로 '타조 농장 산업'이었다.

　아프리카의 타조 농장 설립은 프랑스와, 영국 두 국가에 의해 주도되었으며, 결과적으로 영국에 의해 남아프리카 지역에선 커다란 타조 농장 산업이 들어서게 된다.

　19세기 중반, 타조들이 자라기 딱 좋은 조건의 거대한 사막이 있는 '웨스턴 케이프 주'에서 시작된 타조 농장은 1869년 한 영국인 농장주가 고안해 낸 '타조 알 인공 부화기'의 도입과 더불어, 깃털을 얻는 방법 역시 기존의 무식하게 '뽑아내던 방식'에서 보다 인도적인 '잘라내는 방식'으로 바뀜으로써 더욱 질 높은 타조 깃털을 생산해낼 수 있었고, 타조 산업은 빠르게 성장해 나갔다.

　1865년 80여 마리에 불과하던 남아프리카 농장의 타조 수는 10년 뒤에 약 32,000여 마리로 불어났으며, 타조 산업이 절정이던 1913년에 이르러서는 그 수가 약 780,000마리에 달하게 된다.

　남아프리카를 이어 호주, 아르헨티나, 미국 등 여러 지역에서도 타조 농장들이 만들어졌으며, 이렇게 세계 곳곳에서 생산된

방대한 양의 타조 깃털들은 유럽과 미국에서 점차 증가하던, '유행에 민감한 중산층 도시 여성들'의 소비력과 맞물려 19세기 후반에 이르러서는 거대한 산업을 이루게 된다.

특히 타조 산업의 원조인 남아프리카에서는 한때 금, 다이아몬드에 이어 세 번째로 큰 수출품목이 바로 타조 깃털이었으며, 1911년 영국의 한 동물학자는 "타조 산업은 남아프리카 농업의 영구적인 특징이 될 것이다"라고 선언하기에 이른다. 이 무렵 전성기를 맞이했던 타조 깃털 산업은 몇 년 뒤 급격하게 무너지기 시작한다.

타조 깃털 산업이 순식간에 무너지기 시작한 것은 바로 '여성 패션의 변화' 때문이었으며, 여기에는 여러 요인들이 있는데

우선, 패션 때문에 희생되는 여러 야생 조류들을 보호하자는 취지의 '깃털 반대 운동'이 일어나며, 타조 깃털 역시 잔인한 이미지를 갖게 되었다는 점.

두 번째로, 제1차 세계 대전이 발발하며 남성들을 대체하여 여성들이 온갖 노동에 투입됨에 따라 보다 실용적이고 간편한 복장이 선호되었다는 점.

마지막으로 자동차가 대중화되며 거대한 깃털 장식의 모자는 자동차를 타고 내리는 데에 있어서 굉장히 거추장스러운 것으로 변하게 되었다는 점 등이었다.

이렇게 타조 깃털 패션이 몰락함에 따라 전 세계 타조 농장들 역시 무너졌고, 많은 농장주들이 파산의 절망감에 스스로 목숨을 끊었으며, 사료값도 나오지 않는 수많은 타조들은 도살되거나 농장 밖으로 버려져 야생화 되기도 하였다.

무대 위 화려한 의상이나 할리우드 영화 속 분장으로, 혹은 뛰어난 성능의 먼지떨이 정도로 타조 깃털에 대한 수요가 이어지긴 했으나, 과거 전성기 시절에 비해선 택도 없는 수준이었고, 그렇게 지구 상에서 타조 산업이 소멸될 것이 명백해 보이던 와중 타조 농장 산업이 다시 활기를 찾도록 해준 다른 상품이 발견되었는데, 바로 타조의 '가죽'과 '고기'였다.

타조 깃털 산업이 폭삭 망하고 어찌저찌 살아남은 남아프리카의 타조 농장 관계자들이 활로를 모색하고자 찾아낸 새로운 타조 상품 두 가지가 바로 '가죽'과 '고기'였다.

튼튼하고 굉장히 부드러운데다, 모낭들로 인해 독특한 무늬까지 지닌 타조 가죽은 1970년대유럽 상류층의 패션과 미국 카우보이 부츠 등에 널리 사용되기 시작했으며, 이후 명품 구두, 핸드백, 지갑 등에도 사용되며 타조 가죽은 가죽계의 '캐딜락'이라고도 불리게 되었다.

또한 농장에서 생산된 타조 고기는 아프리카식 육포인 '빌통'이란 음식으로 만들어져 지역민들에게 팔리기 시작했는데, 애초에 타조는 고기를 생산해내는 능력이 무척 뛰어난 동물이었다.

1년 동안 타조 암컷 한 마리가 약 40마리의 병아리들을 깔 수 있으며, 이 40마리의 병아리들은 다시 1년 내에 부쩍 자라

1,800kg 정도의 고기를 생산해낼 수 있다.

1년에 한 마리의 새끼만 낳는데다, 그 새끼도 2년이 지나서야 비로소 250kg 정도의 고기를 내놓는 소에 비하면 타조는 엄청난 양의 고기를 생산하는 동물이며, 이렇게 암컷 타조 한 마리가 평생 동안 생산해낼 수 있는 고기양이 무려 72톤에 달한다고 한다.

야생 타조 고기가 질기고 퍽퍽한 반면, 농장에서 사료를 먹고 자란 타조는 육즙이 많고 부드러운 고기를 생산해내며, 생김새와 그 맛이 소고기와 비슷하고 기름기가 훨씬 적은 타조 고기는 1970년대 이후 여러 고급 호텔이나 레스토랑 메뉴로, 또한 퍼스트 클래스 기내식으로 제공될 정도로 유럽에서 큰 인기를 끌었다. 타조 고기는 여전히, 다른 고기들을 대체하여 여러 가지 요리들로 탄생할 가능성을 지니고 있는 특별한 음식으로 남아있다.

30
여행 비둘기 : 수십억 마리의 비둘기가
멸종된 이야기

어제도, 오늘도, 내일도 봤거나 보고 있거나 반드시 보게 될 한 야생동물이 있으니 바로 비둘기이다. 세계의 도시 어느 장소든 곳곳에 포진되어 있는 막대한 개체 수와 더불어, 가리는 음식이 없는데다 사람이 버리는 모든 음식물을 주워 먹고 이제는 길에서 사람과 나란히 걷기까지 하는 비둘기는 인간 사회가 어떠한 모습으로 변하든 그 환경에 적응하여 늘 사람들 곁에 있을 것 같은, 그리고 '멸종'이란 단어가 참 와닿지 않는 동물이다.

그런데 불과 약 200년 전만 해도 지구 한 켠에서는 지금 우리가 보는 것과는 비교가 안 될 정도의 어마어마한 규모로, 수십억 마리의 비둘기 떼들이 문자 그대로 하늘을 덮고 다니던 때가 있었다. 그리고 1914년 'Martha'라는 이름의 암컷 개체 한 마리가 미국의 한 동물원에서 쓸쓸히 죽음을 맞이함으로써 멸종된 비둘기가 있었는데, 바로 '여행 비둘기' 혹은 '나그네 비둘기'라 불리던 종이었다.

하늘을 뒤덮으며 날아다니던 비둘기

북아메리카 대평원 동쪽의 울창한 숲을 터전으로 삼았던 '여행 비둘기'는 길가에서 걸어 다니는 지금의 뚱뚱한 비둘기와는 달리, 날렵한 유선형의 몸에 커다란 날개를 가지고 있어 특유의 빠른 비행 속도와 지구력을 통해 이름 그대로 광활한 지역을 이리저리 여행 다니던 비둘기였다.

길게 뻗은 꼬리에 아름다운 색깔의 깃털을 지니고 입과 목의 탄력이 워낙 뛰어나 자기 머리만 한 크기의 도토리를 통째로 삼킬 수 있었던 '여행 비둘기'의 무엇보다 큰 특징은 개체 수가 어마어마했다는 것이다.

19세기 위대한 조류학자 알렉산더 윌슨Alexander Wilson은 자신의 저서에 다음과 같이 기록했다.

"동쪽이든 서쪽이든 시야가 닿는 곳 끝까지 이 비둘기 떼들의 행렬이 이어지고 있었다. 이 모습이 얼마나 계속될지 궁금해서 시계를 꺼내고 가만히 앉아서 지켜보기 시작했다. 그때가 오후 1시 30분이었다.

그 이후로 한 시간 이상 계속 앉아 있었지만 이 비행 행렬의 규모는 줄어들기는커녕 오히려 그 숫자와 속도가 늘어나는 것 같왔다.

오후 4시가 되어서도 여전히 비둘기떼는 내 머리 위에서 한 방향을 향해 급류처럼 날아다녔고, 이것이 저녁 6시 이후까지 지속되었다."

그리고 '알렉산더 윌슨'은 이 비둘기 떼들의 속도와 시간, 그리고 면적을 이리저리 계산하여 한 평방야드당 3마리의 비둘기를 가정하여 그 규모를 계산했는데, 자신이 본 비둘기 떼의 수가 무려 2,230,272,000마리였다는 결과가 나왔으며, 심지어 그는 이 수치조차도 실제보다 훨씬 낮았을 것이라고 기록했다.

북아메리카의 '여행 비둘기'는 그 숫자가 한때 50억 마리에 달했을 것이라는 추정치가 있으며, 당시 북아메리카 대륙 조류의 25~40퍼센트가 '여행 비둘기'였을 정도로 이 비둘기는 과거 지구상에서 가장 번성했던 조류 중 하나였다.

이렇게 풍부했던 새였던 만큼 '여행 비둘기'는 인디언, 즉 북아메리카 원주민들의 훌륭한 식량으로 쓰였는데, '세네카' 인디언 부족은 이 비둘기를 'jah'gowa'라 불렀으며 이는 '커다란 빵'이란 뜻이었다.

여행 비둘기에 대한 원주민들의 다양한 이야기들이 전해져오고 있는데, 다음과 같은 전설이 있다.

어느 겨울, 신이 노하여 주변의 물을 얼려버리는 바람에, 사람들은, 물을 마실 수 없고 또한 얼음에 갇힌 물고기를 꺼내 먹지도 못해 굶어 죽을 위기에 처해 있었다.

사람들이 굶어 죽기 직전 갑자기 비둘기들이 구름처럼 몰려오더니 마을 위를 지나가며 물고 있던 열매들을 떨어뜨렸고, 비둘기들이 만들어낸 열매의 길을 따라가니 먹을 것이 풍부한 숲이 등장하여 사람들은 목숨을 구할 수 있었다고 한다.

이보다 흥미로운 전설은 여행 비둘기들이 아메리카 인디언들의 주요한 식량원으로 자리 잡게 된 이야기이다.

과거 어느 날, 모든 비둘기의 우두머리인 '흰비둘기'가 부족의 존경받는 전사 '와일드 캣*Wild Cat*'을 찾아와

"모든 종류의 새들이 모여 어떤 새가 인류를 위한 공물이 될 것인가를 논했고, 이를 '여행 비둘기'가 맡기로 했다. 이는 창조주께서 '여행 비둘기'를 직접 선택하셨기 때문인데, 다른 새들은 이리저리 흩어져 살기에 잡기가 까다롭기 때문이다."

라고 전했다.

다른 새들과 달리 커다란 공동체를 이루어 둥지를 트는 비둘기의 습성 덕에 사람들에게 충분한 양의 고기를 제공할 수 있는

것이 여행 비둘기였고, 창조자로부터 그 임무를 부여받았다는 것이었다.

다만, '흰비둘기'가 전한 원주민들이 반드시 지켜야 할 룰이 하나 있었는데, 바로 성체는 건드리지 말고 적절한 시기에 적절한 방법을 통하여 새끼 비둘기만을 데려가라는 것이었다.

이런 전설을 바탕으로 많은 인디언 부족들은 여행 비둘기를 사냥할 때 성체를 죽이는 것을 금기시하였고, 재미있는 것은 실제로 여행 비둘기들은 새끼가 태어나면 2주 동안은 잘 키우며 무럭무럭 살을 찌우다가, 새끼가 날갯짓을 하기 2~3일 전 느닷없이 둥지를 떠나며 마치 사람이 데려가라는 것처럼 새끼를 버리는 습성이 있었다고 한다.

비둘기를 사냥하기 전 인디언들은 그들 둥지 앞에 장신구들을 바치고 담뱃잎을 태우며 비둘기들에 대한 존중을 표하였고, 잡아온 비둘기 새끼들로는 스튜를 끓이거나 소금에 절여 보관하였으며, 이때 사냥당하지 않고 살아남은 성체 비둘기들은 다시 새끼를 키워냄으로써 사람과 여행 비둘기 간 자연의 질서가 오랫동안 유지되고 있었다.

유럽 정착민들과 여행 비둘기의 만남

1534년 프랑스 탐험가 자크 카르티에Jacques Cartier가 캐나다 동쪽 끝 작은 섬 '프린스 에드워드 아일랜드'에서 목격한 거대한 무리의 '여행 비둘기'에 대한 최초 기록을 시작으로, 초기 유럽 정착민들에 의해 북아메리카의 '여행 비둘기'에 대한 다양한 이야기들이 기록되고 전해지게 되었다. 그리고 여행 비둘기에 대한 많은 기록들의 공통된 내용은 '새가 너무, 진짜 너무 많다'라는 것이었다.

1664년 캐나다에 정착한 프랑스 관료 피에르 부셰Pierre Boucher의 기록에는

"여기에는 엄청난 수의 비둘기 떼들이 날아다니는데, 하늘에 총을 한 발 쏘면 40~45마리가 떨어진다. 물론 이것은 일반적이지 않지만, 그래도 한 발 쏘면 보통 8~12마리 정도는 떨어진다."라는 믿기 어려울 정도의 여행 비둘기의 어마어마한 규모가 묘사가 되어 있다.

또한 1620년대 뉴욕 맨해튼 지역에서 "여행 비둘기는 이곳에서 가장 쉽게 볼 수 있는 새이며, 그들이 날아다니면 햇빛이 차단된다"라는 기록, 또는 뉴잉글랜드 지역에서는 "날아다니는 여행 비둘기 떼는 그 시작과 끝지점이 없는 것처럼 보이며, 그 길이와 폭이 너무 두꺼워 태양이 가려질 정도이다"라는 기록들이 전해진다.

참고로 1700년대에는 미국 필라델피아에 있던 한 선장이 엄청난 규모의 비둘기 떼가 수 시간 동안 하늘을 뒤덮으며 날아가는 광경을 목격하고 유럽으로 돌아와 이 이야기를 했다가 '대단한 사기꾼' 혹은 '캡틴 비둘기'라 불리게 되었다는 이야기도 전해진다.

아무튼, 아메리카 인디언들에게 그러했던 것처럼 여행 비둘기들은 초기 유럽 정착민들에게도 풍부한 식량 공급원이 되어주

었으며, 역병이 발생하여 모든 농작물이 죽어버렸을 때는 유럽인들과 그들의 가축을 연명시킨 구원의 음식이 되기도 하였다.

정착민들의 생활이 안정되고 아메리카에 유럽인들이 점차 증가하며 이제 여행 비둘기는 일상 식단의 주축으로 자리 잡게 되었다. 일부 지역에서는 주민들이 다른 먹거리 없이 오직 비둘기만을 식량으로 삼아 생활하기도 했으며, 어떤 곳에서는 주인이 매번 여행 비둘기 식단만을 제공하는 바람에 하인들이 비둘기 식단 횟수를 제한하는 계약 조항을 요구하는 경우도 있었다.

유럽 이주민들의 생활 속에 녹아들며 여행 비둘기의 쓰임새는 점차 다양해졌는데, 비둘기로부터 뽑아낸 기름은 요리와 비누 제조에 사용되었고, 피와 모래주머니, 배설물 등은 병을 치료하는 약으로 쓰였으며, 특히 여행 비둘기의 깃털로 속을 채운 베개와 매트리스는 엄청난 인기를 끌었는데, 왠지는 모르겠지만 백인들은 이 깃털로 채운 침구류를 쓰면 영생을 얻게 된다 믿었다고 한다.

과했던 풍부함, 그리고 멸종

이렇게 유용한 비둘기를 잡기 위한 여러 방법들이 고안되었는데, 뭐니뭐니해도 가장 돈을 안 들이고 많은 숫자를 효과적으로 잡을 수 있는 것은 바로 그물이었다. 문제는 하늘 위에서 날고 있는 비둘기들을 그물이 있는 곳까지 유인해야 하는데, 이때 효과적인 미끼가 되었던 것은 바로 여행 비둘기 그 자체였다.

　어떤 식이냐면 땅에서 대략 1미터 정도 높이가 되는 작은 시소 같은 장치를 만들어 놓고, 그 시소의 한쪽 끝에 양쪽 눈꺼풀을 바늘로 꿰맨 여행 비둘기를 고정시켜 둔다.

　사냥꾼은 시소에 연결된 줄을 잡고 어딘가에 숨어 있다가 하늘에 비둘기 떼가 등장하면 줄을 이용해 시소를 마구 흔든다. 이렇게 되면 시소에 고정된 비둘기가 위아래로 퍼덕이게 되는데, 그 모습이 마치 비둘기가 먹이를 발견하고 땅 아래로 하강하는 모습처럼 보여 이에 현혹된 다른 비둘기들이 모두 땅으로 내려오게 되는 방식이었다.

　참고로 눈꺼풀을 꿰맨 이유는 미끼로 사용되는 비둘기가 상공의 비둘기 떼를 발견하고 동족들에게 위험을 알리는 신호를 보내지 못하도록 하기 위함이었다.

이 외에도 연기를 피워 기절시키거나 둥지 아래에 불을 지르는 등 여러 방법들이 사용되었고, 시장에서는 미처 다 팔리지 못한 비둘기들이 썩어갔으며, 여행 비둘기는 개나 돼지의 사료 혹은 땅의 거름으로 사용될 정도였다.

이렇게 엄청나게 잡아대도 비둘기들은 최소한 사람의 관점에서는 줄어드는 기미가 보이지 않았고, 이렇게 남아도는 여행 비둘기들은 살아있는 상태로 사격 스포츠에 사용되기도 했다.

이후 전신기와 같은 통신 기술이 발달하고 철도가 깔리기 시작하며, 여행 비둘기의 집결 포인트는 순식간에 공유되어 온 지역의 사람들이 몰려들었고, 유통망의 범위는 국가적인 차원으로 넓혀지게 되었다.

여행 비둘기의 개체 수 감소는 1850년대에 들어서야 비로소 언급되기 시작하지만 당시에도 사람들이 주목할 만한 변화는 없었다고 한다. 그러나 10년 후 뭔가가 일어나고 있다는 조짐이 분명해졌고 1870년대가 되자 그 수는 급속도로 줄어들었는데, 이에 대한 많은 학자와 사람들의 반응은 '비둘기들이 먼 사막 지역으로 건너갔다', '태평양을 건너다 폭풍에 휘말려 바다에 빠졌다', 혹은 미국의 진정한 개척 정신을 바탕으로 비둘기들이 서부 지역으로 날아갔다' 등과 같았다.

1890년대가 되면 이제 몇 남지 않은 비둘기들이 이곳저곳에 흩어져 살고 있을 뿐이었으며, 1910년 미국 신시내티 동물원의 마지막 한 쌍이었던 '조지'란 이름의 수컷이 죽고 4년 뒤엔 '마사'란 이름의 암컷이 죽음으로써 지구상에서 여행 비둘기는 멸종되었다.

음식의
숨겨진
역사

1판 1쇄 인쇄 2024년 3월 15일
1판 1쇄 발행 2024년 3월 20일

지 은 이 pood
발 행 인 이미옥
발 행 처 J&jj
정　　가 20,000원
등 록 일 2014년 5월 2일
등록번호 220-90-18139
주　　소 (04997) 서울 광진구 능동로 281-1 5층 (군자동 1-4 고려빌딩)
전화번호 (02) 447-3157~8
팩스번호 (02) 447-3159

ISBN 979-11-92924-11-3(03900)
J-24-02